Landesverband
der Musikschulen
Baden-Württembergs

Norbert Huppertz

Handbuch

Singen • Bewegen • Sprechen

Das Bildungsmodell für Kinder
in Baden-Württemberg

Stiftung
Kinderland
Baden-Württemberg

PAIS-Verlag
Oberried bei Freiburg i. Br.

Bibliografische Information der Deutschen Nationalbibliothek
Die Deutsche Nationalbibliothek verzeichnet diese Publikation in der Deutschen Nationalbibliografie; detaillierte bibliografische Daten sind im Internet über: http://dnb.d-nb.de abrufbar

ISBN 978-3-931992-29-3

PAIS-Verlag
Hauptstr. 49 · 79254 Oberried

Satz und Druck: Dreisam Druck GbR, Kirchzarten; Printed in Germany.

Inhaltsverzeichnis

Vorwort des Landesverbandes der Musikschulen Baden-Württembergs

„Singen-Bewegen-Sprechen unter fachlicher Anleitung im Kindergarten" war ein Projekt, das der Landesverband der Musikschulen Baden-Württembergs im Auftrag der Stiftung Kinderland Baden-Württemberg in der Zeit von Oktober 2007 bis Juli 2009 an 17 Kindergärten des Landes durchgeführt hat. Es wurde von Herrn Prof. Dr. Norbert Huppertz, Pädagogische Hochschule Freiburg, wissenschaftlich begleitet und aufgearbeitet.

Das vorliegende Handbuch stellt die Ergebnisse wissenschaftlich dar und entwickelt daraus wichtige Schlüsse und Perspektiven aus elementarpädagogischer Sicht. Damit bildet es eine wichtige Grundlage für die Fortentwicklung des Programms und seine von der Landesregierung initiierte Verbreitung an Baden-Württembergischen Kindergärten und Grundschulen.

Die Einbindung von Herrn Prof. Huppertz als renommierten und erfahrenen Wissenschaftler hat sich als außerordentlich wertvoll erwiesen. Seine Ratschläge waren über den gesamten Zeitraum hinweg ein wichtiger Wegweiser für den guten Verlauf und den erfolgreichen Abschluss des Projektes.

Der Landesverband der Musikschulen Baden-Württembergs bedankt sich an dieser Stelle ausdrücklich bei Herrn Prof. Huppertz für sein großes Interesse, sein ungewöhnliches Engagement und seine wertvollen Beiträge.

Ein herzlicher Dank ergeht auch an die Facharbeitsgruppe des Landesverbandes, die das Projekt der Stiftung Kinderland Baden-Württemberg entwickelt und begleitet hat, und an die Kindergärten und Musikschulen, die es so engagiert und gewinnbringend umgesetzt haben.

Stuttgart, den 08.07.2010

Christa Vossschulte   Matthias Hinderberger   Norbert Dietrich

MdL Christa Vossschulte	Matthias Hinderberger	Dr. Norbert Dietrich
(Präsidentin)	(Landesvorsitzender)	(Projektleiter)

Vorwort
Stiftung Kinderland Baden-Württemberg

Die Stiftung Kinderland Baden-Württemberg, eine Unterstiftung der Baden-Württemberg Stiftung, hat im Jahre 2007 das Programm „Musisch-ästhetische Modellprojekte in Kindergärten und anderen Tageseinrichtungen für Kinder“ aufgelegt.
Dabei wurden 21 Modellvorhaben im Land initiiert, die den Wert künstlerischer und musikalischer Bildung für die Entwicklung von Kindern im Vorschulalter erkunden sollten. „Singen-Bewegen-Sprechen unter fachlicher Anleitung im Kindergarten“ war eines der Leuchtturmprojekte des Programms der Stiftung Kinderland. 340 Kindern an 17 Kindergärten wurde unter Einbindung einer Fachlehrkraft aus der jeweiligen öffentlichen Musikschule über zwei Jahre hinweg bis zur Einschulung im Jahre 2009 eine kostenlose Teilnahme an dem Projekt ermöglicht.
Der reibungslose Verlauf und die guten Ergebnisse haben die Landesregierung dazu veranlasst, das Programm aufzugreifen und auf Kinder zwischen 4 und 10 Jahren, und damit in die Grundschulen hinein, auszudehnen. Beginnend mit 1.000 Kooperationen in Kindergärten des Landes im Herbst 2010 werden diese in den kommenden Jahren sukzessive auf 8.000 erhöht. Im Endausbau ermöglichen sie bis zu 160.000 Kindern aus allen sozialen Schichten eine kostenfreie musikalische Grundbildung, die auch eine Option auf das Erlernen eines Instruments beinhaltet.
Dieses musikalische Bildungsprogramm entspricht den neueren Erkenntnissen der Forschung und ist in seiner Anlage bundesweit einmalig. Damit findet das vom Landesverband der Musikschulen Baden-Württemberg erfolgreich durchgeführte Projekt im Sinne der Stiftung Kinderland eine beispielhafte Fortsetzung.

Stuttgart, den 20. Juli 2010

Christoph Dahl
Geschäftsführer der Baden-Württemberg Stiftung

Birgit Pfitzenmaier
Abteilungsleiterin Soziale Verantwortung

Vorwort und Einleitung des Autors

Gerne legen wir hier das Handbuch „Singen-Sprechen-Bewegen“ vor. Es handelt sich um die Berichterstattung über die mehr als zweijährige Erprobungsphase in den Kindergärten und Musikschulen einerseits, aber auch um eine Handlungsanleitung für die Durchführung des neuen Bildungsmodells andererseits. Nicht allein das empirisch fundierte quantitative Datum war uns dabei wichtig, sondern auch und besonders die qualitativen Einzelerfahrungen. Ebenso aber die sich normativ verstehenden Praxisanregungen. Deshalb stehen am Ende jedes Kapitels mehrere Empfehlungen.

Die musische Seite des Lebens muss der nützlichen nicht widersprechen. Die Musen mögen in und an sich schön sein, sie dürfen aber auch Nutzen haben. Deshalb sind Musizieren, Gesang und Bewegung noch nicht verzweckt. „Singen-Bewegen-Sprechen“ sollen das Schöne an sich nicht verlieren dürfen, aber auch dem sinnvollen und gelingenden Leben des Menschen dienen. So auch im pädagogisch-didaktischen Rahmen von „Singen-Bewegen-Sprechen“. Alle hier gemeinten Aktivitäten mögen den betreffenden Kindern zur Freude gereichen, sollen aber auch den Weg für den jeweils nächsten Schritt ihres gelingenden Lebens, und zwar sowohl in Kindergarten wie auch Schule, ebnen. Somit auch: Mehr Schulfähigkeit durch „Singen-Bewegen-Sprechen“.
Das Bildungsmodell soll allen Kindern dienen, nicht zuletzt jedoch jenen, die es am nötigsten haben und von Hause aus nicht begünstigt sind. Insofern ist „Singen-Bewegen-Sprechen“ ein Beitrag zur Verwirklichung des Wertes der Gerechtigkeit. Hier können auch Kinder, die sonst niemals an musikalischer und musischer Bildung teilnähmen, aus ökonomischen oder anderen Gründen, ihre Chance haben. „Singen-Bewegen-Sprechen“ ist das Bildungsmodell der Chancengerechtigkeit. Das wird den Ministerpräsidenten und die Regierung Baden-Württembergs geleitet haben bei der Entscheidung, dieses Bildungsmodell für Kindergarten und Grundschule unseres gesamten Landes zu etablieren. Das Land hat als Kinderland viel investiert in Kindheit und Jugend – hier wird mit Recht in die frühe Kindheit investiert und gezeigt, dass an der richtigen Stelle das Richtige geschieht – denn: Auf den Anfang kommt es an. In den ersten sechs Lebensjahren werden die Koffer gepackt für das ganze Leben – was da drin ist, ist drin, was nicht, das bekommt man kaum noch hinein: „Was Hänschen nicht lernt, lernt Hans nimmer mehr“.

Mit dem „Orientierungsplan für Bildung und Erziehung für die baden-württembergischen Kindergärten" ist für die frühkindliche Bildung der Kinder in Baden-Württemberg die orientierende Basis gegeben, mit „Singen-Bewegen-Sprechen" haben wir ein konkretes, gemeinwesenbezogenes, vernetztes und kooperatives Umsetzungskonzept.

Unser Handbuch richtet sich an alle, die in irgendeiner Weise mit „Singen-Bewegen-Sprechen" als Bildungsmodell betraut sind und insofern mit Verantwortung tragen. In erster Linie wollen wir Praktikerinnen und Praktiker vor Ort, aber auch Personen in Fort- und Ausbildung ansprechen. Das Handbuch möchte in verständlicher Sprache „der Praxis" zur Hand gehen und Anleitung sowie Information bieten. Am Ende jedes Kapitels sind, wie gesagt, Anregungen als „Empfehlungen" formuliert. Derlei Aussagen mögen für die Einen evtl. völlig überflüssig erscheinen („Das wissen und tun wir schon alles."), für die Anderen evtl. neu und brauchbar sein. Die Empfehlungen sind, so unsere Auffassung, für alle brauchbar – sei es als neue Anregung, sei es als Bestätigung oder als Mess- oder Prüfinstrument der eigenen praktischen Arbeit.

Die Quellen, aus denen die Informationen des Handbuches fließen, sind vielfältig:
Zunächst ist es der Wissensvorrat aus der Erziehungswissenschaft (vornehmlich Pädagogik, Didaktik, Elementarpädagogik), der vom Autor genutzt wurde, neben seinen langjährigen Erfahrungen in Aus- und Fortbildung sowie zahlreichen weiteren Forschungsprojekten.
Allem liegt eine wertethische Fundierung auf phänomenologischer Basis zu Grunde (vgl. Huppertz, N. in Gebhard, K./Meurer, M. (Hg.), Oberried 2010, S. 9-30).

Die erfahrungswissenschaftlichen, vor allem quantitativen Informationen resultieren selbstverständlich aus der Begleitforschung zu „Singen-Bewegen-Sprechen", die vom Verfasser durchgeführt wurde.

Die Studie wäre nicht möglich gewesen, und das Handbuch hätte nicht entstehen können, wären nicht viele andere Personen - mit denkend und helfend - da gewesen. Vieles konnte ich in den Forschungsseminaren mit meinen Studierenden an der Pädagogischen Hochschule Freiburg erörtern und bearbeiten. Dafür bin ich dankbar.

Mein ganz besonderer Dank gilt Dipl.-Päd. Maren Barleben als wissenschaftlicher Mitarbeiterin, die mit großer Motivation und viel fachlichem Wissen mitwirkte und einen maßgeblichen Beitrag leistete.
Meinen ganz besonders großen Dank spreche ich Monika Huppertz, Dipl.-Päd., vom PAIS-Verlag e.V. aus für ihre qualitätsvolle Arbeit an der Buchpublikation, wobei das Engagement in inhaltlicher Hinsicht über eine übliche Verlagsarbeit weit hinaus ging.

Für die Mitarbeit bei der Erstellung des Films zu „Singen-Bewegen-Sprechen" danke ich Dipl.-Päd. Esther Dörflinger.

Allen in der Projektphase beteiligten Erzieherinnen und Erziehern, Musikfachkräften, Eltern, und nicht zuletzt den beteiligten Kindern, sei Dank gesagt.

Auch dem Landesverband der Musikschulen Baden-Württembergs, allen voran Dr. Norbert Dietrich, sowie der Stiftung Kinderland Baden-Württemberg möchte ich danken.

Das Handbuch möge ein Baustein im Kinderland Baden-Württemberg sein. Ich wünsche ihm einen guten Erfolg, der daran zu bemessen ist, ob wir mit „Singen-Bewegen-Sprechen" allen Kindern – den begabteren und weniger begabten, privilegierten und weniger privilegierten, denen mit oder ohne Migrationshintergrund, dienen – und allen zu ihrem sinnvollen und gelingenden Leben verhelfen. Gerade dieses Bildungsmodell kann zeigen, wie Verschiedenheit Reichtum ist.

An Rückmeldungen zu Erfahrungen o. ä. bin ich sehr interessiert.

Oberried im Juli 2010 Norbert Huppertz

I Das Bildungsmodell „Singen–Bewegen–Sprechen"

1. Das Bildungsmodell als Projekt in der erfolgreichen Erprobung

„Singen–Bewegen–Sprechen unter fachlicher Anleitung im Kindergarten" hat mit dem Schuljahr 2007/2008 in Baden-Württemberg begonnen. Es handelt sich um ein Kooperationsprojekt zwischen Kindergärten und Musikschulen, das vom Landesverband der baden-württembergischen Musikschulen durchgeführt wurde. Der Modellversuch erfolgte in 17 Kindergärten in Zusammenarbeit mit den jeweils örtlichen Musikschulen.
Ziel des Modells ist es, den kindlichen Entwicklungsprozess durch musikalische, motorische und sprachliche Bildung zu fördern, u. a. im Hinblick auf die Schulfähigkeit. Auf der Basis elementarpädagogischer Inhalte und Methoden sollen die Kinder Kompetenzen für ein gelingendes Leben erwerben. Kinder sollen die Schulfähigkeit erlangen mit Hilfe von Musik – durch singen, sprechen und sich bewegen. Um dieses Ziel zu erreichen, erhielten Kinder, die 2009 eingeschult werden sollten, von Oktober 2007 bis Juli 2009 regelmäßig Bildungsangebote durch eine Musikschullehrkraft, die einmal pro Woche im Kindergarten eine didaktische Einheit durchführte. Das Projekt war somit auf zwei Jahre angelegt und richtete sich an (zum Zeitpunkt des Projektbeginns) vierjährige Kinder, so dass diese bis zu ihrem Schuleintritt über die gesamte Dauer an dem Modell beteiligt sein konnten. (Vgl. dazu besonders Kap. VI und Kap.XI)

1.1 Rahmen und Verlauf des Pilotprojektes

Innerhalb des Projektes führte eine Musikschullehrkraft aus der elementaren Musikpädagogik gemeinsam mit einer Erzieherin im Kindergarten einmal wöchentlich eine ca. fünfundvierzigminütige didaktische Einheit mit musikalischen, motorischen und sprachlichen Inhalten durch.
Die Zusammenarbeit, ein wesentliches Element des Modells, erfolgte im „Tandem", bestehend aus jeweils einer für das Projekt verantwortlichen Erzieherin und einer Musikschullehrkraft aus der örtlichen Musikschule. Die Musikschullehrer waren dabei für die Vorbereitung und Durchführung der didaktischen Einheit verantwortlich. Der Erzieherin kam die Aufgabe zu, ihre berufliche Kompetenz im Umgang mit einer großen Kindergruppe in

die gemeinsame Arbeit einzubringen, und vor allem, eine vertiefende Weiterführung der jeweiligen Inhalte und erworbenen Kompetenzen während der Woche vorzunehmen. Es sollte also eine echte Kooperation zwischen Erzieherin und Musikschullehrkraft, u. a. im Sinne des intensiven Austausches und gegenseitiger Ergänzung, erlangt werden.
Materialien für die didaktischen Einheiten, die mit den Kindern im Modellprojekt durchzuführen waren, wurden zentral für alle und mit allen erarbeitet. Diese Aufgabe übernahm das Projektteam. Es bestand aus dem Projektleiter und Musiklehrerinnen.

1.2 Weiterbildung der Fachkräfte

Grundlage der gemeinsamen Projektarbeit von Erzieherin und Musikschullehrkraft bildete zunächst die Projektkonzeption. Darüber hinaus erhielt jedes Tandem regelmäßig eine Projektmappe, in welcher die Themen, Erläuterungen und Anregungen zu den einzelnen didaktischen Einheiten sowie eine Musik-Bewegungs-CD enthalten waren. Gedacht war es so: Für ein Thema jeweils vier didaktische Einheiten. Drei davon widmen sich den musikalischen Bildungsschwerpunkten, also dem Singen, dem Sprechen oder dem Bewegen. Die vierte ist dazu gedacht, das Thema zu vertiefen. Einem ganzheitlichen Ansatz gemäß sollten die Bildungsschwerpunkte (Singen, Bewegen, Sprechen) aber nie isoliert betrachtet werden.

Weitergehende Orientierung und Rückhalt boten den beteiligten pädagogischen Fachkräften die regelmäßig stattfindenden Fortbildungs- und Feedbackveranstaltungen, in denen methodisch-didaktische Inhalte vermittelt und der Austausch untereinander sowie die fachliche Diskussion durchgeführt wurden.

1.3 Wissenschaftliche Begleitung

Das Projekt wurde von mir im Rahmen meiner Tätigkeit an der Pädagogischen Hochschule Freiburg wissenschaftlich begleitet.
Insofern die Erlangung der Schulfähigkeit eines der zentralen Ziele des Modells bildet, wurde die Schulfähigkeit zu zwei verschiedenen Zeitpunkten bei jedem an „Singen–Bewegen–Sprechen“ beteiligten Kind erhoben. Die Einschätzung erfolgte mit Hilfe des von uns entwickelten Freiburger Schulfähigkeitsbogens (FSchuB). Es handelt sich dabei um ein Beobachtungs- und Reflexionsinstrument, das sich auf sechs Dimensionen der Schulfähigkeit bezieht und diese in 93 Items konkretisiert. Die Dimensionen im Einzel-

nen sind: „Motorik und Bewegung“, „Personale / Soziale Kompetenzen“, „Wahrnehmung“, „Arbeitsverhalten / Umgang mit Aufgaben“, „Elementares Wissen“ und „Sprache“. Die ErzieherInnen können die Kompetenzen der Kinder jeweils auf einer Skala von 1 = „sehr gut“ bis 5 = „gar nicht“ einschätzen. (Vgl. dazu Huppertz, N.: Besser sprechen – mehr Schulfähigkeit, Oberried 2009)

Des Weiteren gab es sowohl für die Arbeit der Musikschullehrkräfte als auch für die ErzieherInnen spezifische Reflexions- und Dokumentationsbögen, die zugleich der didaktischen Anleitung dienen sollten. Die ErzieherInnen im Kindergarten erhielten „Dokumentationsbögen“ – diese sind in Wochentage eingeteilt und ermöglichen eine übersichtliche Darstellung dessen, welche projektbezogenen Bildungsbereiche (Lieder, Tänze, Reime, Bewegungen etc.) in der Zeit vertieft wurden (vgl. Kap. VIII). Außerdem sollten Angaben dazu erfolgen, welche Beobachtungen im Kindergarten insgesamt bei dem Modell „Singen–Bewegen–Sprechen“ gemacht wurden und welche Reaktionen Eltern zeigten.

Die Didaktik-Bögen werden von den Musik-Fachkräften benutzt. Sie beziehen sich auf jeweils eine durchgeführte didaktische Einheit und werden durch 12 Anregungsfragen konkretisiert. Am Ende des Bogens geht es um die Bewertung des Gesamtverlaufs der didaktischen Einheit. Dadurch können inhaltliche und strukturelle Komponenten der Einheiten geplant, durchgeführt und nachvollzogen werden. (Vgl. dazu Kapitel VII)

Die Evaluation mit Hilfe der Schulfähigkeits-, Didaktik- und Dokumentationsbögen war Teil der wissenschaftlichen Begleitung von „Singen–Bewegen–Sprechen“. Zwischenzeitlich wurden regelmäßig Eindrücke der Musikschullehrkräfte und ErzieherInnen zum Bildungsmodell eingeholt. In einer Abschlusserhebung wurde zudem der Gesamteindruck der pädagogischen Fachkräfte vom Projekt mittels eines Fragebogens erfasst. Insgesamt war es ein breites Spektrum an qualitativen und quantitativen Verfahren, die bei der wissenschaftlichen Begleitung und Evaluation zur Geltung kamen. Wir können von einer weitestgehenden Erfüllung der Anforderungen des partial-holistischen Forschungsparadigmas sprechen. (Vgl. dazu Huppertz, N.: In: Gebhard/Meurer, Lebensbezogene Pädagogik und Partial-Holismus, Oberried 2010)

Das Modellprojekt „Singen–Bewegen–Sprechen“ wurde insgesamt äußerst positiv evaluiert, wie die Ergebnisse in diesem Handbuch sowie die Weiterführung im Kindergarten und in der Grundschule auf Landesebene in Baden-Württemberg zeigen.

2. „Singen–Bewegen–Sprechen" als allgemeines Bildungsmodell in Baden-Württemberg

Es war der Ministerpräsident des Landes Baden-Württemberg, Stefan Mappus, der das Modellprojekt „Singen–Bewegen–Sprechen" aufgegriffen und als Bildungsmodell zur Grundlage der Bildung im Kindergarten und in der Grundschule gemacht hat. Mit der Kultusministerin Marion Schick wurde auf Landesebene im Kabinett die Entscheidung getroffen, dieses erfolgreiche Bildungsmodell für Kindergärten und Grundschulen in Baden-Württemberg als Basis von Erziehung und Bildung der Kinder im Alter bis zu 10 Jahren anzusehen. Die im Folgenden wiedergegebenen Dokumente zeigen dies am Besten.

2.1 Aus der Regierungserklärung vom 10. März 2010

„Zusammen mit den Jugendmusikschulen im Land, werden wir schon ab dem kommenden Schuljahr mehr für die musikalische Grundbildung von Kindern zwischen vier und zehn Jahren tun. Das erfolgreiche Programm „Singen–Bewegen–Sprechen" (S-B-S) werden wir auf zunächst 1.000 Gruppen mit insgesamt 20.000 Kindern erweitern und Jahr für Jahr einen weiteren Jahrgang bis Klasse vier einbeziehen. Wir wollen damit die musikalische, motorische und sprachliche Entwicklung von Kindern unterstützen und dazu beitragen, dass Kinder die Schulfähigkeit erlangen. Wir legen so auch die Basis dafür, dass möglichst jedes Kind ein Musikinstrument erlernen kann. Das entspricht unserem umfassenden Bildungsverständnis, das über Schreiben, Lesen und Rechnen hinausgeht. Und es ist gleichzeitig auch ein wirkungsvoller Beitrag, um soziale Unterschiede in unseren Schulklassen zu überwinden."

Ministerpräsident Stefan Mappus (Mappus 2010, S. 19)

2.2 Aus der Badischen Zeitung vom 11. Mai 2010

Kinder dürfen auf die Pauke hauen

Neues Landesprogramm Musik

Von unserem Korrespondenten Roland Muschel

STUTTGART. Jedes zehnte schulpflichtige Kind im Land ist noch nicht schulreif. Viele beherrschen die deutsche Sprache oder Grundbewegungarten nicht richtig, oft fehlen soziale Fähigkeiten. Um das zu ändern, wird Kultusministerin Marion Schick das Förderprogramm „Singen-Bewegen-Sprechen“ schrittweise erst auf alle Kindergärten und dann auf die Grundschulen ausdehnen. Dazu schicken die Musikschulen einmal pro Woche Fachkräfte an die Bildungseinrichtungen, die die Kinder gemeinsam mit den Erziehern unterrichten. Dabei spielen die Kinder auf Instrumenten wie Rasseln, singen und tanzen. An Grundschulen wird das Angebot dem Alter angepasst, etwa durch Klassenmusizieren mit Bläsern oder Streichern.

Das Programm ist an 17 Kindergärten im Land als Pilotprojekt der „Stiftung Kinderland“ getestet worden. Der Modellversuch habe „außerordentlich gute Ergebnisse erzielt“, schreibt Schick in ihrer Vorlage für die Kabinettssitzung am heutigen Dienstag. So habe sich die Quote schulfähiger Kinder in den Piloteinrichtungen „signifikant erhöht sowie das sozialintegrative Verhalten der Kinder deutlich verbessert“.

Starttermin des Programms soll der 1. Oktober 2010 mit 1000 Kooperationen im vorletzten Kindergartenjahr mit 20 000 Kindern sein. Ab 2011 wird schrittweise ein weiterer Jahrgang bis zur vierten Grundschulklasse mit einbezogen. Bis zum Schuljahr 2015/2016 sollen die Musikschulen so 2000 Kooperationen mit Kindergärten und 6000 Kooperationen mit Grundschulen eingehen. Die Kosten steigen von 0,7 Millionen Euro im laufenden Jahr auf 13,2 Millionen Euro pro Jahr im Endausbau. Das Programm soll Schick durch Umschichtungen in ihrem Etat finanzieren. Dieses Bildungsangebots gilt als deutschlandweit einmalig.

2.3 Der Rahmenplan von „Singen–Bewegen–Sprechen" für den Kindergarten

MINISTERIUM FÜR KULTUS, JUGEND UND SPORT

Landesförderprogramm „Singen-Bewegen-Sprechen" Rahmenplan vom 16.06.2010, Az.: 54-6982.7/153

Teil I: „Singen-Bewegen-Sprechen" in Kindergärten und weiteren Tageseinrichtungen für Kinder

1. Vorbemerkungen

Singen, Bewegen und Sprechen sind in der kindlichen Entwicklung eng miteinander verbunden. Sie bedingen sich positiv und finden ihren ganzheitlichen Ausdruck im kindlichen Verhalten. Kinder erleben beim Hören von Gesang, Sprache und Musik und erst recht beim eigenen Singen, Sprechen und Musizieren elementare Freude, die durch entsprechende Bewegung gesteigert wird. Der emotionale Ausdruckswille, wie er auch beim Singen und Musizieren umgesetzt wird, entspricht einem Grundbedürfnis des Menschen. Diese Freude gilt es aufzugreifen und pädagogisch zu nutzen. Das Singen und Musizieren fördert grundsätzlich die Entwicklung des heranwachsenden Kindes. Hierzu fordert der Orientierungsplan für Bildung und Erziehung in baden-württembergischen Kindergärten und weiteren Kindertageseinrichtungen auf. Mit seinem kindorientierten, ganzheitlichen Ansatz gestaltet er den Kindergarten unter anderem als Ort für das Singen und die Musik in allen kindgerechten Formen des praktischen Umgangs, auch in der Verbindung mit Sprache, Bewegung, Spiel und Tanz.

„Singen-Bewegen-Sprechen" ist ein ergänzendes Angebot zur ganzheitlichen Bildung und Entwicklung in Kindergärten und weiteren Tageseinrichtungen für Kinder. Es wird in enger Zusammenarbeit von einer Erzieherin oder einem Erzieher und einer musikpädagogischen Fachkraft durchgeführt.

Der Landesverband der Musikschulen Baden-Württembergs e.V. führte im Auftrag der Stiftung Kinderland Baden-Württemberg zwischen 2007 und 2009 an 17 Kindergärten den Modellversuch „Singen-Bewegen-Sprechen" durch. Hierbei hat sich unter anderem gezeigt, dass der Übergang in die Grundschule auch für die Kinder unproblematisch war, von denen das zunächst so nicht erwartet wurde.

2. Intentionen von „Singen-Bewegen-Sprechen"

Das Landesförderprogramm will die Entwicklung von Kindern in den letzten beiden Kindergartenjahren ganzheitlich, individuell und nachhaltig fördern. Die gesamte Persönlichkeit des Kindes soll gestärkt und der Übergang in die Schule günstig beeinflusst werden. Das Angebot im Kindergarten/in der Tageseinrichtung wird mit „Singen-Bewegen-Sprechen" um eine pädagogisch wertvolle und qualitativ hochwertige Komponente ergänzt und erweitert.

3. Zusammenhang mit dem Orientierungsplan

Die Ziele, Inhalte und die pädagogisch-didaktische Konzeption von „Singen-Bewegen-Sprechen" sind auf den Orientierungsplan abgestimmt. Das Programm greift Themen der Kinder auf und wird damit in die Bildungs- und Erziehungsarbeit des Kindergartens/der Tageseinrichtung auf der Grundlage des Orientierungsplans integriert.

Das musikpädagogische Personal benötigt fundierte Kenntnisse über den Orientierungsplan. Dies gilt sowohl für das dort formulierte Grundverständnis von Bildung und Erziehung im Kindergarten und den daraus abgeleiteten Zielen und Kooperationsfeldern als auch für die Umsetzung der sechs Bildungs- und Entwicklungsfelder in der pädagogischen Arbeit im Kindergarten.

4. Erziehungs-, Bildungs- und Entwicklungsziele

Kinder

- erleben Freude an der Musik (u. a. Musizieren als Selbstzweck und in Verbindung mit Bewegung und Sprache),
- entwickeln ihre Persönlichkeit durch eine Stärkung
  a) der Eigen-, Fremd- und Gruppenwahrnehmung entsprechend dem Beziehungs-Dreieck Ich-Du-Wir,
  b) des Selbstbewusstseins und des Selbstwertgefühls,
  c) des sozialen Verhaltens in der Gruppe (siehe auch Orientierungsplan Bildungs- und Entwicklungsfeld 5: Gefühl und Mitgefühl),
- differenzieren ihre sinnliche Wahrnehmung, Kreativität und Gestaltungsfähigkeit (siehe auch Orientierungsplan Bildungs- und Entwicklungsfeld 2: Sinne),
- erweitern die Fähigkeit, Musik wahrzunehmen, sich zu Musik körperlich differenziert auszudrücken, dem Entwicklungsstand gemäß zu singen sowie auf elementaren Instrumenten zu musizieren (siehe auch Orientierungsplan Bildungs- und Entwicklungsfeld 1: Körper),
- entwickeln ihre grob- und feinmotorischen Fähigkeiten weiter (siehe Orientierungsplan: Bildungs- und Entwicklungsfeld 1: Körper),

- bauen ihre kognitiven Fähigkeiten, insbesondere in den Bereichen Sprache und Sprechverhalten, Denkfähigkeit, Gedächtnis und Merkfähigkeit sowie Aufmerksamkeit und Konzentration aus (siehe auch Orientierungsplan Bildungs- und Entwicklungsfelder 3, 4: Sprache, Denken),
- entwickeln ihre Leistungsmotivation, das Spiel- und Arbeitsverhalten sowie Durchhaltevermögen.

5. Bildungsarbeit

5.1 Vorbemerkungen

„Ausgangspunkte für das pädagogische Handeln sind in der Erziehungs- und Bildungsmatrix (des Orientierungsplans) die Schnittstellen zwischen den Bildungs- und Entwicklungsfeldern und den Motivationen des Kindes. (.....). Sie bündeln und strukturieren die Impulsfragen zur Konkretisierung des pädagogischen Handelns. Dies erfolgt einerseits in geplanter Form durch die absichtsvolle Gestaltung von Aktivitäten (Programm, Angebote, Projekte ...), andererseits durch die Reaktionen der Erzieherin auf das, was Kinder beschäftigt, wie und wofür sie sich engagieren.“ (Orientierungsplan, Stand 17.06.2009, Seite 78)

„Singen-Bewegen-Sprechen“ wird in der Regel wöchentlich in didaktischen Einheiten gemeinsam von einer musikpädagogischen Fachkraft und einer Erzieherin/einem Erzieher durchgeführt. Die Konzeption der jeweiligen didaktischen Einheiten und der Projekte zu besonderen Anlässen orientiert sich an diesem Rahmenplan und an den Gegebenheiten vor Ort. Die Durchführung der Angebote und Projekte bei „Singen-Bewegen-Sprechen“ erfolgt entsprechend den nachfolgend aufgeführten Impulsfragen, die didaktisch verbindlichen Charakter haben.

5.2 Impulsfragen

a) Für den Bereich Singen:

- Wie erreicht das Kind, dass es in der richtigen Tonlage singt?
- Wie werden Kinder dazu angehalten, auf Atmung und Stimmführung zu achten?
- Wie gelingt es Kindern, den melodischen Spannungsbogen nachzuvollziehen?
- Wie wird das Kind ermutigt, mit der Stimme zu experimentieren und zu improvisieren?

b) Für den Bereich Bewegen:
- Welche musikalischen Bewegungsanreize erhalten Kinder zur Ausdifferenzierung der Grob- und Feinmotorik (z. B. laufen, gehen, springen, schleichen, kriechen, Hand- und Fingerbewegungen)?
- Wie kommen dabei Form, Takt, Rhythmus, Tempo und Dynamik angemessen zur Geltung?
- Wie werden Kinder angeregt, in ausreichendem Maße auf die Qualität der Bewegungsabläufe zu achten?
- Welche Möglichkeiten erhalten Kinder, ihr Bedürfnis nach Bewegung zu Musik zu entwickeln?

c) Für den Bereich Sprechen:
- Wie werden Kinder zur Beachtung der umfassenden Komponenten von Sprache und Kommunikation hingeführt (zwischenmenschlicher Dialog, wechselseitiges Verstehen, Rückmeldung holen und geben)?
- Wie werden Kinder motiviert und unterstützt, z. B. auf die richtige Aussprache und Sprachmelodie zu achten?
- Welche Anregungen erhalten Kinder zur sprachlichen Artikulation und Verbesserung ihrer Ausdrucksfähigkeit?
- Wie werden Situationen geschaffen, in denen Kinder die mimische und gestische Kommunikation ausprägen können?

d) Übergreifende Impulsfrage:
- Wie erfahren Kinder bei „Singen-Bewegen-Sprechen“ das mehrperspektivische Bildungsverständnis des Orientierungsplans (z. B. ganzheitliches Erleben des Kindes, integrative Verbindung der Bildungsfelder, Bildungsmatrix)?

5.3 Durchführung und Vertiefung

Die Bildungsarbeit gliedert sich in zwei Bestandteile:

a) Verlässliche, in der Regel wöchentliche Angebote, die die musikpädagogische Fachkraft und die Erzieherin oder der Erzieher gemeinsam durchführen. Diese sind organisatorisch auf die jeweilige Vor-Ort-Situation im Kindergarten abzustimmen.

b) Weitere Phasen im Laufe der Woche, mit denen wichtige Inhalte des Musikangebots von der Erzieherin/dem Erzieher in den Tagesablauf integriert werden.

Für die Konzeption und Planung der didaktischen Einheiten trägt die musikpädagogische Fachkraft die Hauptverantwortung. Die hierfür notwendigen ergänzenden Kompetenzen hat sie sich durch entsprechende Fortbildungen angeeignet und gibt das inhaltliche, musikpädagogische und didaktische Wissen und Können an die Erzieherin/den Erzieher weiter und leitet diese(n) bei Bedarf fachlich an. Die Erzieherin/der Erzieher trägt die Verantwortung für die Vertiefungsarbeit im Laufe der Woche.

Die Vertiefungsarbeit ist für den kontinuierlichen Bildungs- und Entwicklungsprozess außerordentlich wichtig und dient der individuellen Förderung eines jeden Kindes. Welchen zeitlichen Umfang diese Wiederholungs- und Vertiefungsphasen haben, liegt in der Entscheidung der verantwortlichen Erzieherin/des Erziehers. Die Modalitäten der jeweiligen Wiederholungen und Vertiefungen sollten mit der musikpädagogischen Fachkraft abgestimmt sein.

Die regelmäßige Anwesenheit aller Kinder in den didaktischen Angeboten ist eine sinnvolle Voraussetzung für das Gelingen. So kann aufbauend und zielgerichtet gearbeitet werden. Deshalb sollten die didaktischen Einheiten ebenso wie die Wiederholungen und Vertiefungen zu lernbegünstigten Tageszeiten stattfinden.

Es findet ein kontinuierlicher und enger fachlicher Austausch zwischen der Erzieherin/dem Erzieher und der musikpädagogischen Fachkraft über den Inhalt der didaktischen Einheiten und die (Zwischen-) Ergebnisse im Hinblick auf die Zielsetzungen von „Singen-Bewegen-Sprechen“ statt.

Für „Singen-Bewegen-Sprechen“ (Basiseinheit und Wiederholungs-/Vertiefungsphasen) wird elementares Instrumentarium (Handtrommeln, Triangel, Claves, Klanghölzer, Fingercymbeln etc.) benötigt.

6. Weiterführung in der Grundschule

In der Grundschule wird das Programm den altersgemäßen Voraussetzungen der Kinder entsprechend inhaltlich erweitert. Der musikalische Aspekt tritt in den Vordergrund und wird in den Folgeklassen verstärkt. Hierbei werden zum Großteil im Betreuungsbereich musikalische Projekte angeboten, die eine Ergänzung zum Bildungsplan der Grundschule darstellen. Gegebenenfalls können unter Leitung und Verantwortung der Grundschullehrkraft Kooperationen in der Kernunterrichtszeit stattfinden.

2.4 Aspekte von „Singen-Bewegen-Sprechen“ in Grundschulen

Die folgenden Aussagen sind autorisiert von Dr. Norbert Dietrich, Landesverband der Musikschulen Baden-Württembergs e.V.

Grundsätzliches

Die in dem Bildungsmodell „Singen-Bewegen-Sprechen“ vorgesehene musikalische Grundbildung für Kinder ab 4 bis 10 Jahren geschieht über die ersten beiden Jahre hinweg im Kindergarten. Anschließend wird sie im Sinne des Orientierungsplans nahtlos in die Grundschule übergeführt und unter den dortigen Rahmenbedingungen und Perspektiven weiter ausgebaut. Dabei ersetzt das Kooperationsmodell keinesfalls die vor allem in dem Fach Mensch-Natur-Kultur grundgelegte Beschäftigung mit Musik, dies sowohl im Hinblick auf deren Geschichte als auch auf die Musikpraxis. Allerdings ermöglicht die Einbindung von Musikschullehrkräften eine stärkere Fokussierung der musikalischen Bildung auf eine systematische und vertiefende Hinführung in die Praxis des aktiven Musizierens. Die zweifellos möglichen Überschneidungen (z.B. beim Singen, bei der Ensemblearbeit) gilt es je nach der Situation vor Ort im Einzelfall zu gestalten. Prinzipiell können und dürfen die Musikschullehrkräfte jedoch nicht im Kernbereich unterrichten, sie können allenfalls als Tandempartner hinzugezogen werden (z.B. Streicherklasse). Ihr Tätigkeitsschwerpunkt liegt in Ergänzungs- und Betreuungsphasen der verlässlichen Grundschule bzw. der Ganztagesgrundschule. Auch hier sind wiederum Tandemlösungen denkbar.

Bildungsplan

Der Bildungsplan für den Fächerverbund Mensch, Natur, Kultur aus dem Jahre 2006 kommt solchen Kooperationen nicht nur entgegen, er impliziert sie geradezu. Anknüpfend an den Orientierungsplan für die Kindergärten ist er zielgerichtet auf den Kompetenzerwerb bei den Kindern ausgerichtet. Diese sollen sich zu Persönlichkeiten mit hohem Selbstbewusstsein und hoher sozialer Kompetenz entwickeln. Als Faktoren hierfür werden u.a. die Förderung des kreativen künstlerischen Potenzials, zum Beispiel durch Chor, Orchester, Theater (S. 18), die „Freude am künstlerischen Gestalten und der aktive Umgang mit Musik“ (S. 96) angeführt. Mehrfach wird die Öffnung der Schule und insbesondere der Ganztagsschule zu außerschulischen Partnern hin nahe gelegt (S. 10, S. 19).
Die Kooperation mit der Musikschule ermöglicht eine Vertiefung und Verbreitung der musikalischen Bildungskompetenz vor allem im Bereich des instrumentalen Lernens. Dies wiederum befördert und kultiviert den Aufbau einer „verlässlichen

Musikpflege", die „Entwicklung einer differenzierten Wahrnehmungsfähigkeit" (S.97) und die Erweiterung der musikalischen und gestalterischen Fähigkeiten (S. 96).

Übergang und Anknüpfung (1. Schuljahr)

Der Übergang vom Kindergarten in die Grundschule soll für das Kind möglichst ohne spürbare Zäsuren erfolgen. Deshalb wirft der Orientierungsplan für die Kindergärten am Ende eines jeden wichtigen Kapitels den Blick auf die Weiterführung der besprochenen Inhalte in der Grundschule.

Das Bildungsmodell „Singen-Bewegen-Sprechen" kann hierzu im ersten Schuljahr einen wertvollen Beitrag leisten. Seine im Kindergarten grundgelegten ganzheitlichen Inhalte lassen sich nahtlos in die Grundschule überführen und im Sinne des Bildungsplans allmählich und unmerklich weiter ausdifferenzieren und vertiefen. Beim Singen betrifft es schwerpunktmäßig die Stimmbildung sowie das Erlernen von altersgemäßen Liedern, als Unterstützung und Ergänzung für die Erarbeitung des im Bildungsplan vorgesehenen Liederkanons. Im Bereich Bewegen geht es um die Fortführung einer gezielten und differenzierten Ausbildung der motorischen Fähigkeiten, mit einer stärkeren Einbeziehung des Tanzes. Durch eine sensible Umsetzung von Musik in Körperbewegung und unter Einbeziehung einfacher Instrumente können Fachlehrkräfte der Musikschule aus dem Bereich der elementaren Musikpädagogik einen wertvollen Betrag zu den im Bildungsplan aufgeführten besonderen Stärken von Musik leisten, beispielsweise „als Mittel des Selbstausdrucks" (S.100), zum Erfahren der Räume – auch „Bewegungs- und Klangräume" (S. 101) - durch Bewegung und zum Ausdruck von „Stimmungen und Gefühlen" (S.100). Dabei lassen sich die didaktischen Einheiten so gestalten, dass auch neu hinzugekommene Kinder ohne die entsprechende Vorerfahrung aus dem Kindergarten mühelos integriert werden können.

Orientierung, Differenzierung (2. – 4. Schuljahr)

Anknüpfend an die Übergangsphase, zuweilen auch bereits parallel bzw. in Ergänzung dazu, kann durch den Einbezug von Fachlehrkräften der Musikschule neben dem Singen vor allem das instrumentale Musizieren zielgerichtet gefördert und systematisiert werden. Als Entscheidungshilfe für die Wahl eines zu erlernenden Instruments bietet sich die Bildung einer Orientierungsgruppe an („Instrumentenkarussell"), wo die Kinder beispielsweise in einem vierteljährlichen Wechsel verschiedene Instrumente ausprobieren können, um sich dann anschließend für ein bestimmtes Instrument zu entscheiden.

Je nach Situation vor Ort bietet sich auch ohne diese Orientierungsphase oder alternativ dazu, etwa für die Bereiche Blockflöte, Gitarre und Perkussion, Instru-

mentalunterricht in Großgruppen bis zu etwa 10 Kindern an, der sowohl übergangsweise oder auch längerfristig eingerichtet werden kann.
Kinder, die ein Streichinstrument erlernen möchten, lassen sich sehr gut in eine Streicherklasse zusammenfassen. Dies geschieht durch das gemeinsame Musizieren in der Großgruppe und im Zusammenspiel mit allen Instrumenten der Familie (Violine, Viola, Violoncello) in besonders motivierender Weise. Ab dem 3. Schuljahr ist durch die sinnvolle Auswahl von Instrumenten, die für Kinder dieses Alters spielbar sind, auch unter Anknüpfung an das Instrumentenkarussell, die Einrichtung von Bläserklassen möglich.
Hier, wie im Übrigen auch bei den Streicherklassen, haben sich Tandemlösungen zwischen Grundschul- und Musikschullehrkräften besonders bewährt. Solche Lösungen ermöglichen eine Integration der Tutti-Proben (Leitung: Grundschullehrkraft) in den Kernbereich, während die Registerproben durch die Musikschullehrkräfte im Angebots- bzw. Betreuungsbereich stattfinden können. Damit erhalten solche Lösungen einen besonders wertvollen integrativen Charakter, auch innerhalb des Schulalltags.
Durch eine solchermaßen gestaltete Einbindung von Musikschullehrkräften - mit ihrer fachspezifischen Kompetenz für das systematische Erlernen eines Instruments und des Umgangs damit in die Grundschule - werden ungewöhnlich viele Kinder erreicht, die wichtige und wertvolle Grunderfahrungen auf diesem Gebiet sammeln können. Dies erhöht die Chancengleichheit. Darauf aufbauend und im Anschluss daran lässt sich dann für jedes Kind individuell und in Absprache mit dem Elternhaus leichter entscheiden, ob und wie intensiv es an der Musikschule weiter gefördert werden sollte oder auch kann.

Chorarbeit, Ensembles, (Musiktheater-)Projekte

Die Arbeit in diesen Bereichen wird stark von den gegebenen Verhältnissen vor Ort bestimmt. Im Idealfall haben hier zunächst einmal die Fachlehrkräfte der Grundschule das Sagen, wobei das Musiktheater in einen weiteren künstlerisch-kreativen Rahmen eingebunden ist (Kunst, Szene etc.). Dieser kann ebenfalls von entsprechend versierten Lehrkräften der Grundschule abgedeckt werden. Dadurch, dass diese Arbeit auch klassen- und klassenstufenübergreifend möglich ist, wird eine umfassende Einbindung der Schülerschaft in musikalisch begründete gemeinschaftsfördernde Aktivitäten und Projekte möglich.
Lehrkräfte der Musikschule können auch in diesem Zusammenhang ihre spezifische fachliche Kompetenz ergänzend einbringen, indem sie etwa bei der Choreografie mithelfen, eine vertiefende Arbeit bei den Instrumentalproben leisten oder bei fehlender personeller Kapazität auch die Leitung des einen oder anderen Bereichs (z.B. Chor) übernehmen.

Solche situationsabhängig und flexibel gehandhabten Kooperationen bündeln die Kräfte. Sie erhöhen nicht nur die Möglichkeiten bei der Auswahl, Handhabung und Aufführung von Musik, mit ihnen lässt sich auch das Qualitätsniveau insgesamt steigern.
Dies wiederum stärkt die ohnehin beim Musizieren grundsätzlich vorhandene und auch im Bildungsplan erwähnte positive Gestimmtheit und erlebte „Freude und Zuversicht" (S. 104) als beste Voraussetzung für die Entwicklung eines gesunden Vertrauens in die eigene musikalische Ausdrucks- und Leistungsfähigkeit (S. 104) sowie beim „Einander zuhören" (S. 104) für das Erleben und Gestalten von Gemeinschaft in einem gleichermaßen positiv erlebten und unbelasteten Umfeld.

II Kein Kind darf verloren gehen - Stolperkinderproblem

„Jedes Kind soll gut in die Schule kommen und in der Schule gut mitkommen."
(Norbert Huppertz)

In der gesamten Pädagogik sollte es um das gelingende Leben unserer Kinder gehen. Ein bestimmender Faktor dabei ist der Schulerfolg. Schule – vor allem heute auch die Einschulung – bieten den meisten Kindern schöne Erfahrungen. Es gibt viele Anstrengungen und ein großes Engagement auf Seiten der Eltern, ebenso auf Seiten des Kindergartens und der Grundschule, damit die Einschulung gelingt und wirklich zu einem schönen Erlebnis im Leben des Kindes wird. Allerdings haben wir auch in zahlreichen Fällen genau das Gegenteil: Der Übergang in die Schule verbindet sich mit negativem Erleben – die Einschulung wird zum Stolperstein – Kinder werden zu „Stolperkindern". „Singen–Bewegen–Sprechen" möchte die mit Schule und Einschulung verbundenen schönen Elemente an sich erleben lassen, aber vor allem für mehr Kinder den Übergang in die Schule und die Erfahrung mit Schule stressfrei und freudvoll gestalten. Das bewirkt keine „Verschulung" der Kindheit im negativen Sinne, wie oft fälschlicherweise angenommen wird, sondern mehr Freude am gelingenden Leben unserer Kinder.

1. Was ist ein „Stolperkind"?

„Stolperkind" ist ein Begriff, der recht populär gehalten ist. Es geht dabei um das Bild, dass jemand beim Eintritt in eine Einrichtung oder überhaupt in irgendein Gebäude ins Stolpern gerät. Viele Kinder „stolpern" in diesem Sinne, wenn sie vom Kindergarten in die Schule kommen sollten. Es gelingt ihnen nicht, problemlos den Übergang vom Kindergarten zur Schule zu meistern. Sie bleiben an dieser Schwelle hängen. Sie haben Eingewöhnungsschwierigkeiten, Sprachschwierigkeiten, kognitive Schwierigkeiten, Schwierigkeiten im sozialen Verhalten etc. Sie sind also nicht „schulreif" bzw. nicht „schulfähig". Heute wird in der Wissenschaft fast nur noch von „Schulfähigkeit", und kaum mehr von „Schulreife" gesprochen, auch wenn es in Baden-Württemberg das große Projekt „Schulreifes Kind" gibt.
Das „Stolperkind" ist nicht ein Kind, das nur „stolpert", wie ein „Kind mit Behinderung" auch nicht nur ein „behindertes Kind" ist. Das ist eine sprachliche Problematik. Dennoch bringt dieses Wort genau das zum Ausdruck,

was gemeint ist, und zwar: Da ist eine Hürde zu nehmen; diese Hürde zu nehmen, gelingt nicht problemlos, - man stolpert dabei.

Die Prozentzahlen der „Stolperkinder" liegen zwischen 35% auf der einen Seite und +/- 5% auf der anderen Seite. (% meint hier die Zurückstellungsquote eines Altersjahrgangs.) Das heißt: Es gibt Fälle, in denen ein Drittel der Kinder und mehr den Übergang vom Kindergarten in die Schule nicht schafft. Das ist natürlich sehr unterschiedlich, u. a. je nachdem, in welchem sozialen Milieu sich der Kindergarten befindet. Es gibt auch die Einrichtungen mit keinem einzigen „Stolperkind". Das muss seine Gründe haben.

2. Mögliche Stolpersteine

Ein Beispiel: Wenn ein Kind in der Schule Schulerfolg haben soll, so muss es „ansprachefähig in der Gruppe" sein. Das bedeutet: die Lehrerin hat in der Klasse 27 Kinder, und Kind X ist dabei. Das Kind muss nun in der Lage sein, eine Information, die an alle 27 Kinder gerichtet wird, für sich selber so aufzunehmen und zu verstehen, als wenn sie nur an es allein gerichtet wäre.. Das kann beispielsweise eine solche Hürde sein, die das Kind nicht nehmen kann. Oder das Kind muss sich sprachlich möglichst gut ausdrücken können. Das Kind muss für die Schule leistungsmotiviert, körperlich kräftig genug sein, etc. So gibt es hier eine ganze Reihe von Dimensionen, die möglicherweise lauter Hürden darstellen, die es zu nehmen gilt, welche die Kinder aber oft nicht schaffen. Damit sie diese Hürden nehmen können, müssen sie darauf vorbereitet werden, so dass sie keine Stolperkinder werden. Das lässt sich fast alles vermeiden, und die meisten der derzeitig zurückgestellten Kinder könnten schulfähig sein, so meine optimistische These.

3. Was ist der zentrale Stolperstein?

Der hauptsächliche Stein des Stolperns ist die Sprache. Anderes spielt auch eine Rolle, aber das Problem, an dem die meisten Kinder scheitern, ist die Sprache. Das ist nicht verwunderlich; denn überall dort, wo Menschen Erfolg haben, brauchen sie Sprache. Schule besteht eben fast zu 100% aus Sprache. Die Kontrollen der Leistungen bestehen in der Schule fast immer aus Sprache, Schriftsprache, mündlicher Sprache usw. Allein schon, ob ein Kind gegenüber der Lehrerin oder dem Lehrer gut angesehen ist, hat mit seiner Sprache zu tun. Immer ist Sprache gefragt. Alle empirischen Befunde zeigen: wo Kinder Probleme beim Schulerfolg haben, ist die Sprache die Haupthürde bzw. der Hauptstolperstein.

4. Wie kommt es, dass Kinder zu Stolperkindern werden? – Ursachen und Bedürfnisse

Die Ursachen sind, wie bereits erwähnt, unterschiedlicher Natur: Schon bevor ein Kind auf die Welt kommt, hat es Erfahrungen gemacht, die gut oder schlecht sein können – in jeder Hinsicht. In der Regel dauert es drei Jahre, bis es in den Kindergarten kommt. Die Erfahrungen vor der Kindergartenzeit sind schon äußerst bedeutsam. Daran sind Mutter und Vater, Betreuungspersonen, welche die Eltern vertreten, oder auch Krippenpädagogen in immens bedeutender Weise beteiligt. Mit drei Jahren kommt das Kind in den Kindergarten. Dann ist auch schon, ohne dass wir es evtl. ahnen, die Schule beteiligt; denn je nachdem, wie die Schule mit dem Kindergarten kooperiert und wie sie auf ihn einwirkt (oder auch nicht), wird es auch mehr Stolperkinder geben. Kein Kind kommt als „Stolperkind" auf die Welt. Eltern oder pädagogisches Fachpersonal sind mitverantwortliche Ursachenträger. Wir müssen genau darüber nachdenken, wo für die Generierung des Stolperns die ursächlichen Faktoren liegen. Wir wissen heute sehr gut, was Kinder brauchen. Die Bedürfnisfrage der Kinder lässt sich ziemlich genau beantworten.

Was brauchen Kinder?

Kinder brauchen zunächst einmal eine warmherzige Umgebung und Atmosphäre. Wenn das Kind zur Welt kommt, sollten sich alle darüber freuen: Das ist gut für das Kind. In einer warmherzigen Atmosphäre baut sich in erster Linie eine gute Beziehung zu den Eltern auf. Für das Überleben, vor allem für das geglückte Aufwachsen, braucht das Kind eine tragfähige Beziehung. Diese Beziehung kann durchaus in mehrere Personen geteilt werden. Es braucht überhaupt eine stabile Beziehung. Weiter braucht es die soziale Einbindung in eine Gruppe. Das ist normalerweise die Familie o. ä. Es braucht soziale Einbindung in gleichaltrige Gruppen, es braucht Bildung und bildende Anregung. Dem Kind müssen dann bald Bildungsgegenstände gegeben werden, es wird ihm also z.B. bald eine Rassel gegeben, ein Bilderbuch usw. Bildung hat mit dem inhaltlich-thematischen Bereich zu tun, und es muss schon ganz von Anfang Bildung stattfinden.

Das Kind braucht eine vertrauensvolle Atmosphäre. Es muss z.B. wissen, dass die Mutter wiederkommt, wenn sie sich entfernt. So wird Urvertrauen aufgebaut. Und im Entwicklungsverlauf braucht jedes Kind zunehmend mehr auch Erziehung, d. h. u. a. Normen, Regelmäßigkeiten, Regeln kennen lernen. Das Kind braucht Zuwendung, sowie Essen, Trinken, Wärme

und gute Luft. (Vgl. dazu Huppertz, Der Lebensbezogene Ansatz im Kindergarten, Norderstedt 2007)
So können wir heute in der Pädagogik der frühen Kindheit ziemlich genau sagen, was Kinder brauchen und wessen sie bedürfen. Hier wird der Bedürfnisbegriff sehr streng definiert und nicht als laxer Alltagsbegriff verwendet: ein Bedürfnis bezieht sich auf das, dessen das Kind wirklich bedarf und ohne dessen Erfüllung es Schaden nimmt. Bedürfnis ist nicht gleichzusetzen mit Lust oder Interesse.

Verantwortung dafür, dass all das auch bereits vor dem Kindergarten gelingt, hat der Kindergarten selbst natürlich nicht. Hier sind es das Gemeinwesen sowie politisch Verantwortliche und andere Organisationen, die Verantwortung tragen. Die Bedürfnistheorie muss zuerst einmal auf breiter Ebene bekannt und dann praktisch erfüllt werden. Dann würden viele Ursachen der Generierung von Stolperkindern vermieden; denn sie sind vermeidbar. Kinder, die zu Stolperkindern werden, haben oft in einzelnen Bedürfnisbereichen schlechte Bedingungen gehabt, was sich, wie gesagt, im Grunde nahezu restlos vermeiden ließe. Wichtig wäre eine auf Bildung und Erziehung setzende Gemeinwesenarbeit, die vor allem vorbeugende Familienarbeit praktizieren würde. Es wird insgesamt auch in der Pädagogik nicht gründlich genug nach dem gefragt, was Kinder wirklich brauchen. Eine wahrhaft bedürfnisorientierte Pädagogik ist keine reine interessensorientierte Pädagogik.

5. Wie viele Stolperkinder gibt es?

Wie viele Kinder betrifft nun das Problem, wie viele Kinder werden tatsächlich nicht eingeschult? Im „Arbeitskreis Einschulungsuntersuchung“ am Landesgesundheitsamt wird davon ausgegangen, dass ca. 15% der Kinder eines Jahrgangs deutliche Auffälligkeiten in den schulrelevanten Merkmalen aufweisen, für das Merkmal „Sprache“ wird von einem noch höheren Prozentsatz ausgegangen (vgl. Stellungnahme AK ESU, Stand: 14.02.08).
Es ist insgesamt, wie gesagt, von einer Zahl auszugehen, die zwischen 5% und 35% liegt, wobei die Zahl der Stolperkinder je nach Einrichtung sehr unterschiedlich sein kann. Ein Beispiel aus erster Hand: Ein Kindergarten auf dem Land; im Jahr 2010 hat er 50 dem Alter nach einzuschulende Kinder; 10 davon bleiben auf der Strecke. Ein anderer Kindergarten hätte 33 Kinder einzuschulen – bei 13 Kindern gelingt es nicht. Die Erzieherinnen erschrecken selber angesichts dieser Zahlen. Die Zahlen aus dem Land Baden-Württemberg sind für 2007/2008 nach dem Statistischen Landesamt ähnlich, wenn es heißt:

Es gibt *„4.400 Kinder im Schuljahr 2007/2008 in Grundschulförderklassen – Jungen mit Anteil von 76 Prozent – 22 Prozent … mit ausländischer Staatsangehörigkeit“* (Statistisches Landesamt Baden-Württemberg 2008)

„Insgesamt wurden im Schuljahr 2007/2008 etwa 105.000 Schülerinnen und Schüler in öffentlichen und privaten Grundschulen eingeschult.“ (ebd.)

Dabei muss gesehen werden, dass die Gesamtzurückstellungsquote im Jahr 2008/2009 genau 10.005 Kinder (d. h. fast 10 %) beträgt. Kinder, die nicht in die Grundschulförderklasse gehen, bleiben wohl noch ein Jahr im Kindergarten. Diese Zahlen haben während der letzten Jahre noch zugenommen. Für das Jahr 2009 noch ein Beleg aus erster Hand, wenn es heißt: „Gut jedes zehnte schulpflichtige Kind wurde im Herbst 2008 zurückgestellt.“ (Statistisches Landesamt Baden-Württemberg, Pressemitteilung vom 09.09.09)

Wichtige Anmerkung: Das sind die Daten für das Bundesland Baden-Württemberg. Unser Land steht aber hier keineswegs allein, sondern die Zahlen sind beim bundesweiten Vergleich ähnlich.
Das Bildungsmodell „Singen-Bewegen-Sprechen“ hat auf der Basis des Orientierungsplanes, begleitet von den vielen Anstrengungen, die seit Jahren unternommen werden, hier eine neue Aufgabe.

6. „Kümmerkinder" – Mehr Kümmerkinder, weniger Stolperkinder

Es wäre nicht gerade sinnvoll, das Problem der „Stolperkinder" lediglich festzustellen und zu beklagen – das wäre, wie eine Krankheit zu diagnostizieren, sich aber nicht um die Therapie zu kümmern; es muss viel mehr darum gehen, zu bedenken und zu sagen, was wir dagegen tun können und müssen. Im Folgenden mache ich den Vorschlag „Kümmerkinder". Das Motto lautet: „Mehr Kümmerkinder - weniger Stolperkinder!" Ich könnte auch sagen: Besser vorbeugen als heilen! Was ist gemeint?

Erster Weg: „Singen-Bewegen-Sprechen" engagiert durchführen.- Belege für den Erfolg haben wir zur Genüge. Man lese dazu aufmerksam das Kapitel XI. Panama und Regenbogenland sind nicht widerlegbare Erfolge.

Zweiter Weg: Kümmerkind-Ansatz.- Ob mit oder ohne „Singen-Bewegen-Sprechen" – der Kindergarten sollte die Lebensbezogene Sprachbildung engagiert durchführen – und sich dabei besonders um die evtl. gefährdeten Kinder, d. h. die potentiellen Stolperkinder frühzeitig „kümmern" – deshalb der Begriff „Kümmerkinder". Das sind die Kinder, denen wir uns besorgt und engagiert, individualisierend und differenzierend, zuwenden, - ohne die anderen, insbesondere auch die begabten, zu vernachlässigen. Im Folgenden gebe ich Eckpunkte zur Praxis des Konzeptes „Kümmerkinder".

1. *Sich alle Kinder, die betroffen sind und wahrscheinlich zu Stolperkindern werden , in der Gruppe und in der Einrichtung merken („erfassen").*

2. *Alle Kümmerkinder verantwortlich zuteilen – in der Regel in der Gruppe. Falls es z.B. 6 Kümmerkinder sind, übernimmt jede Kollegin aus der Gruppe davon 3 Kinder, für die sie sich zuständig und verantwortlich sieht, - insbesondere in der lebensbezogenen Sprachbildung.*

3. *Jedes Kümmerkind „erhält" täglich etwas „Besonderes" für seine Bildung (z. B. eine besondere Zuwendung, Sprachbegleitung – kurz, bewusst und zielhaft)*

4. *Über diese („ihre“) Kinder führt die verantwortliche Erzieherin für sich genau Buch, u. a. über die besonderen Zuwendungen.*

5. *Die Erzieherinnen tauschen sich untereinander fachlich und professionell über die Kinder aus.*

6. *Zwischendurch immer wieder einmal den Entwicklungsstand des Kindes prüfen und reflektieren – Fortschritte notieren.*

7. *Mit den Eltern zusammenarbeiten, möglichst unauffällig und ohne sie und ihr Kind abzustempeln – positiv, konstruktiv, wirksam.*

8. *Früh beginnen – d. h. möglichst spätestens bei den Vierjährigen, aber auch mit den Vorschulkindern.*

9. *Falls möglich, sich begleiten lassen und austauschen, z. B. mit der Leitung, Fachberatung, wissenschaftliche Begleitung o. ä. – und immer wieder kurz evaluieren.*

10. *Das Konzept „Lebensbezogene Sprachbildung“ genau kennen und anwenden, vor allem die dort praktizierten Bögen für die Kinder und Erzieherinnen (dazu vgl. Huppertz, N.: Besser sprechen – mehr Schulfähigkeit, Oberried 2009).*

Im Folgenden ein Auszug aus dem FSchub (Freiburger Schulfähigkeitsbogen), der sich bei der Arbeit mit Kümmerkindern gut bewährt hat.

7. Der Freiburger Schulfähigkeitsbogen (Auszug)

Dieser Bogen ist ein pädagogisches Einschätz- und Arbeitsinstrument in drei Schritten: (a) die Einschätzung der Kompetenz des Kindes, (b) die Frage, weshalb diese bereits so ausgeprägt ist oder auch nicht , und (c) die Frage, was evtl. zu tun ist im Sinne des kompensatorischen Verhaltens in der eigenen pädagogischen Arbeit. (vgl. dazu auch Huppertz, N.: Besser sprechen – mehr Schulfähigkeit, Oberried 2009, S. 25 ff).

Dimension: Motorik	sehr gut	gut	mittel	wenig	gar nicht
z.B. **4. auf einem Bein hüpfen**	❑	❑	❑	❑	❑
weil					
Deshalb werde ich					

Dimension: Soziale Kompetenz	sehr gut	gut	mittel	wenig	gar nicht
z.B. **15. (Spiel-) regeln einhalten und akzeptieren**	❑	❑	❑	❑	❑
weil					
Deshalb werde ich					

Dimension: Wahrnehmung	sehr gut	gut	mittel	wenig	gar nicht
z.B. **37. die Lage im Raum unterscheiden (rechts, links, oben, unten, vorn, hinten, etc.**	❑	❑	❑	❑	❑
weil					
Deshalb werde ich					

Dimension: Arbeitsverhalten	sehr gut	gut	mittel	wenig	gar nicht
z.B. **41. Begonnene Arbeiten zu Ende führen**	❑	❑	❑	❑	❑
weil					
Deshalb werde ich					

Dimension: Wissen	sehr gut	gut	mittel	wenig	gar nicht
z.B. **61. kann Mengen nach Anzahl und Größe ordnen**	❑	❑	❑	❑	❑
weil					
Deshalb werde ich					

Dimension: Sprache	sehr gut	gut	mittel	wenig	gar nicht
z.B. **73. spricht in längeren Erzähleinheiten (mehrere ganze Sätze am Stück)**	❑	❑	❑	❑	❑
weil					
Deshalb werde ich					

Kindergarten:	Erzieherin:	
Name und Vorname des Kindes	geboren am:	
Geschlecht:	❑ männlich	❑ weiblich
Kind hat Migrationshintergrund:	❑ ja	❑ nein
Kind ist mehrsprachig	❑ ja	❑ nein
Sonstiges:		

8. Empfehlungen

(1) Informationen einholen und sich Kenntnisse aneignen zum Problem „Stolperkinder“ – ohne Wissen kein Bewusstsein und kein Handeln.

(2) Eigene Arbeit, besonders mit Blick auf Ergebnisqualität, kritisch betrachten – u. a. in der Einrichtung eine Statistik anlegen.

(3) Ursachen wahrheitsgetreu, möglichst wissenschaftlich fundiert, suchen.

(4) Alle Gruppen richtig zusammensetzen (potenzielle Stolperkinder dürfen niemals gehäuft in derselben Gruppe sein).

(5) Kümmerkinder-Konzept haben (10 Punkte) und mit „Singen-Bewegen-Sprechen“, besonders auch mit „Besser sprechen – mehr Schulfähigkeit“ (Lebensbezogene Sprachbildung) das Problem angehen.

III Aus Erfahrung wird man klug – Wer hat schon teilgenommen?

„Die Erfahrungen sind wie die Samenkörner, aus denen die Klugheit emporwächst."
(Konrad Adenauer)

Das neue Bildungsmodell hat sich bewährt und ist nun etabliert – nicht von heute auf morgen, sondern nach vielen Anstrengungen über mehr als zwei Jahre unter wissenschaftlicher Begleitung in 34 Einrichtungen: 17 Kindergärten und 17 Musikschulen, verteilt über ganz Baden-Württemberg. Die Kinder, Eltern, Erzieher, Erzieherinnen, Musiklehrkräfte und Träger müssten viel mehr gewürdigt werden, als es im Folgenden möglich ist. Hier kann lediglich das jeweilige Tandem vorgestellt werden – wo es geht mit Profil oder Schwerpunkt der Arbeit.

Die Teilnehmenden

Ort	Kindergarten	Name der Erzieherin / des Erziehers	Musikschule	Name der Musikschullehrkraft
Albstadt	Städtische Kindertageseinrichtung Wiesleweg	Barbara Schaber	Musik und Kunstschule Albstadt	Diana Poppei
Baden-Baden	Friedrich- Oberlin-Kindergarten	Nelli Zimmermann	Clara-Schumann-Musikschule	Ursula Heineke
Blaufelden	Gemeindekindergarten	Christine Böhm	Musikschule Hohenlohe - Niederstetten	Anne Beyer
Böblingen	Kindergarten im Eichenpfädle	Sylvia Kühn	Musik- und Kunstschule der Stadt Böblingen	Birgit Simon
Buchen	Katholischer Kindergarten St. Rochus	Eva-Maria Ertl Petra Kuhn Ingrid Diettrich-Zauner	Joseph-Martin-Kraus-Musikschule Buchen	Klaudia Mölkner

Ort	Kindergarten	Name der Erzieherin / des Erziehers	Musikschule	Name der Musikschul-lehrkraft
Burladingen	Katholischer Kindergarten St. Fidelis	Sylvia Wilhelm	Städtische Jugendmusik-schule Burladingen	Margit Dehner-Häusel
Fahrenbach	Kindergarten „Sonnenschein“	Tamara Kreis	Musikschule Mosbach e.V.	Simone Schäfer
Freiburg	Kindertagesstät-te Rieselfeld	Michael Wagner	Musikschule Freiburg e.V.	Barbara Karle
Herrenberg	Städtischer Kindergarten Erhardtstraße	Monika Habe-rauer	Musikschule Herrenberg	Susanne Lehrer
Isny	Kindergarten Felderhalde	Emmi Schaffer	Jugendmusik-schule Württem-bergisches Allgäu	Thea Krauß-Seeger
Mannheim	Evangelischer Kindertagesstätte „Panama“	Christina Sand	Musikschule Mannheim	Ulrike Buttler-Bohrer
Mössingen	Städtischer Kindergarten „Blumenküche“	Martina Schlegel Viviane Kopf	Jugendmusik-schule Steinlach e.V.	Gabriele Griesha-ber-Haupt
Offenburg	Stadtteil- und Familienzentrum Innenstadt	Ute Schweinfurth	Musikschule Offenburg / Ortenau GmbH	Annette Schäfer
Plochingen	Kinderhaus Bismarckstraße	Simone Kar-schewsky	Musikschule Plochingen und Umgebung e.V.	Martina Kröner
Schwäbisch Gmünd	Städtische Kindertages-stätte „Regen-bogenland“	Elfried Schurr	Städtische Musikschule Schwäbisch Gmünd	Daniela Amann
Singen	Kindertages-stätte Twiefeld	Carmen Liefke-Ewert	Jugendmu-sikschule der Stadt Singen (Hohentwiel)	Martina Bennett
Steinen	Dora-Merian-Kindergarten	Regina Dopp-stadt	Musikschule Mittleres Wiesen-tal	Susanne Kagerer

1 Städtischer Kindergarten Wieslesweg – Albstadt

ALBSTADT

In der Einrichtung werden 10 Erzieherinnen beschäftigt, darunter eine Kinderpflegerin und eine Erzieherin im Anerkennungsjahr. 100 Kinder werden in vier Stammgruppen pädagogisch begleitet und gebildet.
Der Kindergarten vertritt ein offenes Konzept, wobei die Kinder zunächst in der Stammgruppe bleiben und sich anschließend gruppenübergreifend bewegen können. Zudem nimmt der Kindergarten am Projekt „Haus der kleinen Forscher“ teil.

Die Kinder sollen sich zu selbstbewussten, sozialkompetenten und selbständigen Menschen entwickeln. Stärkung der Gemeinschaft und Toleranz sowie eine ganzheitliche Bildung über Bewegung werden gefördert. Die Erziehung soll dabei ergänzend zur familiären Erziehung erfolgen.

---

1 Musik- und Kunstschule Albstadt

An der Musik- und Kunstschule Albstadt unterrichten 45 musik- und kunstpädagogische Fachkräfte. Im Zollern-Alb-Kreis ist sie mit 1200 Schülern die größte Schule dieser Art.

Das Unterrichtsangebot steht Kindern, Jugendlichen und in beschränktem Umfang Erwachsenen der Stadt Albstadt zur Verfügung. Im Elementarbereich befinden sich 98 Kinder.

Schwerpunkte: Musikgarten für Kinder ab einem Monat; Musikalische Früherziehung für Vier- bis Sechsjährige; MuKis (Musizierende Kinder in der Schule), ein Bildungsprojekt der Stadt Albstadt für Kinder der ersten Klasse; Unterricht in allen klassischen Instrumenten; Gesang und Musiktheorie; Spielkreise, Kammermusikgruppe, Bands und Orchester; Unterricht in allen bildnerischen Fächern; Ballett, Tanz und Theater; seit 2001 ist eine Zirkusschule angeschlossen

2 Evangelischer Kindergarten Friedrich Oberlin - Baden-Baden

Leitmotiv:
„Kultur ist nicht alles, aber sie ist in allem."
(Carl Gerber)

Im Evangelischen Kindergarten Friedrich Oberlin arbeiten 12 Erzieherinnen. Die Kindergartenleiterin ist zu 50% für Leitungsaufgaben freigestellt.
Der Kindergarten wird von 85 Kindern im Alter von zwei bis sechs Jahren besucht. Die Kinder sind auf 4 Gruppen verteilt.
Der kunstpädagogische Bereich nimmt einen bedeutenden Stellenwert ein. Es erfolgt eine intensive Zusammenarbeit mit Kunsthallen und Galerien, die auch regelmäßige Besuche mit den Kindern mit einschließt. Außerdem liegt der Fokus auf der möglichst frühen Selbständigkeit jedes einzelnen Kindes unter der Vorgabe resilienzfördernder Angebote.
Elternberatung ist ein fester Bestandteil in der Einrichtung.

---

2 Clara-Schumann-Musikschule – Baden-Baden

Die städtische Musikschule Baden-Baden wurde 1982 gegründet und führt seit 1988 den Namen „Clara-Schumann-Musikschule". Seit Oktober 2006 sind auch die Bereiche Tanz und Kunst vertreten.
Es unterrichten zur Zeit ca. 50 Lehrkräfte. Den etwa 700 Schülerinnen und Schülern wird eine breit gefächerte musikalische Ausbildung geboten, etwa 200 Schüler sind unter sechs Jahre alt.

Schwerpunkte: Musikalische Früherziehung für Kinder ab sechs Monaten; Ausbildung in verschiedenen Instrumenten und Gesang (Beginn mit fünf Jahren); Tanzunterricht für Kinder ab vier Jahren; Kinderorchester; verschiedene Ensembles; erfolgreiche Vorbereitung zu Prüfungsvorspielen und Wettbewerben, wie z.B. „Jugend musiziert".

3 Gemeindekindergarten Blaufelden

Es gibt zwei Ganztags- und eine Halbtagsgruppe, die von sieben Fachkräften pädagogisch begleitet werden.

70 Kinder zwischen zwei und sechs Jahren besuchen den Gemeindekindergarten Blaufelden.

Als besonders wichtig werden Erfahrungen in der Natur angesehen. Zum konzeptionellen Schwerpunkt gehören außerdem die musikalische Erziehung sowie Kunsthallenbesuche und freie Kreativitätsangebote. Auch das „Entenland / Zahlenland“ stellen einen wichtigen Bestandteil der pädagogischen Arbeit im Gemeindekindergarten dar.

Ein weiterer Schwerpunkt der pädagogischen Arbeit ist die Zusammenarbeit mit dem Altenzentrum sowie verschiedenen Seniorengruppen.

3 Musikschule Hohenlohe – Niederstetten

MUSIKSCHULE HOHENLOHE

In der Musikschule werden 750 Schülerinnen und Schüler von 24 Lehrkräften unterrichtet.

Seit Jahren wird in der Einrichtung ein besonderes Augemerk auf die musikalische Früherziehung gelegt. Dazu gibt es zahlreiche Kurse sowie Eltern-Kind-Gruppen.

4 Kindergarten im Eichenpfädle – Böblingen

43 Kinder (fünf unter drei) besuchen die Einrichtung.
Der Kindergarten versteht sich als „offener Kindergarten" mit Projektarbeit in altershomogenen Gruppen. Die Beachtung der Bedürfnisse der Kinder und ihre Entfaltungswünsche sind von besonderer Bedeutung.

Weitere Schwerpunkte:

regelmäßige Aufenthalte in der Natur:
Waldwochen und Naturerfahrungstage

Kooperation mit Eltern

Projektarbeit, z.B. Müllprojekt, Indianerprojekt, Kunstprojekt

---

4 Musik- und Kunstschule der Stadt Böblingen

Leitmotiv:
„Die Musik ist ein Zauberland!
Lass' dich verzaubern von der Welt
der Musik, des Tanzes und des Liedes!"

An der Musik- und Kunstschule Böblingen sind 45 Lehrkräfte beschäftigt.

Schwerpunkte: elementare Musikpädagogik für Kinder im Alter von 1-7 Jahren, dazu gehören: Eltern-Kind-Gruppen (1-2 Jahre); Rhythmik für Dreijährige; musikalische Früherziehung (4-5 Jahre); musikalische Grundausbildung (6-7 Jahre); Instrumentenkarussell; Ausbildung in verschiedenen Instrumenten für Kinder ab sieben Jahren und Erwachsene; Kunstabteilung bietet: Theater, Modern Dance und Bildende Kunst

5 Kindertagesstätte St. Rochus – Buchen

Die Einrichtung befindet sich im Neubaugebiet am Rande von Buchen.
Im Kindergarten St. Rochus sind 11 Erzieherinnen und eine Anerkennungspraktikantin beschäftigt.

Insgesamt besuchen 121 Kinder im Alter zwischen drei und sechs Jahren den Kindergarten, der fünf Gruppen hat. Für vier Gruppen gibt es verlängerte Öffnungszeiten.

Die Räume des Kindergartens sind nach Themenbereichen aufgeteilt. Neben der Sprachbildung im Alltag finden eine gezielte Sprachförderung durch vielfältige, ganzheitliche Angebote für alle Kinder sowie intensive Förderung in Kleingruppen je nach Alter der Kinder statt.

5 Joseph-Martin-Kraus-Musikschule Buchen

Die Musikschule Buchen, an der 44 Lehrkräfte tätig sind, wird von 750 Kindern besucht. Es gibt Angebote zur musikalischen Früherziehung bereits für die früheste Kindheit.

Bei mehreren konzeptionellen Schwerpunkten steht die Erweiterung zur Musik- und Kunstschule im Vordergrund, insofern das Angebot der Schule seit 2007 durch die Kunstschule Buchen ergänzt wird.

6 Katholischer Kindergarten St. Fidelis – Burladingen

Leitmotiv:
„Wir wollen Spuren hinterlassen, nicht Staub"!

Im Kindergarten St. Fidelis sind sechs Erzieherinnen, eine Kinderpflegerin und zwei Erzieherinnen im Anerkennungsjahr beschäftigt.
Es können 85 Kinder aufgenommen werden. Die Kinder (auch Unterdreijährige) sind auf vier Gruppen verteilt. Jedes Kind hat seine Stammgruppe, in der Eingewöhnungszeit seine Bezugserzieherin.
Der konzeptionelle Schwerpunkt liegt in der Wertevermittlung vor dem Hintergrund eines religiösen Menschenbildes, sowohl in der Konzeption als auch im Leitbild festgehalten.
Seit 2006 gibt es eine Sommerwaldgruppe, deren Kinder sich von Mai bis Oktober vormittags in einem festen Waldstück mit Bauwagen, nachmittags im Kindergarten aufhalten.

6 Städtische Jugendmusikschule Burladingen

An der Musikschule Burladingen sind 16 Fachkräfte beschäftigt.

Bei der musikalischen Früherziehung besteht eine Gruppe aus acht bis zwölf Kindern.

Schwerpunkte: Kurse der musikalischen Früherziehung (für Vierjährige) in den Kindergärten von Burladingen und seinen Teilorten (45 bis 60 Minuten), einmal wöchentlich; musikalische Grundausbildung mit 6–7 Jahren; Streichorchester; Spielkreis; Kammermusik; Zusammenarbeit mit ortsansässigen Musikvereinen (Jugendkapelle)

7 Kindergarten „Sonnenschein" – Fahrenbach

In der Einrichtung arbeiten drei Erzieherinnen und zwei Kinderpflegerinnen. 50 Kinder besuchen den Kindergarten „Sonnenschein", wobei diese in zwei altersgemischte Gruppen eingeteilt sind.
Die Arbeit richtet sich nach einer situationsorientierten Planung, die sich an den Jahreszeiten, aktuellen Anlässen und Bedürfnissen der Kinder orientiert. Hauptziele sind: soziale Kontakte, gemeinsames Erleben, Freude am Spiel sowie Integration.
Jeder Morgen beginnt mit einem gemeinsamen Morgenkreis, bei dem sich die Kinder entscheiden, wo sie spielen bzw. werken möchten (offene Gruppenphase).
Weitere Schwerpunkte: Themenfeste einmal im Jahr; sportliche Aktivitäten; regelmäßiger Besuch im Seniorenheim; gemeinsames Kochen (wöchentlich); musikalische Früherziehung

7 Musikschule Mosbach

Die Musikschule Mosbach e.V. ist eine öffentliche Schule der Stadt Mosbach und 11 umliegenden Gemeinden für ihre Bürgerinnen und Bürger.
1500 Schüler erhalten Unterricht von 45 Lehrkräften.

Es gibt mehr als 30 Fächer, zu den neueren gehören die Kooperationsfächer „MusikWerkstatt", „Klassenmusizieren" und „Rhythmik".

Schwerpunkte: Kooperation mit Kindergärten und Schulen; Musizierwoche; zahlreiche Ensembles; kontinuierliche Musiktheaterarbeit; Vorbereitung auf Prüfungsvorspiel und Wettbewerbe (Aufnahmeprüfungen an Musikhochschulen, „Jugend musiziert", Badischer Chorwettbewerb, Musiktheaterwettbewerb, Leistungsabzeichen des Blasmusikverbandes); regelmäßige Einladung der Musikschule Mosbach zum Europäischen Musikfest; Austausch mit Musikschulen in Frankreich und Spanien

8 Kindertagesstätte Rieselfeld – Freiburg

Leitmotiv:
„Wir fördern die individuelle Begabung von Jungen und Mädchen.“

In der Kindertagesstätte sind 18 pädagogische Fachkräfte beschäftigt. Es werden 126 Kinder im Alter zwischen 1,5 und 10 Jahren betreut, ihre Eltern wählen die Betreuungsform (ganztags, verlängerte Öffnungszeit oder Hort). Für Unterdreijährige gibt es vier Plätze. Die Kinder sind in der großen Altersmischung in sechs Stammgruppen beheimatet.
Grundlage der individuellen Förderung der Kinder sind die tägliche Beobachtung, die fachliche Reflexion im Team und das Portfolio für jedes Kind. Mit einer herausfordernden Umgebung, einer forschenden Haltung und der Beobachtung ihrer Themen von Seiten der pädagogischen Fachkräfte werden die Jungen und Mädchen in ihrer Konstruktion von Weltwissen unterstützt. Der Tagesablauf ist strukturiert und verlässlich, eine pädagogische Planung wird im dreimonatigen Turnus vom Team festgelegt.
Außerdem: Modelleinrichtung für das Projekt „Bildungsstätte Kindertageseinrichtung“ und Konsultationseinrichtung für das Infans-Handlungskonzept.

8 Musikschule Freiburg

Die Musikschule Freiburg, staatlich anerkannt, ist eine Bildungseinrichtung der Stadt Freiburg mit langer Tradition. Es wird in vielen Stadteilen von Freiburg unterrichtet (Betzenhausen, Herdern, Hochdorf, Kappel, Littenweiler, Rieselfeld, St. Georgen, Tuniberg-Gemeinden, Vauban, Wiehre und Zähringen).

Schwerpunkte: Musikgarten für zwei- bis dreijährige Kinder; musikalische Früherziehung für vier- bis sechsjährige Kinder; Instrumentenkarussell für sechs- bis achtjährige Kinder in der ersten Klasse; Ausbildung in verschiedenen Instrumenten und Gesang; Ensembles, Spielkreise, Orchester und Chöre; Musiktheaterwerkstatt; Instrumentalunterricht in Kooperation mit Grundschulen und weiterführenden Schulen in Form von Bläserklassen, Streicherklassen oder nach dem Monheimer Modell (MoMo); Vorbereitung und Teilnahme an Wettbewerben; integrativer Musikunterricht mit Behinderten und Nicht-Behinderten

9 Kindergarten Erhardtstraße – Herrenberg

Leitmotiv:
„Gebet dem Kind einen dürren Zweig, es wird Rosen daraus sprießen lassen." (Jean Paul)

In der Einrichtung arbeiten sechs MitarbeiterInnen, von denen 35 Kinder pädagogisch begleitet werden. Eine Gruppeneinteilung gibt es nicht, da es sich um ein offenes Haus handelt.

Die konzeptionelle Ausrichtung im Kindergarten Erhardtstraße erfolgt nach dem „Infans"-Handlungskonzept.

9 Musikschule Herrenberg

„Im Wesen der Musik liegt es, Freude zu machen." (Aristoteles)

Die Musikschule ist eine Einrichtung der Stadt Herrenberg, und als Mitglied des Verbandes deutscher Musikschulen arbeitet sie nach dessen Struktur- und Lehrplan. Es gibt an der Musikschule 44 Lehrkräfte, 1400 Schüler besuchen die Einrichtung.
Schwerpunkte: musikalische Grundstufe mit Musikgarten, rhythmisch-musikalischer Früherziehung, kreativem Tanz und Blockflöte, Instrumentalkarussell und Instrumentenvorstellung; Instrumental- und Vokalunterricht; Unterricht als Einzel- oder Gruppenunterricht; neben klassischer Musik auch Rock, Pop und Jazz; ergänzende theoretische Zusatzfächer: Musiklehre, Harmonielehre, Hörerziehung, Musikgeschichte und Kurse für Computer-Musikprogramm (z.B. Notensatz oder Erstellen von Audio-CDs); Kooperation mit Vereinen, Kindergärten, Schulen und anderen kulturellen Einrichtungen in Herrenberg; im Rahmen der Ganztagsschule vielfältige Angebote im Schulzentrum Längenholz / Markweg

10 Kindergarten Felderhalde – Isny

Der Kindergarten liegt naturnah am Fuße der Felderhalde. Es arbeiten in der Einrichtung vier ErzieherInnen, bei 50 Kindern, die in zwei Gruppen eingeteilt sind.

Ausstattung: Kleinkindküchen, Werkbank, Malatelier, Zimmersandkasten, Turnhalle und Sprachförderraum; 3.000 qm großer Außenspielbereich

Die pädagogische Grundhaltung der Erzieherinnen basiert auf Vertrauen und Akzeptanz den Kindern und ihren Familien gegenüber. Jedes Kind wird mit seinen Stärken und Schwächen angenommen. Die Orientierung an Bedürfnissen und dem individuellen Entwicklungsstand ist ein grundlegendes Anliegen.
Weitere Schwerpunkte: gezielte pädagogische Bildungsangebote; jahreszeitliche Feste; integrative Erziehung; Sprachförderung

10 Jugendmusikschule Württembergisches Allgäu

jms Jugendmusikschule Württembergisches Allgäu

An der Musikschule unterrichten 60 Lehrkräfte 2100 Schülerinnen und Schüler.

Schwerpunkte:

Musikalische Früherziehung (Drei- bis Vierjährige); Eltern-Kind-Gruppe (ab dem 12. Lebensmonat); Musiktherapie; Gehörbildung; Musiktheorie; Gemeinsames Singen und Musizieren; Orchester und Ensembles.

Kooperation mit Musikkapellen, Kindergärten, Schulen sowie internationaler Austausch

11 Kindertagesstätte „Panama" - Mannheim

Die Kindertagesstätte „Panama“ besteht aus zwei Häusern mit einem gemeinsam genutzten Außengelände. Der Ort ist durch den Einfluss verschiedener Kulturen geprägt, was sich in den Gruppen widerspiegelt.

PANAMA
Evangelische Kindertagesstätte

In vier Gruppen haben insgesamt 84 Kinder Platz, wobei etwa die Hälfte davon Tageskinder sind. Etwa 85% der Kinder sind Migrationskinder, wodurch der Umgang mit verschiedenen Sprachen und Kulturen alltäglich und selbstverständlich ist.

11 Musikschule Mannheim

Zur Zeit arbeiten an der Musikschule Mannheim 140 Lehrkräfte, 85 davon fest angestellt.

4339 Schüler erhalten Musikunterricht.

Im Sachgebiet 1 werden ca. 1700 Kinder unterricht.

Schwerpunkte: elementare Musikpädagogik; Vokal- und Instrumentalunterricht (Instrumenten-Karussell); Chöre und Orchester; Rock, Pop und Jazz; Musiktherapie und Musikunterricht für Menschen mit Behinderung

12 Kindergarten „Blumenküche" – Mössingen

Die Einrichtung befindet sich in einem Einzugsgebiet, in dem größtenteils Familien der gehobenen Mittelschicht wohnen. 75 Kinder sind in drei altersgemischte Gruppen eingeteilt.

Die pädagogische Arbeit orientiert sich an den aktuellen Bedürfnissen, Interessen und dem individuellen Entwicklungsstand der Kinder. Die Planung von Projekten und Angeboten steht in direktem Zusammenhang mit der Gruppensituation bzw. den Gegebenheiten des einzelnen Kindes. In gezielten Angeboten und im Freispiel wird daran angeknüpft, wobei alle Bildungs- und Entwicklungsfelder gleichermaßen gefördert werden.

Weitere Schwerpunkte: Schulanfängerprojekt (einmal wöchentlich); gruppeninterne und gruppenübergreifende Projekte; Turnen in altershomogenen Gruppen (14-tägig); Waldwoche (einmal im Jahr)

---

12 Jugendmusikschule Steinlach e.V.

Die Jugendmusikschule Steinlach e.V. ist eine staatlich anerkannte Einrichtung außerschulischer Jugendbildung, die gemeinnützig arbeitet. Die Arbeit wird durch Schulgelder der Teilnehmer, durch einen jährlichen Beitrag des Landes, durch freiwillige Leistungen der Stadt Mössingen und der Gemeinden Bodelshausen, Dußlingen, Gomaringen, Nehren, Ofterdingen sowie des Landkreises Tübingen ermöglicht.
In der Jugendmusikschule werden 1233 Schülerinnen und Schüler von insgesamt 47 Musiklehrkräften unterrichtet, wobei 176 Kinder das Angebot der rhythmisch-musikalischen Früherziehung wahrnehmen.
Schwerpunkte: musikalische Früherziehung; musikalische Grundausbildung; mediArt (Themen rund um Computer, Musik, Graphik und Websites); Kernstück der musikpädagogischen Arbeit sind die zahlreichen Ensembles und Spielkreise, wie z.B. Saxophonquartett, Big Band, Jazz Ensemble, Streichtrio, Blockflötenkreis

13 Stadtteil- und Familienzentrum Innenstadt – Offenburg

Es gibt Stellen für 7,2 Fachkräfte, davon vier Voll-, fünf Teilzeitstellen, sowie zwei Praktikantinnen im freiwilligen sozialen Jahr in der Einrichtung.

Die Kindertagesstätte wird von 75 Kindern unterschiedlicher Nationalitäten im Alter von 2-7 Jahren besucht, sechs Kinder besuchen den Hort.

Die Umsetzung des Orientierungsplanes erfolgt nach der Methode „Infans“. Es wird nach dem offenen Konzept in Funktionsräumen gearbeitet.

Konzeptionelle Schwerpunkte: „Rucksack-Gruppe“ (Integrationsprojekt), wöchentlicher Waldtag, wöchentlicher Besuch des Hallenbades, Sprachförderung, offene Bewegungsangebote

---

13 Musikschule Offenburg / Ortenau GmbH

An der Musikschule Offenburg / Ortenau arbeiten 115 Lehrkräfte.

Schwerpunkte: Eltern-Kind-Kurse (musikalische Früherziehung ab sechs Monaten); Orientierungskurse; Musikwerkstatt für Kinder von sechs bis acht Jahren, Spiel und Spaß mit der Blockflöte, Schnupperband für Kinder ab acht Jahren, Schnupperzirkel, Klaviermäuse, Rasselbande, Bandlab; Instrumental- und Gesangsunterricht für Kinder, Jugendliche und Erwachsene; Angebote für behinderte Kinder- und Jugendliche; Erwachsenenakademie bietet verschiedene Workshops (Jazzchor u.a.); zahlreiche Ensembles und Orchester; Kooperationen mit Kindergärten, Schulen und Musikvereinen; Vorbereitung für Musikwettbewerbe und Vorspiele („Jugend musiziert“)

14 Kinderhaus Bismarckstraße – Plochingen

Im Kinderhaus Bismarckstraße sind 14 Erzieherinnen beschäftigt.

100 Kinder haben in insgesamt fünf Gruppen Platz. Die Kinder zwischen einem und sechs Jahren sind in Altersgruppen aufgeteilt, wobei die Einrichtung als „offenes Haus“ fungiert, so dass die Kinder nicht nur in ihrer Kleingruppe lernen und erleben können.

---

14 Musikschule Plochingen und Umgebung e.V.

Die Musikschule Plochingen, staatlich anerkannte Einrichtung außerschulischer Jugendbildung, arbeitet gemeinnützig mit 29 Lehrkräften.
Sie wird von etwa 700 Schülern besucht. Der Unterricht findet in Plochingen und in den Nachbargemeinden Altbach, Baltsmannsweiler sowie Hochdorf statt.
Schwerpunkte: Musikgarten für Kinder im Alter von 1,5 bis 3 Jahren; Rhythmik für Drei- bis Vierjährige; MUSIK-ZÜGLE für Kinder im Alter von fünf bis sechs Jahren; MUSIK-EXPRESS für Erst- und Zweitklässler; Pre-Ballett von vier bis fünf Jahren; Instrumental- und Gesangsunterricht; Ballett; Stepptanz; Jazztanz; für Erwachsene: Kurse für Wiedereinsteiger, Liedbegleitung mit Gitarre, Klavier ohne Vorkenntnisse, Ballett; Ergänzungsfächer und -gruppen: Tonsatz, Harmonielehre, Blockflötenquartett, Gitarrenensemble, Streichquartett, Orchester, Jazzcombo, Rockband, Percussionensemble und Bläserensemble

15 Kindergarten „Regenbogenland" – Schwäbisch Gmünd

In der Einrichtung arbeiten: drei Erzieherinnen, zwei Kinderpflegerinnen, eine Sozialpädagogin, zwei Anerkennungspraktikantinnen und eine Kraft im freiwilligen sozialen Jahr.

Der Kindergarten hat drei Gruppen mit jeweils 28 Kindern, die meisten davon Migrationskinder. Insgesamt gibt es im Kindergarten „Regebogenland" 84 Kinder zwischen drei und sechs Jahren. Neuerdings gibt es eine Gruppe mit Kindern unter drei Jahren.

Entsprechend dem sozialen Umfeld des Kindergartens liegt der Schwerpunkt auf interkultureller Bildung mit eigenständigem Integrationskonzept.

15 Städtische Musikschule Schwäbisch Gmünd

An der Musikschule gibt es 44 Lehrkräften, die 1400 Schülerinnen und Schüler unterrichten.
Im Bereich der Kinder-Musikschule wird in kleinen Gruppen mit 6 bis 12 Kindern gearbeitet.

Schwerpunkte: KinderMusikschule (KiMu) bietet Kurse mit unterschiedlichen Schwerpunkten (Kindergarten- und Grundschulalter); Kinder erleben Musik über Bewegung, Sprache und Orffsche Instrumente (einfache Instrumente, z.B. Handtrommeln, Rasseln, Triangeln, Glockenspiel); rhythmische Übungen und Spiele; Instrumental- und Gesangunterricht; verschiedene Ensembles, Bigbands, Orchester; „Jugend musiziert"

16 Kindertagesstätte Twiefeld – Singen

Es gibt 44 Kindergartenplätze für Kinder im Alter von 2-6 Jahren, die täglich zwischen 6 und 10 Stunden die Einrichtung besuchen.

Im Vordergrund steht die Begleitung jedes einzelnen Kindes in seiner Entwicklung zu einer eigenständigen Persönlichkeit.

Leitsätze dabei sind: arbeiten mit den Stärken der Kinder; Unterstützung der Kinder, sich in unserer Gemeinschaft zurechtzufinden und sich wohl zu fühlen; Förderung der Selbsttätigkeit und Selbständigkeit; Kreativitätsentfaltung durch Anregung der Phantasie der Kinder; Zugang zur Natur wird durch Freude an der Natur unterstützt; Kooperation mit Schulen, Beratungsstellen, Therapeuten und Kinderärzten; gute Zusammenarbeit mit den Eltern

16 Jugendmusikschule der Stadt Singen

Das Lehrerkollegium besteht aus 32 Musikpädagogen, die 950 Schülerinnen und Schüler unterrichten.

Schwerpunkte: Musikgarten für Kinder ab 18 Monaten; musikalische Früherziehung (Vier- bis Sechsjährige), einmal wöchentlich (etwa 45 Minuten); musikalischer Grundkurs für Kinder ab sechs Jahren (musikalische Grundkenntnisse wie Notenlesen und Grundbegriffe der Musiktheorie); Instrumental- und Gesangunterricht; vielseitige Ensembles, Orchester und Chöre; Jungmusiker-Leistungsabzeichen (JMLA) des Bundes Deutscher Blasmusikverbände (BDB); „Inselpost" (Zeitschrift der Jugendmusikschule Singen), dreimal jährlich; Vorbereitung und Teilnahme an Wettbewerben (u.a. „Jugend musiziert")

17 Dora Merian Kindergarten – Höllstein / Steinen

Leitmotiv:
„Ein Kind ist kein Gefäß, das gefüllt, sondern ein Feuer, das entzündet werden will."
(Francois Rabelais)

In der Einrichtung sind sieben Erzieherinnen beschäftigt, davon drei in Voll- und vier in Teilzeit.

Den Dora-Merian-Kindergarten besuchen insgesamt 56 Kinder, sechs unter zwei Jahren. Die Kinder sind in drei Gruppen eingeteilt.

Konzeptionelle Schwerpunkte: Sprachförderung, gezielt für Kinder mit Migrationshintergrund, (viermal pro Woche); Waldtage, einmal im Jahr eine Waldwoche; naturwissenschaftliche Projekte für Vorschulkinder; Verkehrserziehung mit der Polizei; musikalische Früherziehung

---

17 Musikschule Mittleres Wiesental – Steinen

Musikschule
Mittleres Wiesental

Die Musikschule Mittleres Wiesental (Sitz in Steinen) bedient mit ihren Filialen in Schopfheim (Kernstadt), Langenau, Hausen, Maulburg und Gersbach den Bedarf des mittleren Wiesentales ab.

In der Einrichtung unterrichten 30 Lehrkräfte.

Schwerpunkte: Musikgarten; musikalische Früherziehung; musikalische Grundausbildung; instrumentaler Vorkurs; Instrumental- und Gesangsunterricht; Big-Band; Junior-Band (Jugend-Vor-Orchester); Bongokurse; Stabspielkurse; Schlagzeugensemble; Spielkreise; Ballett; New Philharmonic Sound Orchestra; Kooperation mit Einrichtungen im Gemeinwesen

Arbeitsgruppe und Dozentinnen für die Fortbildungen

Zu den Mitgliedern der Arbeitsgruppe und Dozentinnen gehörten:

Leitung:

Dr. Norbert Dietrich, Rheinfelden, Projektleiter

Petra Lütte, Offenburg, Stellvertretende Projektleiterin

Konzeption, didaktische Einheiten und Fortbildungen:

Marion Dharmadasa, Ihringen, Bereich „Singen“ /Supervision

Annette Schäfer, Hohberg, Bereich „Bewegen“

Adriana Aymonino, Freiburg, Bereich „Bewegen“

Erika Tieg, Edingen-Neckarhausen, Bereich „Sprechen“

Friedemann Gramm, Schwäbisch-Gmünd, Beratendes Mitglied

IV Was ist praktischer als eine gute Theorie? – Theoretische Grundlegung zu „Singen-Bewegen-Sprechen"

„Grau, teurer Freund, ist alle Theorie
und grün des Lebens goldner Baum."
(Goethe, Faust I 2038 f., Mephistopheles)

Im Folgenden geht es um einige grundlegende Informationen über die musikalische, motorische und sprachliche Entwicklung sowie um Zusammenhänge von Singen, Bewegung und Sprache.

1. Musik

„Unter dem Begriff der musikalischen Entwicklung werden […] auf das Lebensalter bezogene Veränderungen in reproduktiven und rezeptiven musikalischen Fähigkeiten, musikalischen Interessen und Einstellungen verstanden, die sich als Gewinne (im Sinne von Verbesserungen, Steigerung, Ausdehnungen, Vertiefungen) oder auch als Verluste (im Sinne von Einbußen, Einengungen, Beschränkungen, Verflachung, Reduktion) darstellen können. Die damit gemeinten Entwicklungsprozesse beziehen sich auf sämtliche Dimensionen der Musikalität; d.h. sie schließen Aspekte wie emotionales Erleben, kognitive Verarbeitung ebenso ein wie instrumentale und vokale Fähigkeiten, musikalische Urteile und Präferenzen, musikbezogene Erfahrungen, Motivationen und Bedürfnisse."

(Gembris 1998, S. 51)

Welche Gemeinsamkeiten gibt es mit der Sprache? Stefanie Stadler Elmer beschreibt Ähnlichkeiten zwischen sprachlicher und musikalischer Entwicklung. „Musikalische Fähigkeiten – ähnlich wie sprachliche Fähigkeiten – sind stets das Ergebnis einer Anpassungsleistung an eine bestimmte Umgebung." (Stadler Elmer 2000, S. 19) Dabei wird davon ausgegangen, dass musikalische Fähigkeiten, ebenso wie bei der Sprachfähigkeit, bei jedem Menschen angelegt sind. Ein Beispiel für den Einfluss der Umwelt ist die Interaktion mit den Eltern. Ebenso wie bei der Sprachentwicklung konnten Studien bei der musikalischen Entwicklung Zusammenhänge mit der Interaktion und dem Umgang der Eltern zeigen. „Es scheint, daß jede Form von liebevoller

Aufmerksamkeit und positiver Verstärkung gegenüber den lautlichen und musikalischen Äußerungen des Kindes einen günstigen Einfluß auf die musikalische Entwicklung ausübt. Wichtig ist das aktive Interesse und die Anteilnahme der Eltern an der musikalischen Entwicklung." (Gembris 1998, S. 194f.) Die Eltern müssen dafür nicht zwangsläufig besonders musikalisch sein. Drei zentrale Elemente sind nach Stadler Elmer für die Entwicklung von Musikalität von Bedeutung: das Hören, Laute und Klänge zu erzeugen sowie das Sich-Bewegen (vgl. Stadler Elmer 2000, S. 22). Es wird betont, dass alle drei vor allem im sinnlich-körperlichen Bereich anzusiedeln sind. „Die Entwicklung von musikalischen Fähigkeiten kann lange Zeit ohne jegliches Material (Instrument) geschehen. Die körpereigenen Mittel der Wahrnehmung und des Ausdrucks sind die Grundlage für das Erleben von Musik." (ebd., S. 25)

1.1 Musikalische Entwicklung

Im Folgenden wird die musikalische Entwicklung im Kindesalter überblicksartig dargestellt.

Säuglingsalter

Das Hören gilt als Voraussetzung dafür, Musik überhaupt wahrzunehmen. Es geht jedoch nicht um rein akustisches Wahrnehmen. „Aufmerksamkeit, emotionale Bewertung, Wünsche, Vorstellungen" (ebd. 23) sind eng mit dem Hören verbunden und spielen eine Rolle in der musikalischen Entwicklung. Der Hörsinn ist während der Zeit im Mutterleib ausgebildet, und man konnte nachweisen, dass schon der Fötus akustische Reize wahrnehmen kann. Das bedeutet, dass in dieser Zeit die ersten Einflüsse aus der Umwelt die Entwicklung der akustischen Wahrnehmung beeinflussen. Neugeborene sind folglich von Geburt an hörfähig und empfänglich für akustische Reize (vgl. Stadler Elmer 2000, S. 47f.). Sie nutzen diese zur Orientierung in ihrer Umwelt. Dabei arbeiten die verschiedenen Sinne immer eng zusammen. Hören und Lautproduktion stehen in starkem Zusammenhang. „Durch Hören steuern und korrigieren die Kinder ihren stimmlichen Ausdruck." (ebd., S. 81). Unsere Stimme ist das zentrale Organ, mit dem wir Laute und Klänge erzeugen. Singen und Sprechen sind eng miteinander verbunden. „Man kann daher sagen, dass Sprache und Musik – beides wichtige Kulturbereiche – in der elementaren Aktivität der Lautbildung ihren Ursprung und Ausgangspunkt haben.“ (ebd., S. 24). Es ist deshalb auch nicht sinnvoll, von Anfang an zwischen Singen und Sprechen zu unterscheiden. Beides wird durch die frühkindlichen Lautäußerungen vorbereitet. Dazu gehört vor allem das Vokalspiel. Dies ist unter anderem „ein elementares Mittel, emotional positiv besetzte Stimmungen, Wohlbefinden und symbolische Bedeutungen auszudrücken. Zudem ist das Vokalspiel ein kreativer Vorgang.“ (ebd., 56). Zusammenhänge von Musik und Bewegung lassen sich früh erkennen, wenn z.B. der Säugling wahrnimmt, dass er durch Bewegungen Klänge erzeugen kann und dies bewusst wiederholt. Außerdem sind körperliche Reaktionen und Bewegungen auf Musik bei einem Säugling erkennbar.

Kleinkindalter

Die schon beschriebene, durch das enge Zusammenwirken der Sinne gekennzeichnete Wahrnehmung ist für Kinder charakteristisch und unterscheidet ihre Wahrnehmung von der der Erwachsenen. Insofern sind für Kinder Dinge viel besser erfassbar, wenn sie mit mehreren Sinnen aufgenommen werden können. So ist in der Musik das Miterleben eines Konzertes beispielsweise ein viel tieferes Erlebnis als das Anhören eines Konzertes allein vom Tonträger. Eine wichtige Fähigkeit, die Kinder erlernen müssen, ist die Zuordnung von Klängen und Geräuschen unter veränderten Bedingungen. Zu Beginn ist die Hörwahrnehmung eng an die anderen Sinne gebunden. So haben kleine Kinder noch Schwierigkeiten, Geräusche vom Tonband oder bekannte Stimmen am Telefon zuzuordnen (vgl. ebd., S. 74).

Etwa im zweiten Lebensjahr sind Kinder schon in der Lage, Töne und Tonfolgen nachzusingen. Auch können sie Melodien unterscheiden. Ihre eigenen Vokalspiele sind mehr und mehr durch ein regelmäßiges erkennbares Metrum gekennzeichnet (vgl. Petrat 2003, S. 48). Laut Petrat (2003, S. 48f.) zeigt die musikalische Auffassungsfähigkeit bei Kindern ab dem dritten Lebensjahr starke Fortschritte. Dies bedeutet, dass sie nun zunehmend einfache Lieder mitsingen und auch schon im Ansatz alleine singen können. Der ebenfalls ausgeprägte Fortschritt in der motorischen Entwicklung macht sich auch dadurch bemerkbar, dass die Kinder zunehmend klarere Rhythmen produzieren können.

In einer Studie wurden kindliche Bewegungen im Zusammenhang mit Musik untersucht. Es wurde festgestellt, dass Kinder zunächst vor allem eigene spontane Gesänge mit Bewegungen begleiten. Außerdem wurde herausgefunden, dass die spontane Bewegungsbegleitung zu Musik mit zunehmendem Alter bei Kindern abnimmt (vgl. Stadler Elmer 2000, S. 129).

Kindergartenalter

„Im 4. Lebensjahr sind die meisten Kinder in der Lage, Töne unterschiedlicher Höhe sauber nachzusingen sowie rhythmische Bewegungen und Melodiekonturen richtig zu erfassen.“ (Petrat 2003, S. 49). Der Stand der kognitiven Entwicklung ermöglicht es Kindern in diesem Alter noch nicht in dem Maße, sich auf mehrere Aspekte einer Sache gleichzeitig zu konzentrieren. Dies zeigt sich auch beim Erlernen neuer Lieder. So konzentrieren sich Kinder beispielsweise zunächst mehr auf den Text oder die Melodie. Spontanes Singen pflegen Kinder in diesem Alter gerne. Im Bereich der auditiven Differenzierungsfähigkeit beginnen Kinder, Instrumente und Stimmungen über den Hörsinn zu unterscheiden. Laut Petrat ist in diesem Alter vor allem die Unterscheidung von schnell und langsam im Bereich der Rhythmik für die Kinder relevant. Die motorischen Fähigkeiten sind jedoch in der Regel noch nicht so fein entwickelt, dass die Kinder ohne Probleme Rhythmen nach- oder mitklatschen können. Diese Fähigkeiten entwickeln sich zunehmend bei den fünf- bis sechsjährigen Kindern.

In einer Studie wurde festgestellt, dass Bewegung vor allem im Alter von fünf bis zehn Jahren einen wichtigen Bestandteil des kindlichen Musikerlebens darstellt (vgl. Gembris 2000, S. 340). Allgemein lässt sich sagen, dass Kinder in ihrer Entwicklung zunehmend ihre Bewegungen differenzieren und zu kontrollieren lernen. Wichtig sind hierbei die Interaktion mit der Umwelt und die Bewegungsfreude allgemein, die als ein wichtiger Entwicklungsmotor angesehen werden kann. Vor allem die grobmotorischen Fähigkeiten machen zunächst große Fortschritte. Vielfältige Bewegungserfahrungen unterstützen die Entwicklung der Kinder, auch in der Feinmotorik, die für das Spielen von Instrumenten von großer Bedeutung ist. Auch im Bereich der Rhythmik machen Kinder Fortschritte, wenngleich es durchaus normal ist, dass es ihnen noch schwer fällt, den Takt gleichmäßig zu halten. Wichtig ist für die Ausbildung dieser Fähigkeiten vor allem eine begleitende Förderung und Übung (vgl. ebd., S. 51).

Da fünf- bis sechsjährige Kinder zunehmend ihre kognitive Merkfähigkeit erweitern, fällt es ihnen nun leichter, Lieder zu lernen und zu behalten. Dagegen nimmt das spontane Erfinden eigener Melodien eher ab, da nun die Orientierung an bekannten Liedern in den Vordergrund rückt. Petrat beschreibt, dass Kinder gegen Ende des sechsten Lebensjahres auch zunehmend Selbstkorrekturen beim Singen in Bezug auf die Tongenauigkeit vornehmen, was darauf schließen lässt, dass auch die Wahrnehmung differenzierter ist.

Allerdings gelingt dies noch nicht in umfassendem Maße, weshalb beispielsweise ein Verrutschen in der Tonart bei fehlender Unterstützung noch häufig anzutreffen sei (vgl. ebd., 52).

Beim Singen mit Kindern ist es besonders wichtig, auf die richtige Stimmlage zu achten: „Ständiges zu tiefes Singen […] führt bei den Kindern zu einem Herunterziehen der eigentlichen Stimmregister, wodurch der Tonumfang immer geringer wird und sich die Stimmbänder mit der Zeit nicht mehr richtig schließen." (Dietrich et al. 2007, S. 6).

Grundsätzlich lässt sich zur Bedeutung der Musik in der Entwicklung von Kindern ergänzen: „In der frühen Kindheit ist spontanes Musizieren Teil des kindlichen Spiels, das der Lebensbewältigung dient, wie dem Erwerb vielfältiger sensomotorischer, sozialer und sprachlicher Erfahrungen." (März 2007, S. 204). Neben dem spontanen, vom Kind selbst initiierten Musizieren spielt aber das gemeinsame und das angeleitete Musizieren eine ganz wesentliche Rolle.

1.2 Einfluss der Musik auf anderes

Wie bereits deutlich wurde, hängt die musikalische Entwicklung stark mit der gleichzeitigen Entwicklung anderer Bereiche zusammen. Wie vielfältig sich die Musik auf das einzelne Kind auswirken und es in seinen Bildungs- und Aneignungsprozessen unterstützen kann, soll im Folgenden verdeutlicht werden.

Sozialkompetenzen

Das Musizieren in der Gruppe fördert stark die sozialen Kompetenzen, weil man beim gemeinsamen Musizieren aufeinander achten muss. Je besser dieses Zusammenspiel funktioniert, desto besser klingt ein gemeinsam gesungenes oder gespieltes Lied. Teamgeist und Anpassung sind hier erforderlich und werden eingeübt: also Schlüsselkompetenzen.
In einer Studie an Berliner Grundschulen wurden die Sympathien und Antipathien durch Befragungen der Kinder untersucht. Es wurde festgestellt, „dass Musikerziehung und Musizieren das soziale Klima in einer Klasse und darüber hinaus in der gesamten Schule verbessern konnte." (Bastian 2001, S. 52) Es ergaben sich einige sehr deutliche Ergebnisse, da beispielsweise in der Kontrollgruppe die Ablehnung von Kindern bisweilen doppelt so hoch war (vgl. ebd., S. 53). Zudem konnte die soziale Reflexionsfähigkeit bei den Kindern gesteigert werden, was bedeutet, dass diese Kinder sich nicht nur sozial kompetenter verhielten, sondern auch über mehr bewusste Kenntnisse zu angemessenem Verhalten verfügten (vgl. ebd., S. 57).
Im Konzept „Singen-Bewegen-Sprechen" wird der Einfluss des gemeinsamen Musizierens betont: „Wichtige Resultate davon sind Rücksichtnahme, Einfühlungsvermögen und Verantwortungsbewusstsein. Diese Kompetenzen wiederum sind eine notwendige Voraussetzung für das Erlernen der Fähigkeit zur Gestaltung von Beziehung(en) zu anderen" (Dietrich et al. 2007, S. 3). Das sind in unserer Gesellschaft wichtige soziale Kompetenzen, auf deren Verlust immer wieder hingewiesen wird. Mängel in diesen Kompetenzen führen zu zahlreichen Problemen, sei es allgemein gesellschaftlich, in Kindergärten oder Schulen. Aktives, gemeinsames Musizieren fördert soziale Kompetenzen, Kommunikation und Interaktion.

Emotionalität

Auch in Bezug auf die Emotionalität konnte ein förderlicher Einfluss von Musikerziehung gefunden werden. So zeigte sich, dass Kinder im Übergang zur Pubertät emotional stabiler blieben, wenn sie zuvor eine langjährige mu-

sikalische Erziehung erfahren hatten (vgl. Bastian 2001, S. 60).
Im Konzept von „Singen – Bewegen – Sprechen“ wird die Bedeutung des Singens für die Emotionalität besonders herausgestellt. „Singen ist als unmittelbarstes Sprachrohr der Seele für eine gesunde und ausgewogene Entwicklung des Menschen von höchster Bedeutung.“ (Dietrich et al. 2007, S. 5).
Der menschliche Körper als „Instrument“ kann Emotionen durch Singen zum Ausdruck bringen. Dies ist eben auch mit Instrumenten möglich. Der Ausdruck von Emotionen ist für den Menschen wesentlich und fällt alleine über die Sprache nicht immer leicht. Insofern erhält die Musik eine wichtige Rolle: Die Möglichkeiten, die Kinder in ihrer Entwicklung haben, mit Emotionen umzugehen und sie auszudrücken, tragen maßgeblich dazu bei, wie sie ihr Leben lang damit umgehen. Über die Beschäftigung mit Musik können Kinder lernen, Emotionen in Musik wahrzunehmen. Sie lernen sie über Musik auszudrücken und werden zur sprachlichen und körperlichen Darlegung von Gefühlen angeregt.

Kreativität

Kreativität ist eine nicht leicht messbare Fähigkeit, und insofern ist der Einfluss von Musik auf die allgemeine Kreativität wissenschaftlich nicht ohne Schwierigkeit zu erforschen. Trotzdem: „Interessant ist bei Untersuchungen zu Musik und Kreativität vor allem der Transfer auf die allgemeinen kreativen Denk- und Handlungsmodi.“ (März 2007, S. 165). Die Rolle der Musik bei der Verbindung beider Hirnhälften spielt hier wohl eine entscheidende Rolle.
Allerdings: Zahlreiche Tätigkeiten beim aktiven Musizieren können mit Kreativität, also schöpferischem Denken und Handeln, in Verbindung gebracht werden. Dazu gehört das Ausprobieren der eigenen stimmlichen Fähigkeiten, das Improvisieren mit Stimme und Instrumenten, musikbegleitende Bewegungsgestaltung und vieles mehr. Kinder bringen von sich aus in diesem Bereich bereits vieles mit (vgl. März 2007, S. 163). Aktivität und gemeinsames Handeln in der Gruppe bieten ihnen die Möglichkeit, diese Fähigkeiten zu vervollständigen und bestärkt sie in ihrem kreativem Tun.

Intelligenz

Bei Annahmen über die Förderung der Intelligenz durch Musik ist etwas Vorsicht geboten. So kann man nicht davon ausgehen, dass allein das Hören bestimmter Musik die Intelligenz beeinflusse. Zu berücksichtigen ist immer, welches Verständnis von Intelligenz zugrunde liegt, wenn man von einem förderlichen Einfluss durch die Musik spricht.

Bastian konnte in seiner Studie anhand von Intelligenztests bei Grundschülern folgendes feststellen: „Kinder der Schulen mit Musikbetonung zeigen zunächst keine vorteilhaftere Intelligenzentwicklung als Kinder ohne Musikschwerpunkt. Erst zum letzten Messzeitpunkt, am Ende des 5. Schuljahres und nach vier weiteren Jahren erweiterter Musikerziehung, kommt es zu einem erstaunlichen Effekt und zu einer überzufälligen Differenz der IQ-Mittelwerte.“ (Bastian 2001, S. 78f.) Der Wissenschaftler weist in diesem Zusammenhang vor allem auf die kompensatorische Wirkung der Musikerziehung hin. So konnten die Ergebnisse seiner Studie zeigen, dass sozial benachteiligte Kinder und Kinder, die allgemein weniger kognitive Förderung erhalten, während der Jahre mit erweiterter Musikerziehung kontinuierlich ihre Intelligenzwerte verbesserten, während dies bei Kindern ohne zusätzliche musikalische Förderung nicht der Fall war (vgl. ebd., S. 81). Voraussetzung ist allerdings eine langfristige musikalische Aktivität. Darüber hinaus hat das frühe Erlernen eines Instrumentes sowie das Musizieren eine große Bedeutung (vgl. ebd., S. 39). Wie gesagt: Auf das Verständnis von Intelligenz kommt es an.

Gardner unterscheidet sieben so genannte Intelligenzdomänen (vgl. Petrat 2003, S. 38):

sprachliche Intelligenz, mathematische Intelligenz, räumliche Intelligenz, musikalische Intelligenz, Bewegungsintelligenz, intrapersonale Intelligenz und interpersonale Intelligenz.

Die beiden letzteren sind vor allem für das Sozialleben von Bedeutung.

Zieht man diesen umfassenden Intelligenzbegriff heran, dann lässt sich ein Zusammenhang zwischen verschiedenen Intelligenzbereichen und musikalischer Aktivität erkennen: Die Intelligenzbereiche können offenbar positiv beeinflusst werden.

Interkulturalität

Musik ist ein Teil jeder Kultur und findet dort ihren Ausdruck. Durch Musik werden Grenzen zwischen Menschen, Kulturen und Generationen überschritten. Sie bietet Kindern eine Vielzahl an Möglichkeiten, um andere Kulturen, Epochen und verschiedenste Stilrichtungen kennen zu lernen. Dabei macht die Beschäftigung mit Musik es in besonderem Maße möglich, Fremdes erlebbar zu machen, sei es beispielsweise über Lieder, Tänze oder Instrumente.

Ein gutes Beispiel ist das Projekt „Music-Source of Energy and Tolerace“ von Yehudi Menuhin, dessen Ziel ist, Kinder ausländischer Herkunft zu integrieren und rassistischen Tendenzen vorzubeugen. Das seit 1994 bestehende

Projekt erwies sich als erfolgreich und wurde nach Anfängen in der Schweiz in 13 weiteren europäischen Ländern, so auch in Deutschland, umgesetzt. „Die Musik hilft den Kindern, ihre Sprachbarrieren zu überbrücken und Kontakte zu knüpfen.“ (März 2007, S. 173).
Es ist in diesem Zusammenhang wieder auf den kompensatorischen Aspekt zu verweisen, da gerade leistungsschwächere Schüler in diesem Projekt Stärken zeigen können und sich ihr Verhalten, allgemein und bezogen auf das Lernen, positiv verändert (vgl. ebd., S. 173).
Die Kinder können von den kulturellen Aspekten auf unterschiedliche Weise profitieren, indem Kinder, deren Familien aus anderen Kulturen stammen, bessere Wege finden können, ihre Persönlichkeit zu stärken. Kinder, die vor allem durch die deutsche Kultur geprägt sind, können andere Kulturen näher kennen lernen. Das hilft Vorurteilen gegenüber Fremdem vorzubeugen und vermag insgesamt die Schulfähigkeit zu verbessern. So kann das Miteinander gestärkt und die Erziehung zu toleranten Weltbürgern unterstützt werden.

Der förderliche Einfluss von Musik und Musizieren auf so viele Bereiche bezeugt die Bedeutung der Ziele des Bildungsmodells „Singen-Bewegen-Sprechen“. „Musik ist zweifelsfrei der Königsweg jener Erziehung, die eine umfassend gebildete Persönlichkeit zum Ziel hat.“ (Bastian 2001, S. 42).

1.3 Literaturempfehlungen zur Vertiefung: Singen / Musik

Einführung und breitere Orientierung sowie methodische Anleitungen

Gebhard, Ursula/ Kugler, Michael: Didaktik der elementaren Musik- und Bewegungserziehung. München 1979

Große-Jäger, Hermann: Freude an Musik gewinnen, Freiburg, Basel, Wien 1983

Kreusch-Jacob, DoroThée: Musikerziehung, München 1995

Kreusch-Jacob, Dorothée: Jedes Kind braucht Musik. Ein Praxis- und Ideenbuch zur ganzheitlichen Förderung in Kindergarten und Familie. München 2006

März, Martina: Die Auswirkungen musikalischer Förderung in der frühen Kindheit auf die Entwicklung schulrelevanter Basiskompetenzen. Ein präventiver Ansatz zur Vermeidung von drohenden Lernschwierigkeiten. Hamburg 2007

Reinhardt, Friedrich/ Bilgin-Schnackenburg, Muenevver: Schau dir nur die Ayse an! Türkische Kinderlieder für Kindergarten und Grundschule. München1984

Widmer, Manuela: Alles, was klingt. Elementares Musizieren im Kindergarten. Freiburg 1997

musik praxis, Zeitschrift für Musik und Bewegung in Kindergarten, Musik- und Grundschule, Boppard Fidula-Verlag Holzmeister

2. Motorik

Wenn wir den Bedürfnissen der Kinder – zum Beispiel nach Zuwendung, sozialer Einbindung, Anerkennung, Bildung, Erziehung, nach Essen, Trinken, Wärme und guter Luft –, wenn wir all diesen Bedürfnissen nachkommen, dann darf auch und gerade dem Bedürfnis nach Bewegung seine Erfüllung und Befriedigung nicht versagt bleiben. Man muss es nicht mehr nachweisen, dass besonders die Bewegung und das Bewegen eine so große Bedeutung für Kinder haben. Dieses Bedürfnis meint, dass Kinder sich (!) und etwas (!) bewegen können müssen. Dazu brauchen sie um sich und für sich entsprechend Raum und Zeit, aber auch „Bewegliches" – materiell und personell, also nicht in jeder Hinsicht fixierte Räume, und sie brauchen flexible Personen. Kinder müssen nicht nur Gegenstände „im Raum" bewegen können, sondern sie müssen auch „etwas bewegen" können, u. a. im übertragenen Sinne, sprich: Einfluss nehmen können – oder anders ausgedrückt: Es muss auch auf sie gehört werden. Ein Kind, bei dem das alles nicht gegeben ist, wird Schaden nehmen, jedenfalls wird es sich nicht gut entwickeln können. Kinder müssen also nicht nur ihren „Bewegungsdrang ausleben dürfen", wie oft formuliert wird, sondern sie haben das grundlegende Bedürfnis nach Bewegen und Bewegung, und dessen Erfüllung dürfen wir Ihnen nicht nur nicht verwehren, sondern wir müssen sie ihnen gezielt ermöglichen. Nicht nur das Gewähren von Raum und Zeit dient dem, sondern oft genug bedarf es dabei auch der persönlichen Ermunterung – nicht verbal, sondern durch das Vorbild. Kinder brauchen auch aktive, bewegungsfreudige und bewegliche Erzieher, um das Bewegungsbedürfnis befriedigen zu können.

2.1 Ziele

Ergänzend zu anderen Zielen werden im Bewegungsbereich „Singen–Bewegen–Sprechen" mit den folgenden Stichwörtern verbindende Bildungsziele angestrebt:

- Erfahren des eigenen Körpers
- Körperdifferenzierung
- Grobmotorik
- Feinmotorik
- Gleichgewicht
- Koordination, Geschicklichkeit, Kraft
- Ausdauer
- Bewegungsausdruck

- Haltungsschulung, Körperbildung, Körperspannung
- Reaktionsschnelligkeit und – genauigkeit
- Entspannung
- Tanz
- Kooperationsfähigkeit

(Dietrich et al, S. 30 f.)

In der motorischen Erziehung gibt es wichtige Punkte, auf die schon bei der Planung und Vorbereitung der didaktischen Einheit geachtet werden sollte: „Ruhige und bewegte Phasen wechseln sich ab, so dass einerseits dem meist großen Bewegungsbedürfnis der Kinder Rechnung getragen wird, andererseits aber auch Konzentration, Sammlung und die Möglichkeit zur bewussten Erfahrung gegeben sind" (Dietrich et al. 2007, S. 32).

2.2 Motorische Entwicklung

Säuglingsalter

Schon im Mutterleib macht das ungeborene Kind durch Bewegungen auf sich aufmerksam. Dies geschieht durch koordinierte Bewegungen, wie das Strampeln.
Die motorische Entwicklung des Kindes in den ersten 12 Monaten kann folgendermaßen zusammengefasst werden:

„Die wichtigsten Entwicklungsreihen im ersten Lebensjahr sind:
- *Ausbildung der Arme und Hände als Greiforgane*
- *Das Erreichen der aufrechten Haltung*
- *Das selbständige Sich-Fortbewegen (Lokomotion)."*

(Herm 2006. S. 43)

Das Kind lernt nicht nur zu sitzen, zu stehen und zu gehen – das Greifen beispielsweise impliziert „erste Koordinationsbewegungen wie die von Auge und Hand, aus denen sich das bewusste Greifen entwickelt, also eine Verbindung von sensomotorischen (auf Grund von Sinnesrückmeldungen gesteuerten) und motorischen Leistungen". (Dietrich et al. 2007, S. 7)

Kleinkindalter

Kleinkinder haben einen starken Bewegungs- und Betätigungsdrang, wobei

die Bewegungen bei den Zwei- bis Dreijährigen noch wenig zielgerichtet sind und die bewusste Steuerung erst nach und nach gelernt werden muss (vgl. Herm 2006, S. 45 f.). Das Kleinkind entwickelt seine motorischen Fähigkeiten weiter, indem es seine erlernten Bewegungen immer weiter ausdifferenziert und seine Grobmotorik schult. Hierbei ist zu beachten, dass das Kind im Alter von etwa zwei bis drei Jahren noch mit seinem ganzen Körper z. B. bei einer Wurfbewegung mitgeht. Das heißt, es macht die Wurfbewegung nicht nur mit den Armen, sondern auch mit dem Oberköper und den Beinen. Auch sind die Bewegungsabläufe im Allgemeinen sehr „eckig" und noch nicht aufeinander abgestimmt. Dies lässt sich darauf zurückführen, dass die Körperkraft für gewisse Bewegungsabläufe noch nicht ausreichend vorhanden ist.
Das Kind reagiert schon im Kleinkindalter auf Musik, indem es sich dazu bewegt.
„In einem Schulungsprozess können diese natürlichen Anlagen verfeinert und synchronisiert werden. Dabei lernen die Kinder musikalisch initiierte Bewegungsvorgänge bewusst nachzuempfinden und damit am eigenen Körper zu fühlen". (Dietrich et al. 2007, S. 8)
Dadurch lernt das Kind zuerst seinen Körper immer besser kennen, und es erlangt Sicherheit, so dass es später durch Umsetzung von Musik, z. B. in Form von Bewegungstänzen, den Raum um sich herum mit in seine Bewegungen einbeziehen und Raumerfahrungen sammeln kann.

Kindergartenalter

Eine bedeutende Rolle spielt es nun, dass Bewegungen bewusst ausgeführt werden: Das Kind denkt bewusster darüber nach, was und wie es seine Hände und Finger zum Einsatz bringt. „Fortschritte werden auch hinsichtlich der koordinativen Fähigkeiten (Gleichgewichtssinn: z.B. Fahrrad fahren lernen) sowie der feinmotorischen Geschicklichkeit deutlich". (Dietrich et al. 2007, S. 8) Im Hinblick auf die motorische Entwicklung des Kindes spielen die Sinne eine wichtige Rolle. „Am Halten der Balance sind beispielsweise Gleichgewichtssinn, Tastsinn, Tiefenwahrnehmung und Sehen beteiligt". (ebd.)

„Wenn die Kinder genügend Anregungen und Möglichkeiten haben, ihre motorischen Fähigkeiten zu entwickeln, erreichen sie bis gegen Ende der Kindergartenzeit einen motorischen Entwicklungsstand, der dem des Erwachsenen schon recht ähnlich ist. Das Kind verfügt über die Grundformen der sportlichen Motorik, es kann nun gehen, laufen, klettern, springen, werfen und fangen."

(Herm 2006, S. 46)

2.3 Einfluss der Motorik auf anderes

Für ein Lebewesen bedeutet Bewegung normalerweise etwas Beglückendes. Wenn es nicht genügend Bewegung hat, dann fühlt es sich nicht wohl. Mensch und Tier wollen sich bewegen und brauchen Bewegung für ihre Lebensqualität. Das ganz junge Kind hat und braucht viel Ruhe, der alte Mensch ebenfalls. Aber auch in diesen Fällen darf die Bewegung nicht fehlen. Selbst und gerade der Mensch mit einer Behinderung hat das unbedingte Bedürfnis nach Bewegung, und wir ermöglichen sie ihm – so gut wie möglich.

Die sich bewegenden Teile bewegen andere oft mit. Das können wir auch sozialökologisch in der Kindergruppe sehen: Ein Kind läuft los und es „zieht" andere mit. Eines macht Halt, andere tun es ihm nach beziehungsweise mit ihm. Wir können auch den Blick der Kinder für Ruhe und Bewegung schärfen und sie diese beobachten und erleben lassen, zum Beispiel durch Aktivitäten oder durch meditative Ereignisse, Stille erleben oder Ähnliches.
Renate Zimmer beschreibt Bewegung so:

„Sich bewegen heißt,
- *sich mit sich selbst, mit dem eigenen Körper auseinanderzusetzen,*
- *mit Material und Raum Erfahrungen sammeln und dabei die Gesetzmäßigkeiten der Dinge erkennen,*
- *mit anderen Kontakt aufnehmen, sich austauschen und absprechen."*

(Zimmer 2007, S. 26)

Das impliziert, dass Bewegung Einfluss auf die Körper- und Selbstwahrnehmung sowie auf die kognitive und soziale und sprachliche Entwicklung hat. Kinder benötigen für ihre sprachliche und kognitive Entwicklung ganz unmittelbare, praktische, körperliche und sinnliche Erfahrungen. Kinder können bestimmte Wörter, wie z. B. Präpositionen, besser verstehen, wenn sie sich selber mit ihrem Körper in ein Verhältnis zu den Dingen begeben. „Auf" können sie besser begreifen, wenn sie selber „auf" einem Gegenstand stehen, der ihnen diese unmittelbare Erfahrung ermöglicht, wie zum Beispiel „auf" einem Stuhl oder Tisch. Vielleicht mögen Kindern deshalb auch gerne „über Tische und Bänke", um den Begriff „über" unmittelbar als Raumerfahrung zu erleben.

Auch bei der Erfassung von Mengen, weiß die motopädagogische Forschung zu berichten, ist die unmittelbare Erfahrung mit einer Vielzahl von Gegenständen bedeutsam. Kinder müssen die Erfahrungen mit Gegenständen machen, die sie mit ihrem ganzen Körper bewegen, um ein Verständnis der Anzahl zu bekommen. Lehrer und andere pädagogische Fachkräfte berichten bei immer mehr Kindern von einer Zunahme elementarer Rechenschwäche, die elementare Erfahrungen und Erkenntnisse von Mengen, Größen, Entfernungen oder Gewichten und anderen, auch physikalischen Gesetzmäßigkeiten vermissen lassen. So sehr die Sendung mit der Maus von Medienpädagogen gelobt wird: Eines ist dabei nicht möglich, die unmittelbaren sinnlichen Erfahrungen mit Gegenständen, die sich viel stärker einprägen als nur optische und akustische Eindrücke. Am besten und wirksamsten gelingen derlei Bildungsaktivitäten, wenn sie mit Bewegung verbunden sind. Das sieht auch die „Rhythmik“, wenn sie vor allem die holistische Perspektive und den Blick auf das einzelne Kind betont:

„Bekommt nun das Kind – seinem Bedürfnis entsprechend – genügend Möglichkeiten, sich körperlich zu betätigen, so wird es geschickt und sicher auch neue Wege erproben. Somit werden Mut, Selbständigkeit und Selbstvertrauen aufgebaut, und ein gesundes Selbstbewusstsein kann sich entwickeln. Natürlich muß es sich um Bewegungen handeln, welche Kinder gerne ausführen, da sie an ihrem Interesse anknüpfen und ihrem Bewegungsvermögen entsprechend bzw. dieses sinnvoll unterstützen. Dabei ist von großer Bedeutung, daß die Erzieherin die Kinder beobachtet, ihre Körpersprache verstehen lernt und danach ihr Angebot ausrichtet“ (Fink-Klein 1987, S. 12).

Die Zusammenhänge werden im Bildungsmodell „Singen-Bewegen-Sprechen“ deutlich gesehen und betont:

„Die Möglichkeit von Musik und Bewegung für den vorschulischen Kompetenzerwerb sind vielfältig und in ihren Wirkungen überzeugend. Dies fördert das altersgemäß effiziente Lernen über den Körper, unterstützt den Erwerb von Kompetenzen in verschiedenen Wahrnehmungsbereichen, schult und entwickelt die geistigen und seelischen Kräfte und fördert Gestaltungsvermögen und Phantasie. Über die differenzierte Ausbildung und Sensibilisierung der Motorik hinaus werden auch die anderen Sinne geschult sowie Sozialkompetenzen erworben“.

(Dietrich et al. 2007, S. 10)

2.4 Literaturempfehlungen zur Vertiefung: Bewegung

Einführung sowie breitere Orientierung und didaktische Anleitung

Beins, Hans Jürgen/ Cox, Simone: „Die spielen ja nur!?" Psychomotorik in der Kindergartenpraxis, Dortmund 2001

Broich, Josef: Körper- und Bewegungsspiele. Über einhundertvierzig Gruppenspiele. Köln 2005

Fink-Klein, Waltraud: Märchen mit Musik und Bewegung. Rhythmisch-musikalisches Spielgestaltungen für Kinder von 5 bis 7 Jahren, Freiburg, Basel, Wien 1995

Fink-Klein / Peter-Führe / Reichmann: Rhythmik im Kindergarten. Erlebnisreiche Spielformen mit Musik – Bewegung – Sprache. Freiburg 1987

Grüger, Constanze/ Horn, Reinhard: Turnzwerge, ganz groß! Lippstadt 2008

Herm, Sabine: Psychomotorische Spiele für Kinder in Krippe und Kindergarten. Düsseldorf 2006

Hirler, Sabine: Sprachförderung durch Rhythmik und Musik. Freiburg 2009

Hunger, Ina / Zimmer, Renate (Hrsg.): Bewegung-Bildung-Gesundheit. Entwicklung fördern von Anfang an, Schorndorf 2007

Knöckenberger, Helmut: Rollbrett, Pedalo & Co. Bewegungsspiele mit Materialien aus Psychomotorik, Sport und Freizeit. Dortmund 2006

Krimm-von Fischer, Catherine: Erziehen mit Musik und Bewegung, Freiburg, Basel, Wien 1992

Schaffner, Karin: Der Bewegungskindergarten. Kinder stark machen – mit Praxisvorschlägen. Schorndorf 2004

Seippel, Elisabeth: Tanzen im Kindergarten. Kindertänze werden in Themen der Kindergartenarbeit eingebunden. Boppard 2000

Zimmer, Renate: Toben macht schlau! Bewegung statt Verkopfung. Freiburg; Basel; Wien 2004

Zimmer, Renate: Kursbuch Bewegungsförderung. So werden Kinder fit und beweglich. Unsere gesunde Kita. München 2004

Zimmer, Renate / Clausmeyer, Ingrid / Voges, Ludwig: Tanz – Bewegung – Musik. Situationen ganzheitlicher Erziehung im Kindergarten, Freiburg, Basel, Wien 1991

3. Sprache

„Die Sprache ist das Tor zur Welt", „meine Wörter sind meine Welt", „wer nicht spricht, bleibt dumm" usw. – mit diesen und vielen anderen Sprüchen versucht man die Bedeutung der Sprache für den Menschen zu betonen. Derlei Sätzchen sind natürlich alle begrenzt – andererseits aber auch wahr: Sprache ist das, was den Menschen auszeichnet – jedoch: ohne Sprache ist der Mensch noch nicht kein Mensch.

3.1 Sprachentwicklung

Übereinstimmung besteht in der Erziehungswissenschaft darin, dass die ersten sechs Lebensjahre, also auch das Kindergartenalter, für die sprachliche Sozialisation des Kindes von allergrößter Bedeutung sind. Wie auch für die Entwicklung in den übrigen Bereichen des Kindes, so ist vor allem für die sprachliche Entwicklung auch die Zeit vor dem Besuch des Kindergartens außerordentlich wichtig.
Man hat die Entwicklung der Sprache während der ersten sechs Lebensjahre schon früh in fünf Epochen betrachtet. (vgl. Stern / Stern 1907) Die ersten vier Epochen sind vom dreijährigen Kindergartenkind bereits durchlaufen. Diese sollen hier ganz knapp dargestellt werden.

Kleinkindalter

Die erste Epoche (0 – 1 Jahr) ist gekennzeichnet durch Lallen, Lautimitation; die Wörter aus der Umgebung können bereits verstanden werden. Das Kind möchte diese nachahmen.
In der zweiten Epoche (1 – 1,6 Jahre) spricht das Kind mehr Wörter; es entdeckt allmählich, dass Gegenstände sich benennen lassen; Einwortsätze.
Die dritte Epoche (1,6 – 2 Jahre) bringt die Steigerung des Wortschatzes; Zwei- und Mehrwortäußerungen; bisher hat das Kind in der Hauptsache Substantive verwendet, jetzt treten Verben, Eigenschaftswörter und Beziehungswörter hinzu.
In der vierten Epoche (2 – 2,6 Jahre) findet die Erweiterung der Mehrwortsätze statt. Das Kind lernt die Deklination, Konjugation und Komparation; im Wesentlichen kommen Hauptsatzformen vor: Ausrufe-, Frage-, und Aussagesätze; noch sind eigenwillige Wortstellungen möglich.
In der fünften Epoche (2,6 – 4 Jahre) lernt das Kind die Bildung von Haupt- und Nebensätzen und Konjunktiven; die Wortbildungen sind noch individuell, Beginn des zweiten Fragealters.
Im Lernprozess kommt es häufig dazu, dass Kinder über- oder unterdehnen. Das heißt, dass sie entweder die Bedeutung eines Wortes auf andere Objekte ausdehnen (z.B. alle Vierbeiner „Hund“ nennen) oder einen allgemeinen Begriff nur für ein spezielles Objekt verwenden (z.B. „Hund“ ist nur der Familienhund). Dieses Phänomen kann sich nicht nur auf Objekte, sondern auch auf Situationen, Gesten oder ähnliches beziehen.

Kindergartenalter

Im Wesentlichen gelangte man zu der Einsicht, „dass man […] die Drei- bis Fünfjährigen als eine […] einigermaßen homogene Gruppe betrachten kann, aber die Fünf- bis Sechsjährigen eine eigene Gruppe bilden“ (Sagi 1970, S. 40ff.). Die günstigen kommunikativen Bildungs-, und Fördermöglichkeiten hat der Kindergarten nun aber bei der ersten Gruppe, denn:

„Mit etwa fünf Jahren ist die Sprachentwicklung in den wesentlichen Zügen abgeschlossen. Das Kind kann sich nun mehr mit Erwachsenen verständigen. Es hat den Wortschatz, die syntaktischen und grammatikalischen Formen der Umgangssprache erworben. Damit ist Hauptleistung der Sprachentwicklung zum Abschluss gekommen. Die weitere Entwicklung ist gekennzeichnet durch den differenzierten Gebrauch, die bewusste Gestaltung, die Vergrößerung des Wortschatzes, das Ansteigen der mehrsilbigen Wörter und Fortschritte im flektierten Sprechen.“

(Heinelt 1973, S. 63)

Angesichts dieser Erkenntnis, ist es erstaunlich, dass viele ihre kompensatorische Sprachförderung im Sinne von „Vorschulerziehung“ nur an „die Großen“ im Kindergarten richten wollen. Insgesamt wäre eine Lebensbezogene Sprachbildung spätestens aller Dreijährigen erheblich effektiver.
Die sog. fünfte Epoche, in der sich das Kind beim „normalen“ Eintritt in den Kindergarten befindet, soll ausführlicher beschrieben werden.
Die Sprache des Kindergartenkindes ist durch drei Eigentümlichkeiten gekennzeichnet: die differenzierten Wort- und Satzformen (1), die Häufigkeit des Fragens (2) und den sogenannten Egozentrismus des Kindes (3).

1) Das Kind befindet sich mit ca. drei Jahren in einem sogenannten Relationsstadium, d.h. es verwendet bzw. lernt in starkem Maße Wörter, durch welche Beziehungen, Merkmale und Eigenschaften der erkannten Gegenstände zu anderen Gegenständen ausgedrückt werden: Präpositionen und Zahlwörter, Pronomina, Adverbien, Adjektive. Auch die Beziehungen, in denen Gedanken bzw. Sätze zueinander stehen, sind vom Kind allmählich erkannt worden. Hat es nämlich vorher seine Gedanken parataktisch geordnet, also einfach nebeneinander gestellt, so bildet es sie jetzt schon hypotaktisch, d.h. es verwendet Haupt- und Nebensätze.

2) Ein zweites Merkmal des sprachlichen Verhaltens beim Kindergartenkind bezieht sich auf seine Satzarten: Kindergartenkinder sind fragende Kinder. Im Alter von drei Jahren etwa ist ein erstes Fragealter abgeschlossen und das zweite beginnt, das bis zum Alter von ca. sechs Jahren dauert. Das Kind stellt in dieser Zeit übermäßig häufig Wann- und Warum-Fragen.

Die Warum-Fragen kann man in drei Gruppen einteilen:

a) Kausal- und Finalfragen, z.B.:
Warum sind die Kühe schwarz?
Warum fallen die Blätter vom Baum?
Warum ist an unserem Klo nicht so was mit dem Fuß? (Frage im Zug)
Warum fällt das hier (Armlehne im Zugabteil) immer runter?

b) Motivationsfragen, z.B.:
Gehst du arbeiten? Warum?
Warum räumen wir das Kinderzimmer auf?

c) Regel- und Normfragen, z.B.:
Papa, warum gehst du in die Männerkabine? (zum Umkleiden im Schwimmbad)
Warum können Kinder sich am Platz (auf der Liegewiese im Schwimmbad) umziehen? (und Erwachsene nicht)
Warum heißt es „geworfen"? (statt „geworft")

3) Ein weiteres Kennzeichen der Sprache des Kindergartenkindes ist der „verbale Egozentrismus" (vgl. Piaget 1972, S. 74). Das Kind ist zum Zeitpunkt des Kindergartenbesuches noch sehr stark auf sich und seine subjektive Welt bezogen. Manche Eltern sind überrascht, weil ihre Kinder ihnen nichts über das Kindergartengeschehen berichten. Man hat den Eindruck, als lebe das Kind in der Annahme, die anderen wüssten das schon alles. Diesem Wissensegozentrismus entspricht der verbale Egozentrismus, der an zwei Merkmalen zu erkennen ist: *„Einmal spricht das Kind, ohne auf den Gesprächspartner einwirken zu wollen. Wenn es etwa in Gegenwart von Erwachsenen oder auch von Spielkameraden spielt oder „arbeitet", spricht es in einem Zuge, ohne dass man weiß, ob es sich an jemand wendet oder für sich spricht."* (Piaget 1972, S. 75)
Zweitens vermag das Kind kaum *„den Unterschied zwischen dem eigenen Gesichtspunkt und dem des anderen zu erkennen. Wenn das Kind in Gemeinschaft mit dem Erwachsenen ein Selbstgespräch führt, unterscheidet es sein Denken von dem des Zuhörers ebenso wenig, wie der Mystiker sein eigenes Denken von dem Denken trennt, in das er eingetaucht ist. Und wenn ein zwei- bis dreijähriges Kind vor seiner nächsten Umgebung einen Monolog führt, stellt es sich noch nicht einmal die Frage, ob es gehört wird oder nicht."* (ebd.)

Diese Angaben Piagets dürften durchaus für seine Zeit gegolten haben, aber auch heute noch prinzipiell nicht widerlegt sein. Dennoch müssen wir davon ausgehen, dass Kinder im betreffenden Alter differenziert zu betrachten sind, und es große Unterschiede geben kann, die allerdings keineswegs vorschnell als naturgegeben verstanden werden sollten.
Es konnten hier sowieso nur grobe Angaben zum sprachlichen Verhalten von Kindergartenkindern erfolgen. Zur weiteren Vertiefung muss auf die Literatur verwiesen werden.

3.2 Einfluss der Sprache auf anderes

Der Zusammenhang von Sprache und gelingendem Leben ist geradezu per se evident. Welche Lebensbereiche und Berufsfelder sind sprach-los? – Sprache und Sprachen sind in einer Kommunikationsgesellschaft schlechterdings unverzichtbar.
Die sprachlichen Kompetenzen der Kinder spielen vor allem bei der Schulfähigkeit und dem Schulerfolg die zentrale Rolle: Alle Studien zur Frage, ob Kinder „gut in die Schule kommen und in der Schule gut mitkommen", belegen, dass es im Negativfall an der Sprachkompetenz gelegen hat.
Bei der Sprache hat man die folgenden Aspekte unterschieden (vgl. Retter 1973, S. 44), die die Bedeutung von Sprache für den Menschen einleuchtend zeigen:

1) Sprache kann unter pragmatischen Aspekt betrachtet werden: Sprache ist das wichtigste und differenzierteste Mittel menschlicher Kommunikation.

2) Sprache hat einen sozialen Aspekt: Die Ausbildung der Sprache beruht darauf, dass die Menschen als soziale Wesen ihre Beziehungen untereinander regeln müssen; insofern ist jede sprachliche Äußerung Ausdruck sozialen Verhaltens. Dieser Aspekt hat für eine soziale Erziehung im Vorschulalter seine besondere Bedeutung. Im Alltag der kommunikativen Bildung ist z.B. eine Erziehung zum Zuhören, zum Akzeptieren des anderen usw. zu realisieren.

3) Sprache hat einen kognitiven Aspekt: Alle geistige Tätigkeiten sind eng und unverzichtbar an Sprache gebunden.

4) Sprache muss aber auch und nicht zuletzt unter einem affektiven Aspekt

gesehen werden: In der Sprache kann der Mensch seine Gefühle und Wünsche äußern.

Damit sind keineswegs die weiteren Zusammenhänge von Sprache und Leben, vor allem gelingendem Leben, ausreichend gezeigt. Es dürfte aber die grundlegende Bedeutung von „Singen-Bewegen-Sprechen" deutlich geworden sein. Vergessen wir nicht, dass unsere Trias sich oft nur analytisch trennen lässt, in der Lebenswirklichkeit aber verbunden istt: Wer singt, der spricht und bewegt auch etwas.

3.3 Literaturempfehlungen zur Vertiefung: Sprache

Einführung sowie breitere Orientierung und didaktische Anleitung

Bostelmann, Antje (Hrsg.): Jeder Tag ist Sprachlerntag! Das Praxisbuch zur Sprachförderung in der Kita, Freiburg 2009

Haberzettl, Stefanie : Der Erwerb der Verbstellungsregeln in der Zweitsprache Deutsch durch Kinder mit russischer und türkischer Muttersprache. Tübingen 2005

Heinelt, Gottfried: Kind und Sprache. In: Das Kind im Vor- und Grundschulalter. Freiburg 1973

Huppertz, Norbert: Besser sprechen – mehr Schulfähigkeit. Bögen für: Beobachtung, Dokumentation, Förderung im Kindergarten, Oberried 2009

Huppertz, Norbert (Hrsg.): Französisch so früh? Bilinguale Bildung im Kindergarten. Oberried 2002

Huppertz, Norbert (Hrsg.): Fremdsprachen im Kindergarten. Didaktik, Methodik, Praxis. Oberried 2003

Jampert, Karin/ Best, Petra/ Leuckefeld, Kerstin/ Zehnbauer, Anne: Sprachliche Förderung in der Kita. Weimar; Berlin 2006

Jampert, Karin/ Best, Petra/ Leuckefeld, Kerstin/ Zehnbauer, Anne (2006): Kinder-Sprache stärken! Sprachliche Förderung in der Kita. Das Praxismaterial. Weimar; Berlin 2006

Naumann, Jonas: Das Lebensbezogene Sprachbildungskonzept. In: Gebhard, Klemens / Meurer, Moritz (Hg.): Lebensbezogene Pädagogik und Partial-Holismus. Bildung und Forschung für ein gelingendes Leben, Oberried 2010, S. 87-104

Piaget, Jean: Sprechen und Denken des Kindes, Düsseldorf 1972

4. Empfehlungen

(1) Sich theoretisch vertiefend in den Dimensionen des Bildungsmodells „Singen-Bewegen-Sprechen“ weiterbilden, wenigstens einführend und grundlegend.

(2) Besonders empfohlen wird eine Auseinandersetzung mit der Entwicklung des Kindes im Kindergarten- und Grundschulalter im Hinblick auf die drei Bereiche Musik, Bewegung und Sprache; dabei vor allen Dingen die individuellen und differenzierenden Aspekte in der Entwicklung der Kinder mit beachten.

(3) Neben den didaktischen Materialien aus „Singen-Bewegen-Sprechen“ sollte auch aus der Literatur der betreffenden Fachdidaktiken geschöpft werden.

(4) Die Informationen aus den drei Theoriebereichen (Musik, Bewegung und Sprache) sollten immer wieder auf ihre Vereinbarkeit und Stimmigkeit mit den Erfahrungen in der eigenen Praxis geprüft werden.

V Wer ist qualifiziert? – Fortbildung zu „Singen–Bewegen–Sprechen"

„Der Kluge lernt nach dem ersten Fehler,
der Dumme nach dem x-ten Fehler,
der Weise lernt nie aus."
(Chinesisches Sprichwort)

Kaum jemand bezweifelt die Bedeutung von lebenslangem Lernen in der heutigen Zeit. Das gilt genauso für die Pädagogik. Gerade im Bildungsmodell, wo es um einen grundlegend neuen Ansatz der frühen Bildung geht, ist die Fortbildung für diese Aufgabe unverzichtbar. Allerdings muss man auch hier, wie überhaupt, Acht geben, dass die Fortbildung nicht zum angenehmen „Ritual von heute" degeneriert, sondern tatsächlich auch wirksam ist – und vor allem auch bei den Kindern ankommt. Sie dient nicht in erster Linie dazu, dass es den Pädagogen besser geht, sondern dass das Leben der Kinder besser gelingt. Allein das ist der echte Maßstab, und dafür investiert die Gesellschaft. Fortbildung darf angenehm und zufriedenstellend sein, muss aber auch auf Nachhaltigkeit achten.

1. Notwendigkeit der Fortbildung

In „Singen–Bewegen–Sprechen" bringen alle Beteiligten zur Umsetzung des neuen Bildungsmodells gute Voraussetzungen mit: auf Seiten des Kindergartens die Fachlichkeit der Erzieherin, auf Seiten der Musikschule die Fachlichkeit der Musiklehrerin bzw. des Musiklehrers. Die Erzieherin hat gelernt, eine größere Gruppe von Kindern pädagogisch zu begleiten, also ihnen Erziehung, Bildung und Betreuung angedeihen zu lassen – die musikpädagogische Fachkraft beherrscht nicht nur ihr Instrument und ihr musikalisches Metier, sondern es dürfen auch und vor allem pädagogisch-didaktische Kompetenzen erwartet werden. Dennoch: Es bedarf einer Umorientierung auf eben diese andere und neue Aufgabe:

- eine (durchaus größere) Gruppe von Kindern soll sich bilden, und zwar im Singen – Bewegen und Sprechen
- nicht rein fachgebunden – das wäre üblicher Unterricht –, sondern interdisziplinär, mehrperspektivisch, ganzheitlich (partial-holistisch) o.ä.
- nicht alle Kinder sind immer motiviert – manche müssen motiviert werden

- anbahnen: Die Bildungsinhalte müssen grundgelegt werden, so dass sie während der Woche fortgeführt und vertieft werden – von der Tandem-Kollegin
- die Tandem-Kollegin lernt die Angebote so gut, dass sie zur Fortführung in der Lage ist
- kooperative und kommunikative Kompetenzen sind besonders gefordert
- Es geht ganz gezielt um Aufgaben von Kindergarten und Grundschule. Das ist erheblich mehr und anderes, als wenn „nur" ein Instrument gelehrt wird.
- permanente Qualitätsprüfung (u. a. Ergebnisqualität sowie Evaluation und Qualitätssicherung sind erforderlich)

Manches von diesen Anforderungen stellt sich den Fachkräften auch außerhalb des neuen Bildungsmodells, wollen sie ihre Arbeit gut verrichten – manches gehört aber auch zu einer neuen Herausforderung. Der Erwerb der Qualifikationen, mit denen die neuen Herausforderungen zu meistern sind, erfolgt in der Fortbildung. Ich halte dies für nötig und möglich – allerdings nicht ohne Anstrengungen.

2. Faktoren guter Fortbildung

Was ist es, was eine gute Fortbildung ausmacht?
Jede Fortbildungsveranstaltung ist ein höchst komplexes Phänomen – allein schon bedingt durch die Tatsache, dass die Teilnehmenden mit allen ihren Vorstellungen, Erwartungen, Wünschen, Hoffnungen, Ängsten, Erfahrungen etc. in die Fortbildung kommen, von ihrer Heterogenität ganz zu schweigen. Wer kann dem gerecht werden können?
Anbieter, Referent/in und Leitung werden ihr Bestes tun. Das ist viel, und mehr geht sowieso nicht.

Im Folgenden liste ich Punkte auf, die in der Regel für jede Fortbildung relevant sind und Anstöße für Vorbereitung und Durchführung geben mögen. Es sind jene Punkte, die später im ausführlichen Evaluationsbogen für eine durchgeführte Fortbildung wieder aufgenommen werden. Hier gilt: Was für die Evaluation und Rückmeldung gut ist, kann für Vorbereitung und Durchführung nicht schlecht sein.

Anregungsimpulse:

(1) Themen und Inhalte sollen für die Teilnehmenden wichtig sein.

(2) Vorgehen und Methoden sind aktivierend.

(3) Aufbau und Ablauf sind gut gegliedert.

(4) Die Anzahl der Teilnehmenden sollte passend sein.

(5) Die Zusammensetzung der Teilnehmer ist gut.

(6) Die räumlichen Gegebenheiten (Raumgröße, Stühle etc.) sind passend.

(7) Der geographische Ort (Entfernung etc.) ist gut gewählt.

(8) Jede/r Teilnehmer/in soll sich gut beteiligen können.

(9) Alle Teilnehmenden werden gezielt und aktiv angeregt, sich zu beteiligen.

(10) Die Auswahl und der Einsatz der Medien sollen gut bedacht sein.

(11) Gutes Begleitmaterial zum Nacharbeiten ist vorbereitet bzw. vorhanden.

(12) Die Fortbildung soll einen Nutzen für die Praxis bringen.

(13) Die Fortbildung soll theoretisches Wissen vermitteln und vertiefen.

(14) Zeit und Dauer sind gut bedacht.

(15) Bedenken, dass die aufzubringenden Kosten in einem guten Verhältnis zum Nutzen stehen.

(16) Für ein gutes Gesprächsklima und eine angenehme Atmosphäre sorgen.

(17) Inhalte und Methoden wirken nachhaltig, d. h. dass sie zur Umsetzung des Gelernten führen.

(18) Die Fortbildung vermittelt genügend (neue) Informationen.

(19) Es wird zur Weiterarbeit an dem betreffenden Thema aktiv motiviert.

(20) Die Teilnehmenden erhalten genügend Möglichkeiten zum Austausch untereinander.

(21) Das Niveau gerade für diese Teilnehmer ist passend, d. h. nicht zu hoch und nicht zu tief.

(22) Die Teilnehmenden erfahren Bestätigung und Anerkennung in ihrer bisherigen Arbeit.

(23) Die Veranstaltung bewirkt einen guten Zufriedenheitsgrad.

(24) Die Veranstaltung ermuntert zu Vorschlägen und Anregungen.

3. Methoden der Fortbildung

3.1 Rückmeldung / Feedbackmethode

Es ist eine Selbstverständlichkeit geworden, dass man sich bei Fortbildungsveranstaltungen Rückmeldung (Feedback) einholt, sei es als Veranstalter oder von Referentenseite. Verkürzt gesagt: Es wird gefragt, wie es war; was es „gebracht" hat; was verbessert werden könnte etc. Der gute Gastwirt fragt ja auch, ob es geschmeckt hat. In der Erwachsenenbildung haben wir gute und leicht handhabbare Verfahren entwickelt und erprobt.
Wir können auf dreierlei Weise vorgehen: Entweder (1) drei offene Fragen stellen, oder (2) bildgesteuert oder (3) differenziert mit geschlossenen Fragen zum Ankreuzen arbeiten.
Weshalb ist das Feedback wichtig? Es gibt mehrere Gründe: Durch die Rückmeldung wissen wir, ob wir „richtig lagen" mit unserem Angebot; ob die Teilnehmer zufrieden sind; was wir verbessern müssen; und wir erhalten für uns Bestätigung. Außerdem nehmen wir dem Gerede auf der Hinterbühne etwas den Wind aus den Segeln (geredet wird über Fortbildung und Referent/in sowieso – also am besten vor Ort und möglichst echt). Ich empfehle sehr die schriftliche Rückmeldung, weil diese besser auswertbar, und vor allem repräsentativ ist.
Die Rückmeldung kann sich beziehen auf eine Tages- oder Halbtagesveranstaltung, auf einen einzelnen Vortrag, auf ein ganzes Seminar, auf eine Fortbildungsreihe oder ein ganzes Projekt.
Der am häufigsten begangene Fehler im Zusammenhang mit dem Rückmeldeverfahren bezieht sich auf den Zeitpunkt. Meistens wird die Rückmeldung erst am Ende einer Veranstaltung(sreihe) eingeholt – also wenn es zu spät ist, insofern man nichts mehr ändern kann: „Alles ist gelaufen!" Das ist falsch. Also mein Tipp: Unbedingt zwischendurch Feedback einholen, z. B. durch Fragen etwa nach der Mittagspause, wie: „Arbeiten wir richtig? Haben wir das richtige Tempo? Können Sie gut folgen und – profitieren Sie genug?" Etc. o. ä.

3.1.1 Die einfache Rückmeldung mit drei offenen Fragen

Es hat sich sehr gut bewährt, am Ende einer Veranstaltung drei Fragen, - möglichst schriftlich – zu stellen:

1) Was fanden Sie gut?

2) Was fanden Sie weniger gut?

3) Was schlagen Sie vor?

Kurz und verständlich auf einem DIN A4 Blatt beantworten lassen, einsammeln – und(!) Lehren daraus ziehen, vor allem bezüglich des Punktes (3.). Zusätzlich dazu sollte eine kurze mündliche Rückmelderunde stattfinden. Die Anregungsfrage kann lauten: Was fanden Sie besonders wichtig, und was möchten Sie evtl. noch gerne sagen? Dann warten, bis jemand etwas sagt. Hier ist wichtig: Nicht werten, oder gar in Abwehr gehen, sondern hören und verstehen – ggf. ergänzen. Wichtig: sich anregen lassen.

3.1.2 Die bildgesteuerte Rückmeldung

Diese kann, je nach Umständen und Adressaten, mit Hilfe von Smilies o. ä. erfolgen, man kann aber auch ein Bild malen und beschreiben lassen – je nach Kurs, Zeit, Thematik.

Bitte ankreuzen

1. Wie hat die Gruppe zusammengearbeitet?

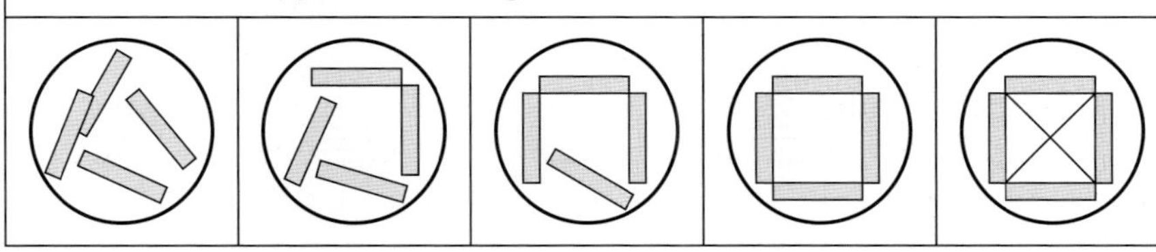

2. Was hat die Gruppe erarbeitet?

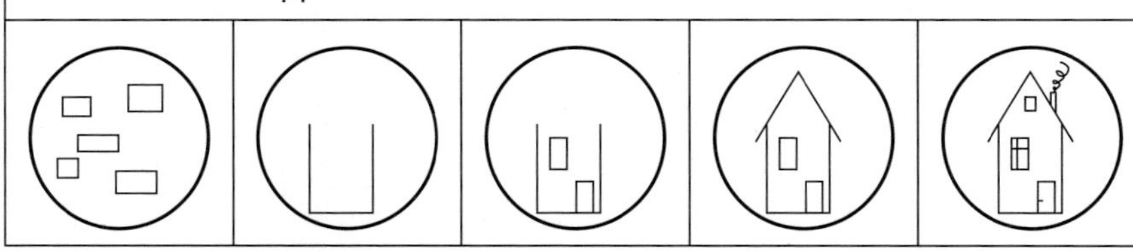

3. Wie fühle ich mich in dieser Gruppe?

4. Welchen Wissenszuwachs hat mir die Veranstaltung gebracht?

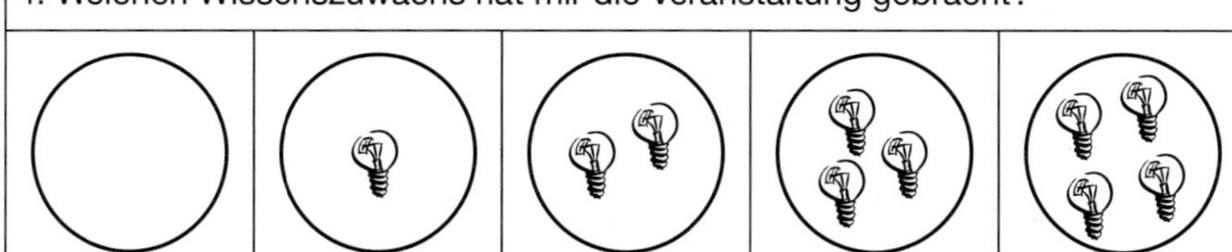

5. Wie stark wurde ich duch diesen Theorieblock gefordert?

6. Inwieweit habe ich Anstöße zur persönlichen Weiterentwicklung erhalten?

7. Wie sehe ich die Umsetzbarkeit in die Praxis?

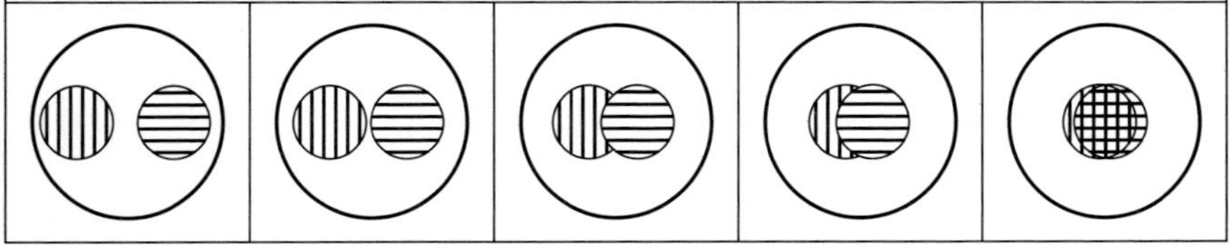

8. Wie beurteile ich diesen Theorieblock insgesamt?

Anmerkungen

3.1.3 Die umfassende Rückmeldung

Im Folgenden stelle ich ein Instrument zur Verfügung, das erprobt ist und sich hundertfach bewährt hat bei Fortbildungsveranstaltungen. Es kann auf zwei Weisen benutzt werden: Entweder lässt man alle (24) Fragen beantworten oder man sucht sich die passenden und wichtigsten aus und stellt diese auf einem analogen Bogen zusammen.

Wichtig: Natürlich ist es auch ratsam, die 24 Rückmeldepunkte für die Vorbereitung seiner („guten“) Fortbildung, die man verantwortlich plant und durchführt, zu nehmen und damit im Vorhinein Gütekriterien und Orientierungspunkte zu haben, z. B.: Austausch der Teilnehmenden: Wieviel Zeit plane ich bei welcher Methode – möglichst strukturiert - dafür ein ?

Anmerkung zum strukturierten Erfahrungsaustausch: Es reicht also nicht aus, den Erfahrungsaustausch nur den Pausengesprächen zu überlassen, sondern hier wird ein strukturierter Erfahrungsaustausch empfohlen, der intentional und explizit sowie regelmäßig seinen Platz in der Fortbildung haben soll. Er muss formalisiert sein, d. h. u. a. methodisch vorbedacht, vorbereitet und eingeplant sein und sollte in der Frage nach erforderlichen innovativen Konsequenzen münden:

- **Was hat sich gut bewährt und sollte beibehalten werden?**
- **Was hat sich nicht bewährt und sollte überdacht werden?**
- **Welche Anregungen müssen gegeben werden?**
- **Wie ist der zukünftige Erfolg transparent zu machen?**
  Etc.

Methodische Empfehlung: Farbige Karten bereithalten, die den Fragen zugeordnet und an die Teilnehmenden verteilt werden. In Kleingruppen tauscht man sich aus, hält die Gesprächsergebnisse fest und pinnt sie bei der Präsentation unter die entsprechenden Fragen.

3.1.4 Der ausführliche Rückmeldebogen

Beantworten Sie bitte die folgenden Aussagen gemäß Ihrem Eindruck über die von Ihnen besuchte Fortbildung.

	voll zutreffend	eher zutreffend	eher nicht zutreffend	gar nicht zutreffend
1. Die Themen und Inhalte waren für mich wichtig.	○	○	○	○
2. Vorgehen und Methoden waren aktivierend.	○	○	○	○
3. Aufbau und Ablauf waren gut gegliedert.	○	○	○	○
4. Die Teilnehmerzahl war passend.	○	○	○	○
5. Die Zusammensetzung der Teilnehmer war gut.	○	○	○	○
6. Die räumlichen Gegebenheiten (Größe, Stühle etc.) waren o.k.	○	○	○	○
7. Der geographische Ort (Entfernung etc.) war für mich akzeptabel.	○	○	○	○
8. Es gab für mich genügend Beteiligungsmöglichkeiten.	○	○	○	○
9. In Wirklichkeit habe ich mich gut beteiligt.	○	○	○	○
10. Auswahl und Einsatz von Medien waren angemessen.	○	○	○	○
11. Es gab gutes Begleitmaterial zum Nacharbeiten.	○	○	○	○
12. Die Veranstaltung hat einen Nutzen für meine Praxis.	○	○	○	○
13. Die Veranstaltung hat mich theoretisch weiter gebracht.	○	○	○	○

	voll zutreffend	eher zutreffend	eher nicht zutreffend	gar nicht zutreffend
14. Zeit und Dauer für dieses Thema waren passend.	○	○	○	○
15. Die von mir erbrachten Kosten stehen in gutem Verhältnis zum Nutzen.	○	○	○	○
16. Gesprächsklima und Atmosphäre waren angenehm.	○	○	○	○
17. Die Veranstaltung ist nachhaltig, d.h.: Ich habe wirksam gelernt und werde das Gelernte umsetzen.	○	○	○	○
18. Die Fortbildung hat mir genügend (neue) Informationen gebracht.	○	○	○	○
19. Die Veranstaltung hat mich zum Weiterarbeiten an diesem Thema motiviert.	○	○	○	○
20. Es gab genügend Möglichkeiten zum Austausch der Teilnehmenden untereinander.	○	○	○	○
21. Das Niveau war passend, d.h. nicht zu hoch und nicht zu tief.	○	○	○	○
22. Ich fühlte mich in meiner bisherigen Arbeit bestätigt und anerkannt.	○	○	○	○

	sehr zufrieden	zufrieden	weniger zufrieden	nicht zufrieden
23. Inwieweit waren Sie insgesamt mit der Veranstaltung zufrieden?	○	○	○	○

Weshalb?

....

....

24. Haben Sie Vorschläge und Anregungen?

....

....

....

....

3.1.5 Kurzfassung des Rückmeldebogens

Beantworten Sie bitte die folgenden Aussagen gemäß Ihrem Eindruck über die von Ihnen besuchte Fortbildung.

	voll zutreffend	eher zutreffend	eher nicht zutreffend	gar nicht zutreffend
1. Die Themen und Inhalte waren für mich wichtig.	○	○	○	○
2. Vorgehen und Methoden waren aktivierend.	○	○	○	○
3. Die Veranstaltung hat einen Nutzen für meine Praxis.	○	○	○	○
4. Es gab genügend Möglichkeiten zum Austausch der Teilnehmenden untereinander.	○	○	○	○

	sehr zufrieden	zufrieden	weniger zufrieden	nicht zufrieden
5. Inwieweit waren Sie insgesamt mit der Veranstaltung zufrieden?	○	○	○	○

Weshalb?

....

....

6. Haben Sie Vorschläge und Anregungen?

....

....

....

....

....

....

....

....

3.2 Der Theorie-Praxis-Bezug: Verknüpfungsschema

Das vorliegende Schema möchte zwei Aspekte besonders hervorheben: Die Verknüpfung von Theorie und Praxis sowie die Verknüpfung der einzelnen Fortbildungseinheiten miteinander.

In der Fortbildung finden wir nicht selten den Fall, dass einzelne Einheiten, eventuell von verschiedenen Referenten durchgeführt, additiv und unverbunden miteinander, nebeneinander stehen. Das ist nicht nur für Fortbildungsteilnehmende unerfreulich, sondern auch einer nachhaltigen Wirkung im Sinne positiver Lerneffekte abträglich. Bei einer qualitätsvollen Fortbildung sollte man unbedingt auf diesen Aspekt achten.

Außerdem soll das Schema die Notwendigkeit der Verbindung von Theorie und Praxis überhaupt zeigen. Nicht restlos alles aus der pädagogischen Fortbildung muss unbedingt auch umsetzbar sein, aber vor zu großer Praxisferne sollten wir uns hüten; denn die meisten Fortbildungsadressaten kommen in die Fortbildung, weil sie „etwas für die Praxis haben möchten". Ein gutes Prinzip kann dabei für die Fortbildungsanbieter und -referenten lauten: „Heute gelernt, morgen gelehrt!", das heißt: In der Fortbildung selber sollte immer wieder gefragt werden, was die Teilnehmenden von dem, was sie heute „lernen", morgen, das heißt am nächsten Tag ihrer Praxis, umsetzen und anwenden können, also „lehren" können. Damit wird nicht einer Theoriefeindlichkeit das Wort geredet, ganz im Gegenteil, sondern einer theoriefundierten Praxisfreundlichkeit.

Das Schema kann insofern dienlich sein bei der Planung und Vorbereitung von Fortbildungsreihen, aber auch bei der jeweiligen Reflexion von durchgeführten Fortbildungsveranstaltungen zwischendurch und im Nachhinein.

Theorie-Praxis-Bezug – Verknüpfungsschema

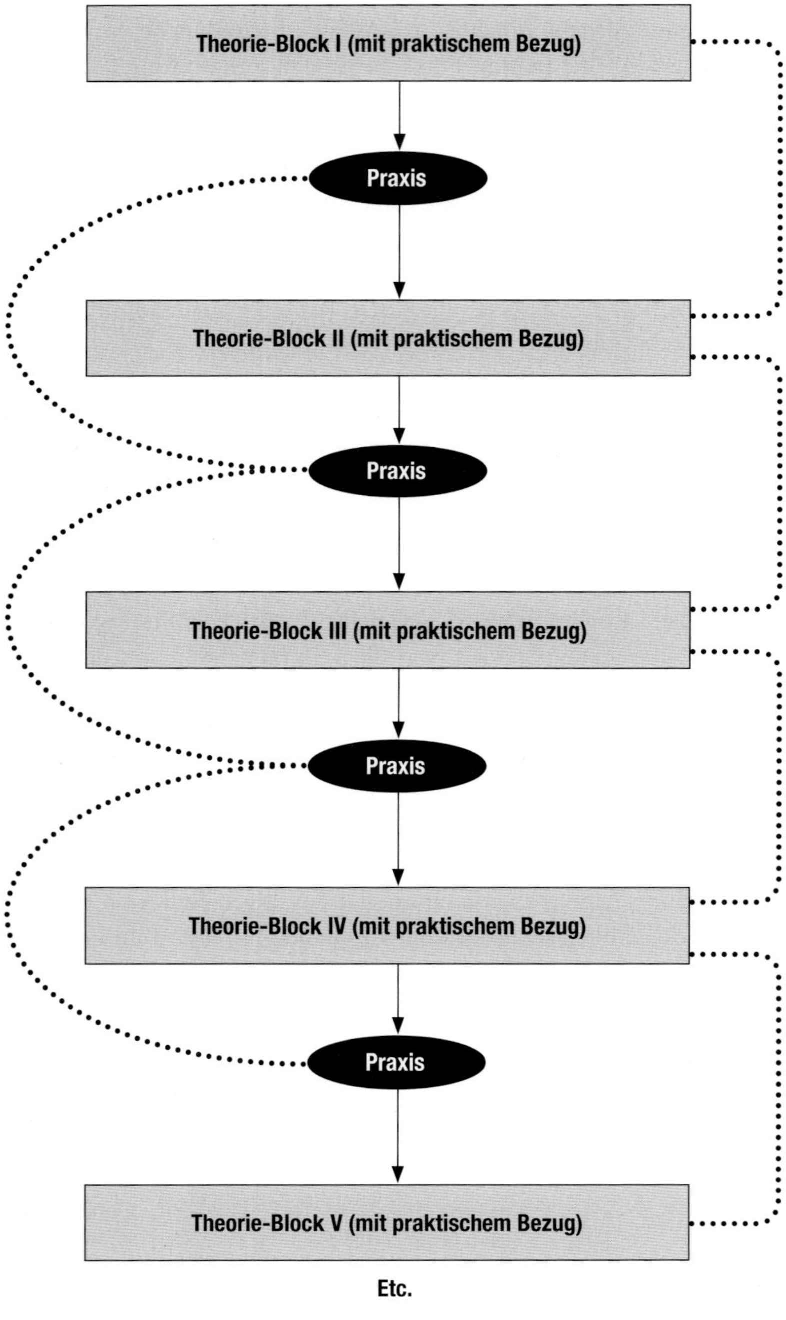

4. Was gehört in die Fortbildung für „Singen-Bewegen-Sprechen"? – Themen und Inhalte

Das neue Bildungsmodell stellt nicht gerade geringe Ansprüche an die beiden beteiligten Berufsgruppen, die Erzieherinnen einerseits sowie der Musikpädagogen andererseits. Allerdings handelt es sich um Kompetenzen, die wir erwarten dürfen. „Singen-Bewegen-Sprechen“ ist aber mit weiterreichenden Anforderungen verbunden, als sie bisher von den beiden Berufsgruppen zu erfüllen waren. In der Fortbildung zur Qualifizierung für das Bildungsmodell sollten die folgenden Themen und Inhalte wirksam behandelt werden:

1. *Dieses Handbuch.*- Die Themen und Inhalte dieses Handbuches mit den vielen dokumentierten Erfahrungen sollten konkret Eingang in die Fortbildung finden – einige besonders intensiv, z. B. Kapitel VII (Didaktik), Kapitel X (Zusammenarbeit). Das Handbuch kann der Vorbereitung auf die Fortbildung dienen, aber auch der autodidaktischen Schulung. Nicht zuletzt dürften die jeweiligen Empfehlungen von Interesse sein, die Vorbereitungs- und Evaluationsbögen, etc.

2. *Das integrative Verständnis von „Singen–Bewegen–Sprechen“.*- „Singen“ ist nicht „nur“ „Singen“ und „Sprechen“ ist nicht „nur“ „Sprechen“, vielmehr verbergen sich hier hinter diesen Verben tief- und weitreichende Implikationen und Theorien, die mit zu bedenken sind. Und diese jeweils nicht nur separiert und für sich, sondern mehrperspektivisch und integrativ – im einzelnen, aber auch ganzheitlich (partial-holistisch, vgl. dazu Huppertz, N.: in: Gebhard, K./Meurer, M. (Hg.), Oberried 2010, S. 9 - 30). Das ist für Musikfachleute o. ä. nicht ganz einfach, und zwar sowohl in Theorie als auch in Praxis – kann und muss aber gelernt werden. Die Fortbildung hat dieses partial-holistische Verständnis von „Singen-Bewegen-Sprechen“ aufzuzeigen und praktisch wirksam zu vermitteln, z.B. bei der Frage, wie können alle drei Bereiche möglichst in jedem Angebot beachtet, wie können möglichst alle Sinne aktiviert, welche Bildungsfelder im Orientierungsplan können womit bedient werden. Etc. Auch die Bildung der Kinder als solche muss, anthropologisch gesehen, partial-holistisch verstanden werden.

3. *Die Methodik von „Singen-Bewegen-Sprechen“.*- In unserem Bildungsmodell ist es nicht damit getan, „sein“ Instrument zu beherrschen und „seine“ Fachdidaktik zu kennen, - womit dessen Bedeutung nicht ge-

schmälert sei -, sondern die eigenständige Methodik und Didaktik ist gefordert, und zwar möglichst in Theorie und Praxis.

4. *Das Curriculum.-* „Singen-Bewegen-Sprechen" ist keine gewöhnliche Schul- oder Unterrichtsstunde, vielmehr muss dieses Modell unter allen Aspekten auf seine Besonderheit bedacht werden, z.B. auch bei der Frage nach dem Curriculum. (Curriculum ist der heute in der Erziehungswissenschaft gängige Begriff für Lehrplan.) Es muss also bedacht werden, welche Inhalte wann „dran sein" sollen. Wenn man es richtig begreift, können wir dafür durchaus den Begriff des „offenen Curriculums" wählen, d. h.: Wir entscheiden uns im Groben im Vorhinein für bestimmte Themen und Inhalte, tun dies jedoch in dem Bewusstsein, dass immer „was dazwischen kommen" kann und evtl. sogar soll. Der wirklich offene Pädagoge freut sich über kreative Anregungen.

5. *Der Kindergarten, die Grundschule.-* Was ist ein Kindergarten? Wer im Kindergarten „lehrt", „bildet", sollte diese Einrichtung kennen, und zwar im Allgemeinen (Wie heute Kindergarten zu verstehen ist) und(!) im Besonderen (Wie sich speziell dieser Kindergarten selber versteht). Die vielfältige und bunte Landschaft unserer Kindergärten verfügt über viel Eigenständigkeit und ist ohne fachliche Vorkenntnisse nicht leicht zu begreifen. Deshalb muss es ein unverzichtbarer Fortbildungsinhalt sein, was Kindergartenpädagogik heute heißt und wie Kindergarten inhaltlich und der Struktur nach organisiert ist. Dabei ist vor allem die Frage zu bedenken, inwieweit es eine Kompatibilität von „Singen-Bewegen-Sprechen" mit dem „Kindergarten heute" gibt bzw. inwiefern sie herzustellen ist. Eine komplexe Aufgabe. Im Prinzip gilt das Gleiche für die Grundschule, wenngleich wir bei der Schule von einem wesentlich höheren Vergleichbarkeitsgrad ausgehen können, als beim Kindergarten. Bei der reichen Vielfalt, die hier anzutreffen ist, kann mit Fug und Recht gesagt werden: Kein Kindergarten ist wie der andere.

6. *Der Orientierungsplan.-* In Deutschland haben die Bundesländer für die Erziehung und Bildung der Kinder für die Zeit vor der Schule, also im Wesentlichen die ersten 6 Lebensjahre, Orientierungs- und Bildungspläne erstellt. In Baden-Württemberg gibt es seit Januar 2006 in allen Kindergärten den „Orientierungsplan für Bildung und Erziehung". Der Orientierungsplan hat auch für „Singen-Bewegen-Sprechen" Vorschriftscharakter. Alle Gegebenheiten müssen damit kompatibel sein. Deshalb ist es auch

ein Orientierungsplan für unser Bildungsmodell, und Erzieherinnen bzw. Erzieher sowie Musikfachkräfte müssen in dieser Hinsicht über grundsätzliche Kenntnisse verfügen. Nicht nur das Wissen zum Orientierungsplan ist hier von Bedeutung, sondern auch die konkrete und praktische Umsetzung von „Singen-Bewegen-Sprechen" gemäß dem Plan im Kindergarten – immer mit Blick auf die Frage: Was leistet „Singen-Bewegen-Sprechen"?

7. ***Schulfähigkeit.***- Der Volksmund spricht auch heute noch gerne von „Schulreife", obwohl es keineswegs allein um einen Reifungsprozess geht. Ob ein Kind gut in die Schule kommt und in der Schule „gut mitkommt", hängt sehr, sehr stark von der Anregung in den ersten 6 Lebensjahren ab. Diese Lebensphase eines Kindes sollte zu den glücklichsten in seinem Dasein gehören – es sollte dem Kind aber auch in der Schule gut gehen. Deshalb ist Frühe Kindheit von der Gegenwart des Kindes, aber auch von seiner Zukunft her zu betrachten. Das gelingende Leben des Kindes hat mit allen drei Zeiten zu tun: Vergangenheit, Gegenwart und Zukunft. Mit „Singen-Bewegen-Sprechen" werden nachweislich mehr Kinder schulfähig – die Schulfähigkeitskompetenzen müssen aber vorbereitet und angebahnt werden. Sie erwachsen niemals von allein, sondern werden mit dem Kind gemeinsam generiert. (Vgl. dazu Kapitel VI und Huppertz, N: Besser sprechen – mehr Schulfähigkeit, Oberried 2009)

8. ***Wenn Kinder stören.***- Die Anzahl der Kinder, die bei didaktischen Angeboten mental nicht konzentriert und „dabei" sind, ist nicht gerade gering. Ebenso die Zahl der Kinder, die sich langweilen, rumräkeln, am Boden liegen, andere zwicken – etc. Das liegt an etwas, und zwar oft genug an Gegebenheiten, die wir selber in der Hand haben. Die Kinder können wir uns meistens nicht aussuchen, über vieles andere können wir aber oft selber entscheiden und es evtl. anders organisieren. Dieses Thema gehört in die Fortbildung, nicht aus dem Glauben heraus, man könne mit ein paar rezeptologischen Tipps jedes störende Kind vermeiden, sondern aus der Frage, wodurch die zuständige Fachkraft evtl. selber Kinder zu „Störern" werden lässt oder gar macht.

9. ***Kooperation: Theorie und praktische Formen der Zusammenarbeit und Kommunikation.***- „Singen-Bewegen-Sprechen" lebt von den synergetischen Wirkungen der Kooperation zwischen den beiden Fachkräften. Sie müssen ein kooperatives Tandem auf Augenhöhe sein. Außerdem sollten aber die beiden Organisationen, Kindergarten auf der einen Seite, Mu-

sikschule auf der anderen, ein Zweigespann sein. Nur so sind die Ziele zu erreichen. Dazu bedarf es aber guter Voraussetzungen der Kooperation und Kommunikation auf beiden Seiten (Teamarbeit, Gesprächskultur, Konfliktregelung, Leitung etc.) und der Kenntnis über Formen und Methoden einer wirksamen Zusammenarbeit.

10. *Die Eltern.*- Mit den Kindern haben wir in der Pädagogik immer auch deren Eltern – wir sollten nicht ergänzen „am Hals", sondern erfreulicherweise als Partner der Zusammenarbeit, - als echte Partner. Im Bildungsmodell „Singen-Bewegen-Sprechen" geht es nicht ohne die Eltern und ohne Elternarbeit, beginnend mit der Information über das Modell und der Werbung für es bis hin zu der dauerhaften Zusammenarbeit. Die üblichen und bewährten Methoden der Elternarbeit in Kindergarten und Schule (vgl. Huppertz, Elternarbeit vom Kindergarten aus, Freiburg 1990, 20. Auflage) sind hier heranzuziehen und auf ihre Brauchbarkeit zu prüfen, z.B. im Hinblick auf eine Informationsveranstaltung über Sinn und Wert von „Singen-Bewegen-Sprechen", Elternbriefe o. ä. In jedem Fall muss die Integration in die und die Vereinbarkeit mit der sonstigen Elternarbeit genügend beachtet werden. (Vgl. besonders Kapitel IX)

11. *Evaluation und Qualität.*- „Singen-Bewegen-Sprechen" als Projekt wurde zwar von mir evaluiert (positiv und erfolgreich) und ist nun etabliert. Das enthebt uns aber nicht der Aufgabe einer permanenten Qualitätsprüfung und Qualitätssicherung bei uns selber und vor Ort, nein es verlangt geradezu danach: Alle Beteiligten sollten sich selber in dem Sinne begleiten, dass sie z. B. mit den Evaluationsbögen dieses Handbuches arbeiten. Empfohlen wird schon hier eine formative Selbstevaluation sowie ein Konzept der Qualitätsentwicklung und Qualitätssicherung. Genaueres muss die Fortbildung zeigen und entwickeln.

12. *Materialsammlung.*- In die Fortbildung gehört selbstverständlich auch die eigens für das Bildungsmodell erstellte Materialsammlung, mit deren Hilfe die didaktischen Einheiten umzusetzen sind.

Für alle hier kurz angerissenen Themen und Inhalte sind für eine Fortbildung offene Curricula zu entwickeln.

5. Erfahrungen mit der Fortbildung

In der Abschlussbefragung zum Projekt wurden die Teilnehmenden gebeten, die Fortbildungen einzuschätzen. So wurden die Fachkräfte danach gefragt, wie sie die Qualität der Fortbildungen im Projekt bewerten.

Einschätzung der Qualität der Fortbildungen im Projekt

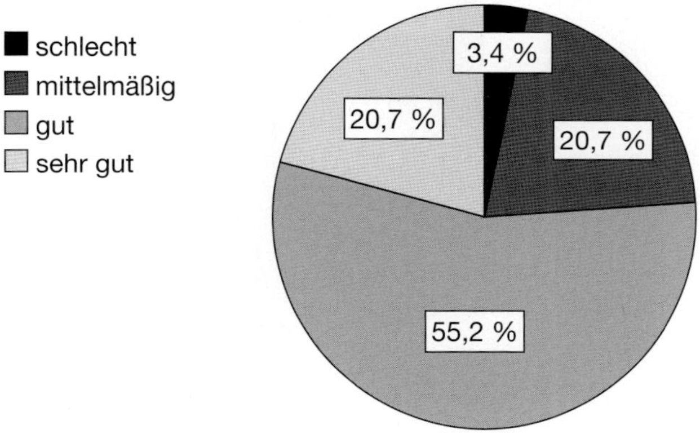

Dabei geben 55,2% an, dass die Qualität der Fortbildungsveranstaltungen „gut" sei. Weitere 20,7% finden die Qualität sogar „sehr gut", so dass insgesamt drei Viertel der Teilnehmenden die Qualität positiv einschätzen. Darüber hinaus ist niemand der Auffassung, dass die Fortbildungen „sehr schlecht" seien.

Auch wurde gefragt:

War die Anzahl der Fortbildungen für Sie ausreichend?

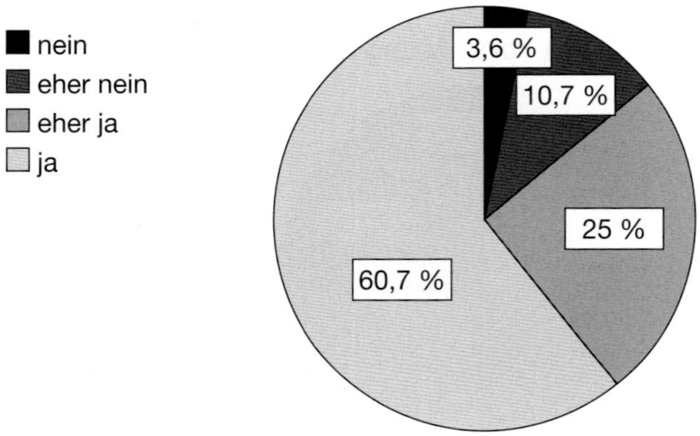

Es zeigt sich, dass 60,7% der Teilnehmenden die Fortbildungen ausreichend fand. Ein weiteres Viertel antwortet mit „eher ja", so dass insgesamt 85,7% der Befragten die Fortbildungen tendenziell genügt haben.

Waren Themen und Inhalte der Fortbildung für die praktische Arbeit hilfreich?

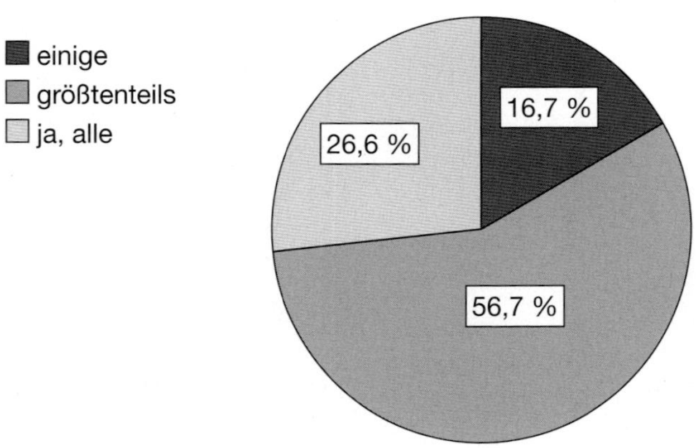

Weitergehend wurden die Teilnehmer gefragt, ob die Themen und Inhalte der Fortbildung für die praktische Arbeit hilfreich seien. 56,7% geben an, dass dies „größtenteils“ der Fall sei. Weitere 26,7% antworten darauf mit „ja, alle“. Demnach sind die Fortbildungen nach Auffassung von ErzieherInnen und MusikschullehrerInnen offenbar recht praxisnah. Dennoch bemängeln einige Befragte an anderer Stelle, dass es zu wenig Praxisbezug gegeben habe und wünschen sich „mehr Praxisarbeit“ sowie „mehr Einbezug der eigenen Erfahrungen“.

Es wurden aber auch andere Inhalte bezüglich der Fortbildung angeregt. Dazu wurden die Beteiligten gefragt: *„Welche Fortbildungsinhalte hätten sie sich außerdem noch gewünscht?“*

Etwa ein Drittel hätte sich eine intensivere Auseinandersetzung mit dem musikalischen Bereich gewünscht. Dabei wurde vor allem die Stimmbildung bzw. die Kinderstimmbildung genannt. Auch die Nutzung von Instrumenten und die Einführung in den Einsatz von Instrumenten wurden von Teilnehmenden nachgefragt. Eine Teilnehmerin äußert: *„Ich war sehr, sehr zufrieden mit den Inhalten“*, eine andere schreibt: *„Meine Fragen, insbesondere zum Instrumenteneinsatz, konnte die musikalische Fachkraft beantworten“*.

Einige Befragte hätten sich weitere pädagogische und auch psychologische Themen in der Fortbildung gewünscht – sowohl konkret, als auch etwas allgemeiner: *„Mehr Austausch über Problemkinder, Förderungsmöglichkeiten, praktische Hilfestellung“* hätte ein Teilnehmender gerne thematisiert, ein anderer interessiert sich für den Zusammenhang von motorischer und kognitiver Entwicklung. *„Mehr theoretisches Hintergrundwissen zum Thema Sprache, Singen: Fortbildungen mit Prof. Huppertz waren super!“*, bemerkt eine Person. Trotz der insgesamt guten Bewertung der Fortbildungsveranstaltungen haben einige ErzieherInnen und Musikschullehrkräfte Ideen zur Gestaltung eingebracht. Die Frage dazu lautet: *„Haben Sie Vorschläge und Anregungen bezüglich der Fortbildung?“*
Hierzu wurden Fallgespräche und –beispiele gewünscht - insgesamt wird, wie sich bereits bei der Frage nach weiteren Inhalten herauskristallisiert hat, viel Praxisnähe bevorzugt. So schreibt eine Person: *„Mehr Praxisteile. Wie setzen verschiedene Lehrkräfte dasselbe Thema um?“* Jemand anders schlägt „einen intensiveren Austausch von Erfahrungen und Ideen“ vor.
Ansonsten wurden vor allem Verbesserungsvorschläge zur Organisation und den Räumlichkeiten der Fortbildung gemacht.

6. Empfehlungen

Die folgenden Empfehlungen gelten für Anbieter und Referenten sowie Teilnehmende an der Fortbildung.

(1) Die hier vorgeschlagenen Faktoren guter Fortbildung sollten gekannt und beachtet werden. Die Teilnehmenden können sich mit ihren Erwartungen darauf beziehen.

(2) Möglichst immer auf Rückmeldung setzen, das heißt: Feedback nehmen und Feedback geben.

(3) Wo möglich und sinnvoll, sollten aus den Anregungen auch tatsächlich Folgerungen gezogen werden.

(4) Das hier vorgeschlagene Verknüpfungsschema von Theorie und Praxis sollte, wo immer es geht, Beachtung finden.

(5) Die hier vorgeschlagenen Themen und Inhalte der Fortbildung in optimaler Weise anbieten und ausschöpfen.

(6) Falls nötig, auf die eigene eventuell notwendige Umorientierung bezüglich der Adressatengruppe achten. Das heißt unter anderem, die Entwicklungslage der Kinder in den jeweiligen Schwerpunkten kennen und beachten.

(7) Vor allem ist es wichtig, sich selber auch autodidaktisch in „Singen-Bewegen-Sprechen“ im Sinne der erforderlichen Weiterentwicklung zu bilden.

VI Schulfähigkeit als Schritt zu einem gelingenden Leben

„Rund 100.000 Kinder freuen sich auf ihren ersten Schultag.“
(Pressemitteilung BW)

1. Von der „Schulreife“ zur „Schulfähigkeit“

Vor dem Begriff der „Schulfähigkeit“ stand der Begriff der „Schulreife“ im Vordergrund. Damit waren auch unterschiedliche Vorstellungen und Konzepte verbunden. Es wurde davon ausgegangen, dass ein Kind zunächst eine bestimmte Reifestufe erreicht haben müsse, um die schulischen Anforderungen erfolgreich bewältigen zu können. Nach dieser Auffassung musste man also lediglich abwarten, bis das Kind gleichsam von alleine „reif“ für die Schule sei.
Dieses Verständnis war insofern problematisch, als dabei die Schulreife mehr oder weniger ein biologischer Begriff bleibt. Die Möglichkeit der gezielten Einflussnahme bleibt unberücksichtigt, ja wird aufgrund der Vorstellung einer unbeeinflussbaren, inneren Reifung für unwirksam und überflüssig erklärt.
Später setzte ein grundsätzliches Umdenken in Psychologie und Pädagogik ein. „Das von Kern vorgeschlagene „Abwarten“ [sollte] durch eine gezielte Frühförderung ersetzt werden“ (Hasselhorn/ Lohaus 2008, S. 412). In diesem Zusammenhang und mit der Kritik am unzulänglichen Reifungsbegriff wurde etwa ab Ende der 1960er Jahre der weiter gefasste Begriff der „Schulfähigkeit“ favorisiert.
Das Konzept der Schulfähigkeit impliziert die biologische Reifungskomponente ebenso wie die Vielzahl von äußeren Einflussfaktoren, wobei neben physischen und kognitiven auch soziale, emotionale und motivationale Kompetenzen als maßgeblich für den Schulerfolg erachtet werden.

Wir können festhalten: Wenn von Schulfähigkeit gesprochen wird, ist ein umfassendes Kompetenzniveau gemeint, das ein Kind im Hinblick auf einen gelingenden Schulstart und die erfolgreiche Bewältigung des Schulalltages – sowohl hinsichtlich der Stoffverarbeitung als auch der Bewältigung der Schulsituation im Allgemeinen – vor Schuleintritt erreicht werden soll.
Eine moderne und aufgeschlossene Sicht von Schulfähigkeit wird in den letzten Jahren in der Wissenschaft sowie der Bildungspolitik sichtbar (s. z.B.

in Baden-Württemberg „Schulanfang auf neuen Wegen", Ministerium für Kultus, Jugend und Sport Baden-Württemberg, Stuttagrt 2001).
Um einen Einblick in das Phänomen und evtl. Lösungsansätze zu geben, zitieren wir die folgende Passage von Kurt Meiers:

Das Kind als Individuum aus pauschaler Sicht. –

„1. Erziehungswissenschaft und Psychologie sind sich bewusst, dass Schulfähigkeit ein multifaktorielles Gebilde ist mit den Faktoren
- *Körperlichkeit (relevant hinsichtlich der Belastbarkeit)*
- *Sozialfähigkeit (Bildbarkeit in der Gruppe)*
- *Intellekt (Lernfähigkeit allgemeiner Art)*
- *Sachstruktureller Entwicklungsstand (bereichsspezifische Voraussetzungen; Heckhausen)*
- *Persönlichkeit (Ich- Bewusstsein; Ich-Stärke; Selbstbewusstsein)*
- *Metakognitive Fähigkeiten (Selbststeuerung, Planung, Kontrolle ...).*

Strebt einer dieser Faktoren gegen null, ist die Schulfähigkeit insgesamt in Frage gestellt. In ihrer Gesamtheit bilden sie das Schulfähigkeitsprofil, das einen individuellen Charakter hat, da die Einzelfaktoren bei jedem Kind auf unterschiedlichem Niveau liegen. Es stellt sich von daher die Frage, ob sich die Praxis mit der pauschalen Feststellung der Schulfähigkeit begnügen darf oder auf einer genauen Kenntnis des individuellen Schulfähigkeitsprofils bestehen müsste." (Meiers 2001, S. 43)

Die Erwartungen der Schule. –

„2. Die Entscheidung darüber, was Schulfähigkeit heißt, steht in engstem Zusammenhang mit dem Anforderungsniveau der Schule.
Dies hat Nickel in seinem ‚ökopsychologischen Schulreife-Modell" einsichtig und gut überschaubar dargelegt. Auf der einen Seite stehen die Einflüsse der Institutionen Elternhaus und Kindergarten, durch die die Fähigkeiten des Kindes in den o.g. Bereichen gefördert werden; auf der anderen Seite steht die Schule mit ihren Ansprüchen, wie sie z.B. im Lehrplan und mit dem Schulbetrieb und Unterricht gegeben sind. Schraubt die Schule ihre Ansprüche hoch (z.B.: Alle Kinder sollten lesen und schreiben können), dürfte die Schulfähigkeit nur von einer begrenzten Zahl sechsjähriger Kinder erreicht werden, d.h.: Schulfähigkeit ist nicht allein vom Kind her bestimmbar, das Anforderungsprofil der Schule ist immer als Stellegröße mit enthalten. Wird

das Anforderungsprofil abgesenkt, kann das Kind in jüngerem Alter in die Schule eintreten (wie auch in den Kindergarten); in der wechselvollen Geschichte der Einschulung hat sich offensichtlich das Alter von 6 Jahren als sinnvoll erwiesen.“ (ebd.)

Tests alleine reichen nicht. –

„3. Schulfähigkeitsprüfungen sind Momentsaufnahmen mit eingeschränkter prognostischer Aussagekraft und sollten keine Selektionsfunktion haben.
Die einschlägigen Tests sind zwar ständig verbessert worden und erreichen Werte von 90,0%, mit denen der erfolgreiche Schulbesuch prognostiziert wird. Die Frage nach dem Sinn der Tests besteht bis heute darin, ob man mit ihrer Hilfe Kinder selegieren und zurückstellen soll (in Fördereinrichtungen einweisen), oder ob man der Schule zumutet, durch ihr Angebot eine Förderung zu bewirken, die ein Scheitern reduziert.“ (ebd.)

Schule hilft bei der Generierung der Schulfähigkeit. –

„4. Tendenziell verstärkt sich der Gedanke, die Schule und ihre Anforderungen nicht als absolut feststehende Größte zu sehen, nach der sich das Kind zu richten (zu strecken) habe, sondern als Institution mit der Aufgabe, Kindern zu helfen, schulfähig zu werden und ihre Lernfähigkeit weiter zu entwickeln.“ (ebd.)

Angesichts dieser Sichtweise ist allerdings auch zu beachten, dass alle Kinder gemäß ihrem Potenzial und Stand weiter zu bilden sind:
„So wichtig die Aufgabe des Anfangsunterrichts ist, die Kinder schulfähig zu machen, so wichtig ist auch die Aufgabe, die bereits schulfähigen und zum Teil hoch leistungsfähigen Kinder weiter zu fördern.“ (ebd.)

Es bedarf nun aber auch der Klarheit bezüglich des genannten Kompetenzniveaus, also hinsichtlich der Frage, über welche konkreten Kompetenzen ein Kind als Basis für einen erfolgreichen Schulbesuch verfügen soll. In der pädagogischen Praxis gibt es hierzu verschiedene Formen von Schulfähigkeitstests. Im hier zu evaluierenden Projekt wurde der „Freiburger Schulfähigkeitsbogen (FSchuB)“ eingesetzt, der kein reines Testinstrument ist, sondern ein pädagogisch-didaktischer Einschätzbogen, d.h. eigentlich ein empirisch fundierter Förderbogen (vgl. dazu Huppertz 2009, Besser sprechen – mehr Schulfähigkeit).

2. Förderung der Schulfähigkeit durch Musik – Die Schulfähigkeitserhebung in „Singen–Bewegen–Sprechen"

Ein wichtiges Ziel von „Singen-Bewegen-Sprechen" ist es, die Kinder dahingehend zu unterstützen, dass diese zur Schulfähigkeit gelangen. Die Zahl der „Stolperkinder" soll möglichst gering gehalten werden.

Um herauszufinden, wie sich die Kinder im Laufe des Projekts in konkreten Fähigkeiten und Fertigkeiten verbessert haben, sollten Erzieherinnen für jedes Kind aus der Modellgruppe den Freiburger Schulfähigkeitsbogen ausfüllen. Sie wurden dazu angehalten, in 91 Items einzuschätzen, wie gut ausgeprägt die Kompetenzen der Kinder seien. Die Dimensionen: „Motorik und Bewegung", „Wahrnehmung", „personale / soziale Kompetenz", „Arbeitsverhalten / Umgang mit Aufgaben", „elementares Wissen" und „Sprache". Die Einstufung sollten die ErzieherInnen auf einer Skala von „1 = sehr gut" bis „5 = gar nicht" vornehmen. Je niedriger also die Skalenpunkte sind, desto besser sind die Fähigkeiten der Kinder in diesem Bereich ausgeprägt. Die Daten wurden zu zwei Zeitpunkten (2007 und 2008) erhoben, so dass ein Vergleich der Fähigkeiten vor und nach einer bestimmten Phase von „Singen-Bewegen-Sprechen" möglich ist. Im Folgenden werden Ergebnisse aus den Schulfähigkeitserhebungen dargestellt.

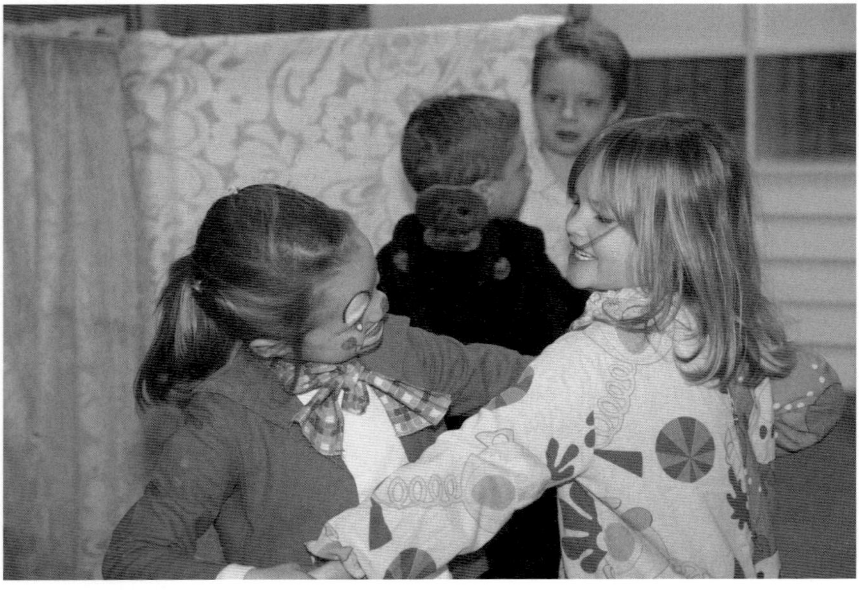

Zum Verständnis, von welchen Zahlen im Folgenden die Rede ist: Es wurden insgesamt 226 Kinder jeweils 2007 und 2008 durch die Erzieherinnen mit Hilfe des Freiburger Schulfähigkeitsbogens eingeschätzt. Bei der Verteilung der Geschlechter zeigt sich ein leichtes Übergewicht bei den Mädchen, was aber empirisch ohne Bedeutung ist. (Die Ergebnisse geben nicht den Stand der Einschulungsquoten 2009 an.)

3. Verbesserung der Kompetenzen der Kinder

Die Ergebnisse aus den Schulfähigkeitsbögen zeigen Veränderungen der Kinder in sämtlichen Dimensionen. Diese Veränderungen sollen in einer Übersicht dargestellt werden, so dass zu sehen ist, wie sich die Kinder insgesamt in den Bereichen „Motorik und Bewegung“, „Wahrnehmung“, „personale / soziale Kompetenz“, „Arbeitsverhalten / Umgang mit Aufgaben“, „elementares Wissen“ und „Sprache“ verbessert haben. Von Verbesserung kann deshalb gesprochen, weil die Ergebnisse nach der Erhebung von 2008 durchgehend erheblich besser sind als 2007.

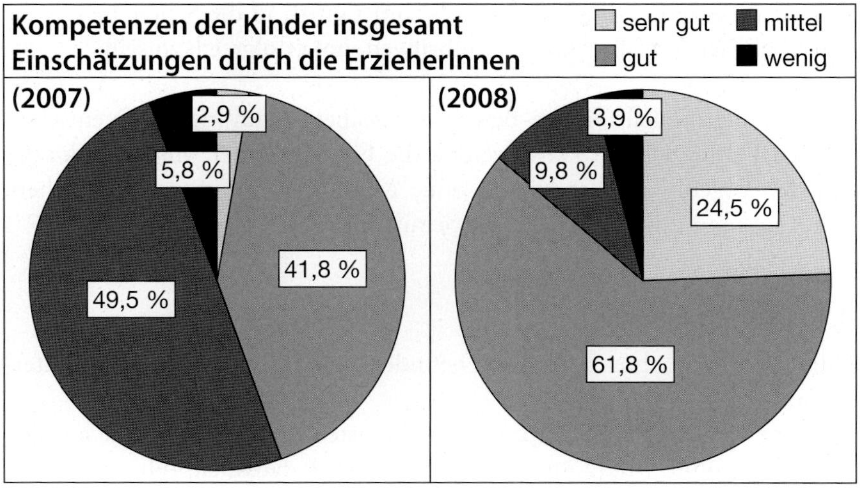

2007 wird also fast die Hälfte aller am Modellprojekt teilnehmenden Kinder im Durchschnitt „mittel“ eingeschätzt: Die Angaben beziehen sich auf die Mittelwerte aller Kinder in sämtlichen Items in allen Dimensionen. Etwas weniger oft werden 2007 die Fähigkeiten der Kinder im Schnitt als „gut“ angesehen, und kaum Kinder sind im „sehr guten“ Bereich vertreten.
2008, und damit zum Zeitpunkt der zweiten Erhebung, sieht das Bild ganz anders aus: „mittel“ eingestuft wird nur noch knapp jedes zehnte Kind in den Dimensionen. Die Einschätzungen sind also viel besser geworden: Die meisten Einschätzungen (86,3%) liegen im guten Bereich, wobei allein ein Viertel der Kinder sogar „sehr gut“ abschneidet. Die Verbesserungen sind nicht nur in einzelnen Bildungsbereichen zu sehen, sondern überaus deutlich im gesamten Spektrum der Dimensionen und Items. Bei allen wissenschaftlichen Fragen nach den klaren Kausalzusammenhängen vertreten wir die plausible Annahme, dass „Singen-Bewegen-Sprechen“ seine Wirkung getan hat.

4. Wie ergeht es den Migrationskindern?

Migrationskinder sind nicht nur, aber auch in Deutschland in Bildungsfragen benachteiligt. Dem wollen alle entgegen wirken. Der Kindergarten trägt als Bildungseinrichtung für die ersten sechs Lebensjahre mit die Verantwortung hinsichtlich der Schulfähigkeit. Erzieherinnen sind zunehmend auf dem Weg sich dieser Problematik gegenüber zu sensibilisieren. Eine gezielte Förderung sollte früh ansetzen, damit Kinder bis zum Eintritt in die Schule bereits die bestmöglichen Voraussetzungen mitbringen, um erfolgreich zu sein.

Das Bildungsmodell „Singen-Bewegen-Sprechen“ kann hier einen entscheidenden Beitrag leisten. Dazu werden die Ergebnisse der Migrationskinder mit den Ergebnissen der Kinder ohne Migrationshintergrund verglichen. Die Angaben beziehen sich auf die Schulfähigkeitserhebung im Jahr 2007.

4.1 Die Stichprobe

Unter 288 beobachteten Kindern befinden sich 105 mit Migrationshintergrund.
Um eine vergleichbare Stichprobe gewährleisten zu können, wurde aus den 175 Fällen ohne Migrationshintergrund eine Zufallsstichprobe von exakt 105 Fällen gezogen. Somit wird in beiden Gruppen (Kinder mit und ohne Migrationshintergrund) von genau 105 Kindern ausgegangen. Die Basis für einen Vergleich ist folglich gegeben.

4.2 Motorik und Bewegung

Wie schneiden die Migrationskinder im Vergleich bezüglich der motorischen Fähigkeiten ab? Sind sie in der Motorik schlechter oder besser? Hier zur Information, was genauer in den Items z.B. erhoben wurde:

Das Kind kann…
„…einen Ball fangen und werfen"
„…mit geschlossenen Füßen springen"
„…auf einem Bein hüpfen"
(Huppertz 2009, S. 25 ff.)
Etc.

Die Analyse der Daten ergibt folgendes Bild:

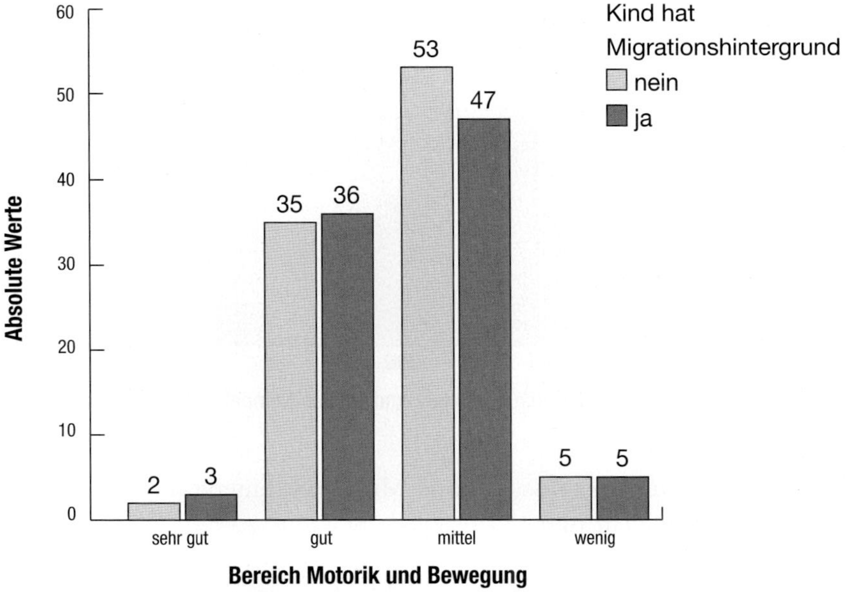

Vergleich von Kindern mit und ohne Migrationshintergrund – Motorik (n = 186)

Die Abbildung zeigt, dass in der Motorik tendenzielle Unterschiede der beiden Gruppen festzustellen sind: Migrationskinder schneiden im Bewegungsbereich besser ab.

4.3 Personale und soziale Kompetenz

Operationalisiert meint personale und soziale Kompetenz in unserer Studie z.B.: Das Kind kann…

„…mit anderen Kindern konstruktiv spielen und arbeiten"
„…anderen gegenüber hilfsbereit sein"
„…die Gefühle und Befindlichkeiten anderer wahrnehmen und respektieren"
Etc.

Für den Bereich personale und soziale Kompetenz ergibt sich im Vergleich der beiden Gruppen folgendes Bild:

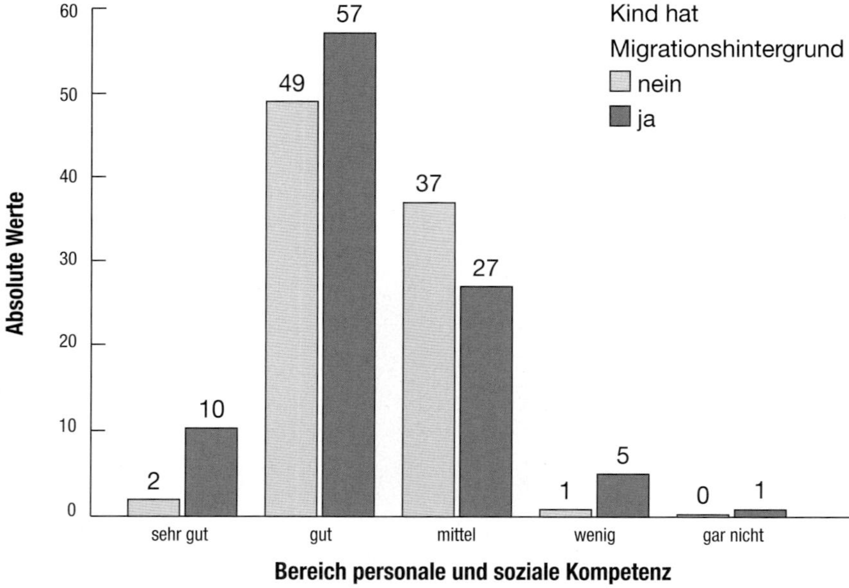

Vergleich von Kindern mit und ohne Migrationshintergrund – Personale und soziale Kompetenz (n = 189)

Hier zeigt sich ein noch deutlicheres Bild als zuvor. Zuerst fällt auf, dass fünfmal mehr Kinder mit Migrationshintergrund die Bewertung „sehr gut" erhalten (10 Kinder). Bei „gut" gibt es ebenfalls mehr Kinder mit Migrationshintergrund. Ab der Bewertung „wenig" dreht sich das Bild jedoch. Hier erreichen fünf Kinder mit Migrationshintergrund die Einstufung „wenig". Die Gesamterkenntnis lautet: Migrationskinder zeigen in der Dimension „personale und soziale Kompetenz" erheblich bessere Ergebnisse.

4.4 Wahrnehmung

Diese Dimension wurde u.a. mit folgenden Items operationalisiert:
Das Kind kann…
„…identische Dinge erkennen und zuordnen (z.B. bei Memory)"
„…Figuren und Dinge der Größe nach ordnen"
„…einfache Rhythmen wahrnehmen und nachmachen"
Etc.

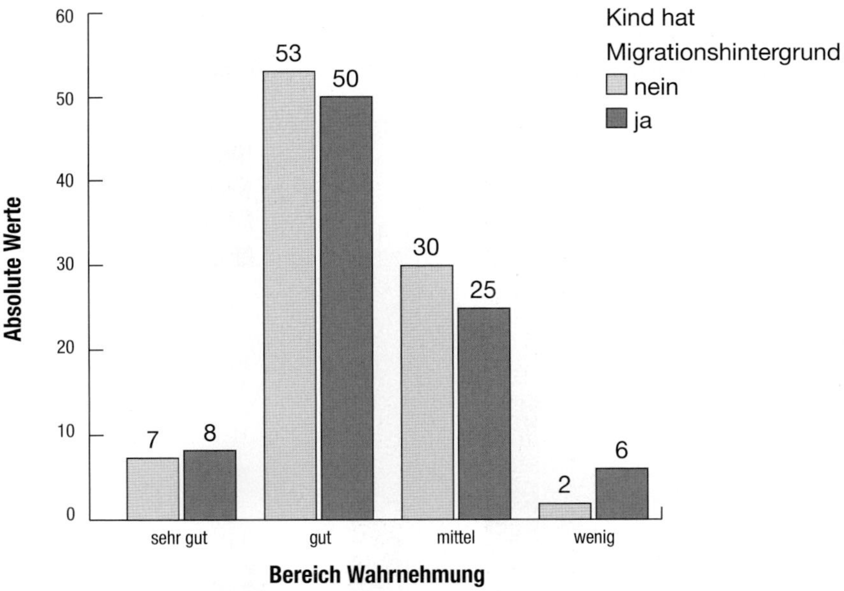

Vergleich von Kindern mit und ohne Migrationshintergrund – Wahrnehmung (n = 181)

Die Abbildung zeigt, dass es in diesem Bereich einige Unterschiede der Migrationskinder im Vergleich zu den deutschen Kindern gibt. Im „sehr guten" Bereich schneiden die Kinder mit Migrationshintergrund minimal besser ab. Bei „gut" ist es etwas anders: weniger Migrationskinder. Die Nichtmigrationskinder schneiden sowohl in diesem als auch im mittleren Bereich des Vorhandenseins der Kompetenzen besser ab, als die Kinder mit Migrationshintergrund.
Im Mittelwert sind die Ergebnisse der Migrationskinder nahe dem Durchschnitt aller Kinder, (2,32 vs. 2,33), Gesamterkenntnis: In der Wahrnehmung kaum nennenswerte Unterschiede bei den Migrationskindern.

Wichtig ist der Aspekt, dass in diesem Bereich kein Kind mit „gar nicht" vorhandenen Kompetenzen eingestuft wurde. Das bedeutet, dass alle Kinder teilweise Kompetenzen mitbringen, auf denen aufgebaut werden kann.

4.5 Arbeitsverhalten und Umgang mit Aufgaben

Die Dimension „Arbeitsverhalten / Umgang mit Aufgaben" fußt auf Items wie z.B. den folgenden: Das Kind (kann)...
„...sorgfältig und gewissenhaft arbeiten (z.B. beim Ausmalen von Vorlagen)"
„...planmäßig und überlegt bei Arbeiten vorgehen"
„...arbeitet zielstrebig, ohne sich von anderen ständig ablenken zu lassen"
Etc.

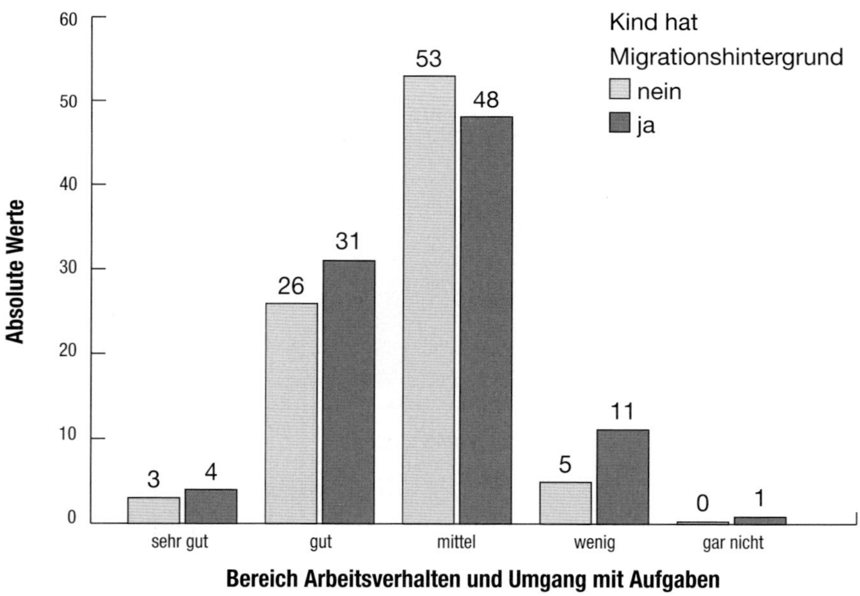

Vergleich von Kindern mit und ohne Migrationshintergrund – Arbeitsverhalten und Umgang mit Aufgaben (n = 152)

Vergleicht man für diesen Bereich die beiden Mittelwerte der Kinder mit bzw. ohne Migrationshintergrund, so lässt sich auch hier feststellen, dass diese Werte sehr nahe beieinander liegen (2,73 vs. 2,69).

In der „sehr guten" Einschätzung haben wir vier Kinder mit Migrationshintergrund, drei ohne.

Richtet man sein Augenmerk jedoch auf die unteren Einstufungen, so ist zu sehen, dass die Migrationskinder hier stärker repräsentiert sind. 11 Kinder mit Migrationshintergrund haben „wenig" ausgeprägte Fähigkeiten im

Bereich Arbeitsverhalten und Umgang mit Aufgaben, im Vergleich zu fünf. Ein Kind mit Migrationshintergrund scheint über „gar keine" Kompetenzen dieser Art zu verfügen.
In Bezug auf den Vergleich lässt sich für diesen Kompetenzbereich abschließend sagen: obwohl im Mittel die Werte der beiden Vergleichsgruppen nahe beieinander liegen, werden die Migrationskinder mehrmals weniger gut eingestuft. Dies muss als Warnsignal und Anregung registriert werden. Es bedarf einer guten Förderung, um mehr Schulfähigkeit zu erlangen.

4.6 Elementares Wissen

Auch „Wissen" hat seine Bedeutung bei der Schulfähigkeitsfrage. Insofern ist es keineswegs gleichgültig, mit welchen „Wissensvorräten" Kinder die Bildungseinrichtung Kindergarten verlassen. Im Freiburger Schulfähigkeitsbogen (FSchub) wird Elementares Wissen u.a. durch folgende Items definiert: Das Kind...
„...kann Mengen nach Anzahl und Größe ordnen"
„...kann Naturphänomene wie Tagesablauf, Wetter, Jahreszeiten beschreiben"
„...kennt die Wochentage und Monate sowie die Feiertage im Jahresverlauf"
Etc.

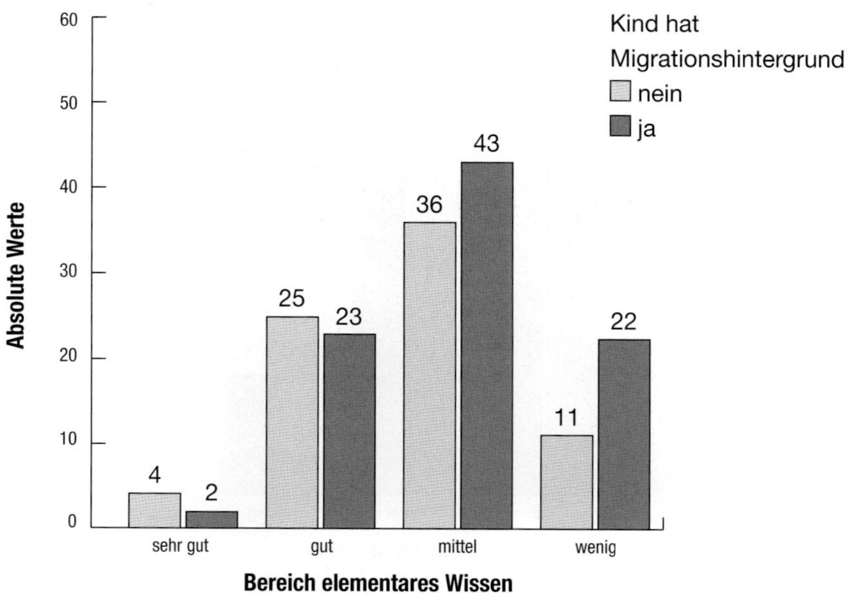

Vergleich von Kindern mit und ohne Migrationshintergrund – Elementares Wissen (n = 166)

In dieser Dimension liegen auch die Mittelwerte deutlicher auseinander (Kinder mit Migrationshintergrund 2,94, Kinder ohne Migrationshintergrund 2,71).
In keinem anderen Bereich wurden so viele Kinder mit „wenig" eingestuft. Insgesamt finden sich hier 11 Kinder ohne Migrationshintergrund. Bei den Kindern mit Migrationshintergrund sogar doppelt so viele: 22 Kinder.
Ebenso kann man erkennen, dass deutlich mehr Kinder von den Erzieherinnen im Bereich der „mittleren" Kompetenz eingestuft wurden. Bei der Gruppe der Kinder mit Migrationshintergrund 43, bei jener ohne 36.
Hier geht es aber nicht darum, wie das „elementare Wissen" der Kinder objektiv eingeschätzt wird, sondern darum, wie die Migrationskinder im Vergleich abschneiden. Die Ergebnisse dürften deutliche Signale geben.

4.7 Sprache

Viele Kompetenzen bauen auf jenen der Sprache auf bzw. hängen mit Sprache zusammen. Ohne sprachliche Fähigkeiten werden es die Kinder schwer haben.

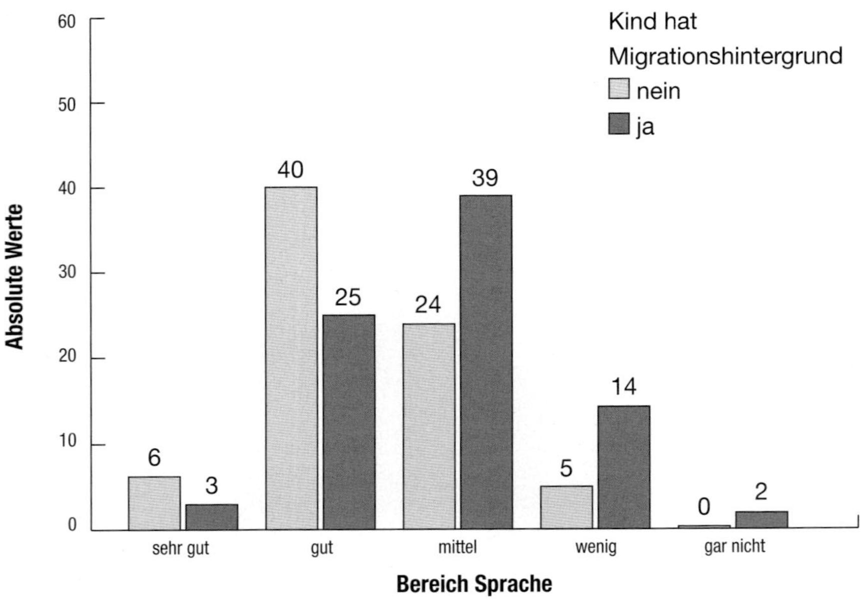

Vergleich von Kindern mit und ohne Migrationshintergrund – Sprache (n = 158)

Die Abbildung zeigt die größten Unterschiede beim Vergleich der beiden Gruppen. Auf den ersten Blick lässt sich der Wendepunkt zwischen „gut“ und „mittel“ erkennen. Während die Kinder mit Migrationshintergrund bei der schlechteren Kompetenzeinstufung überwiegen, sind es bei der „guten“ und „sehr guten“ die Kinder ohne Migrationshintergrund. Mit sechs Kindern erreichen sie doppelt so häufig eine „sehr gute“ Einschätzung ihrer sprachlichen Fähigkeiten. Auch bei „gut“ erhalten sie fast um die Hälfte mehr Einschätzungen. Ab der „mittleren“ Kompetenz sind es die Migrationskinder, die stärker vertreten sind usw. 14 Migrationskinder im Vergleich zu fünf sind bei „wenig“ eingeschätzt worden. Zwei Migrationskinder werden sprachlich bei „gar keine“ eingestuft.

Die Unterschiede bei den Migrationskindern im gesamten Sprachbereich sind evident und eklatant. Sie zeigen nicht gerade günstige Aussichten auf einen guten Erfolg in der Schule. Hier nur ein Datum zum Thema Stolperkinder: Im Jahr 2007/08 waren in Baden-Württemberg 4403 Kinder in Grundschulförderklassen: 22% davon hatten eine ausländische Staatsangehörigkeit. (Statistisches Landesamt Baden-Württemberg, Pressemitteilung Nr. 59 vom 20.02.2008) In Relation dazu: Der Anteil ausländischer Kinder an den Grundschulen in Baden-Württemberg betrug im Jahr 2008 lediglich gut 11%, was 100% höherer Anteil der Kinder in den Grundschulförderklassen bedeutet (Statistisches Landesamt Baden-Württemberg, Pressemitteilung vom 28.09.2009).

5. Jungen und Mädchen – Sind Jungen dümmer?

Unter dem Stichwort „Gender“ findet seit einigen Jahren eine tiefgreifende Debatte statt. Es geht um die Geschlechterfrage, verbunden mit Vorteilen und Benachteiligungen in den verschiedenen Lebensgebieten unserer Gesellschaft, und darum, inwiefern geschlechtliche Vor – bzw. Nachteile angeboren sind bzw. sozial generiert werden.

Auch die Pädagogik hat sich dieser Frage angenommen. Im Ganzen kümmern wir uns aber bislang zu wenig darum, insbesondere in der Grundschule, im Kindergarten und in der Krippe. Meine Annahme ist, dass die Geschlechternachteile zu einem großen Teil in der Elementarpädagogik grundgelegt werden.

An dieser Stelle nur ein Datum: Im Schuljahr 2007/08 waren in Baden-Württemberg 4403 Kinder in Grundschulförderklassen. 67% davon waren Jungen. (Statistisches Landesamt Baden-Württemberg, Pressemitteilung Nr. 59 vom 20.02.2008)
Im Rahmen unserer wissenschaftlichen Begleitung gingen wir dem Problem nach.

Mädchen und Jungen im Vergleich

	Geschlecht	Jahr	n	Mittelwert	Veränderung
Motorik und Bewegung	weiblich	2007	82	2,5	0,8
		2008	87	1,7	
	männlich	2007	74	2,7	0,6
		2008	74	2,1	
Personale/ Soziale Kompetenzen	weiblich	2007	82	2,2	0,4
		2008	82	1,8	
	männlich	2007	73	2,5	0,4
		2008	76	2,1	
Wahrnehmung	weiblich	2007	79	2,2	0,5
		2008	88	1,7	
	männlich	2007	73	2,5	0,7
		2008	80	1,8	
Arbeitsverhalten/ Umgang mit Aufgaben	weiblich	2007	79	2,6	0,7
		2008	76	1,9	
	männlich	2007	69	2,8	0,5
		2008	73	2,3	
Elementares Wissen	weiblich	2007	73	2,7	0,9
		2008	71	1,8	
	männlich	2007	71	2,9	0,9
		2008	65	2,0	
Sprache	weiblich	2007	72	2,5	0,7
		2008	73	1,8	
	männlich	2007	60	2,8	0,7
		2008	68	2,1	
Gesamtdurchschnitt	weiblich	2007	53	2,4	0,6
		2008	53	1,8	
	männlich	2007	50	2,7	0,6
		2008	48	2,1	

Die Tabelle zeigt: Mädchen erzielen sowohl im Ausgangsjahr 2007 wie auch nach einem Jahr Projektlaufzeit in allen Bereichen durchweg bessere Ergebnisse. Dabei muss angemerkt werden, dass das Durchschnittsalter der Mädchen und Jungen auf den Monat genau identisch ist, somit also praktisch kein Altersunterschied zwischen beiden Geschlechtern besteht. Das Alter der Mädchen und Jungen kann daher als Störfaktor ausgeschlossen und die Unterschiede im Kompetenzniveau nicht auf dieses zurückgeführt werden. Wenn wir die Ergebnisse genauer betrachten, zeigt sich, dass sowohl das Verhältnis der Kompetenzausprägungen zwischen den einzelnen Bereichen als auch die Entwicklungen in beiden Erhebungen bei Mädchen und Jungen ähnlich verlaufen, nur bei den Mädchen eben auf einem höheren Niveau. Die Analyse ergibt, dass sowohl die Mädchen als auch die Jungen im Ausgangsjahr im Bereich „Elementares Wissen" am schlechtesten und jeweils in den Bereichen „Personale/Soziale Kompetenzen" und „Wahrnehmung" am besten abschneiden. Ein Jahr später erzielen beide Geschlechter im Bereich „Arbeitsverhalten/Umgang mit Aufgaben" ihren schlechtesten und im Bereich „Wahrnehmung" ihren besten Wert, wobei diese Dimension bei den Mädchen 2008 das gleiche Niveau wie „Motorik und Bewegung" erreicht. Der bereits angesprochene Niveauunterschied zwischen Mädchen und Jungen beträgt dabei sowohl in 2007 als auch im Folgejahr im Durchschnitt 0,3 Skalenpunkte.

Frage: Ist das viel oder wenig?

Antwort: Das ist gewaltig – vor allem, wenn man annimmt, dass überhaupt kein Unterschied sein dürfte, und bedenkt, dass sich die Unterschiede in der Grundschule fortsetzen und weiter ihre Wirkungen haben dürften.

Die Grundproblematik, hier insbesondere die eklatante Benachteiligung der Jungen, scheint in der praktischen Elementarpädagogik noch keineswegs genügend angekommen zu sein. Vielfach sind weder Sach- noch Problemlage, noch die Terminologie bekannt. Selbst wenn Kenntnisse vorliegen, reicht es nicht – „um etwas für die Jungen zu tun" -, die Gruppe von den „Schmetterlingen" zur „Formel-1-Gruppe" umzutaufen.

6. Empfehlungen

Angesichts dieses Handlungsbedarfs wird empfohlen:

(1) Sich um Kenntnisse und Erkenntnisse bemühen. (Ein Kindergarten sollte im Sinne der Ergebnisqualität doch wissen, wie viel % seiner Kinder welche Schul(miss)erfolge haben (Stolperkinder).

(2) Gründlich bedenken, warum das so ist – allerdings objektiv, und nicht mit dem Ziel der Verantwortungsabschiebung.

(3) Die eigenen Anteile bedenken und annehmen. Das ist ohne Hilfe von außen nicht leicht. Deshalb ist Fachberatung oder wissenschaftliche Begleitung gefragt.

(4) Kompensatorische Maßnahmen. Das Problem ist so gravierend, dass die Einrichtungen ausgleichende Maßnahmen ergreifen und ihre Bildungsangebote verändern müssen. „Singen-Bewegen-Sprechen" kann hier seinen konstruktiven und kompensatorischen Beitrag leisten. In der pädagogischen Arbeit müssen wir auf die beiden Benachteiligungsaspekte achten: Geschlecht und Migration. Früher war es das Mädchen, das katholisch war und auf dem Land lebte, das am meisten benachteiligt war bezüglich der Bildungsteilhabe. Soll es heute im Kindergarten bei der Einschulung der Junge mit Migrationshintergrund sein? Das wollen wir nicht (vgl. besonders Kap. II). Kompensatorische Erziehung und Bildung sind gefragt, besonders Gender- und Inklusionspädagogik.

(5) Wir sollten auch bedenken und wissen, dass in der wissenschaftlichen Terminologie der Begriff der „Schulfähigkeit" den Begriff der „Schulreife" abgelöst hat. „Schulreife" ist im Volksmund geblieben.

VII Didaktische Anleitung für „Singen–Bewegen–Sprechen" – Der Didaktikbogen als Entscheidungs- und Reflexionshilfe

„Lehren und nicht Tun, das ist klein –
Lehren und Tun, das ist groß."
(Paracelsus)

1. „Für den eiligen Lehrer"

Richtig: Das klingt, wie „für den eiligen Leser". Hier nur das Allerwichtigste für „die Stunde". Was ich auf jeden Fall fragen und beachten muss:

- *Welche Ziele habe ich?*
- *Welche Inhalte will ich vermitteln?*
- *Welche Methoden verwende ich?*
- *Welche Medien kommen zum Einsatz?*
- *Welche Kinder habe ich?*
- *Wie viel Zeit habe ich?*

Einfaches Schema zur Vorbereitung von Unterricht (o. ä.)

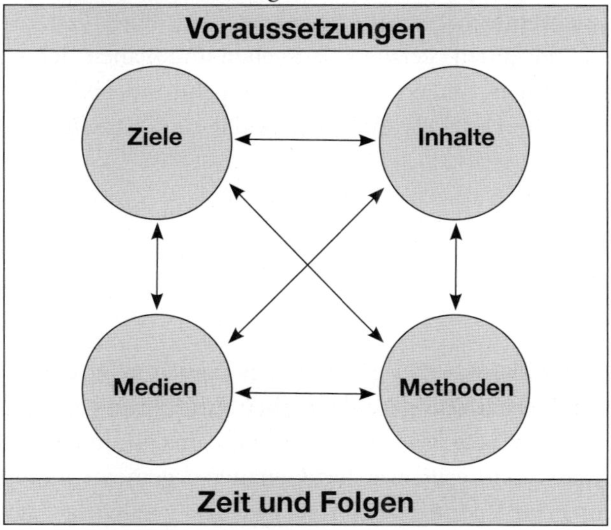

Jeder „Unterricht“ ist natürlich viel komplexer als dieses einfache Schema – aber alle Punkte aus dem Schema gehören auch zur komplexesten Wirklichkeit von Bildungsarbeit. (Genaueres bitte dem Reflexionsbogen entnehmen und den folgenden Erläuterungen.)

2. Allgemein-didaktische Erläuterungen

Guter Unterricht hängt von zahlreichen Faktoren ab – nicht zuletzt natürlich von den lehrenden, aber auch von den lernenden Personen. Bestimmte Voraussetzungen bei jedem Bildungsangebot sind gegeben – und damit wenig, wenn überhaupt, zu beeinflussen -, andere haben wir als didaktische Fachkräfte bei der Vermittlung selber in der Hand. Jedenfalls müssen wir möglichst alle Faktoren bei Vorbereitung, Durchführung und Nachbereitung bedenken und beachten. Der im Folgenden dargestellte didaktische Reflexionsbogen soll dazu Anregung und Hilfe bieten. Zunächst werden die 12 Aspekte des Lehrens und Lernens in didaktischen Einheiten erläutert. Dann wird der Didaktikbogen vorgestellt.
Eine Vorbemerkung zur Systematik: „Wer kein Ziel hat, sollte sich nicht wundern, wenn er woanders ankommt, als er wollte.“ – Dieser Satz ist auch für die Bildungsarbeit prinzipiell richtig, darf aber nicht zu streng gesehen werden. Also: Müssen bei der Planung und Durchführung der pädagogischen Bildungsarbeit immer die Lehr- und Lernziele am Anfang stehen, oder kann man auch einfach einmal von einem Lied, einer Geschichte, einem Märchen o. ä., die einem „gefallen“, ausgehen und planen? Ich sage ja – aber es sollten die übrigen Didaktikaspekte genügend mit bedacht werden, vor allem natürlich die Lernziele für das jeweilige und einzelne Kind in seiner Lage.

2.1 Das Thema

Wenn es um das Thema einer didaktischen Einheit geht, dann ist meistens ein recht weites Verständnis der inhaltlichen Ausrichtung gemeint. Das Thema benennt lediglich die Richtung der Inhalte, macht diese aber noch nicht so konkret, dass man weiß, was des Genaueren gemeint ist und was man als verantwortliche Bildungsperson zu tun hat, geschweige denn, was die

Kinder lernen sollen. Insofern lässt das Thema meistens vielerlei Interpretationen und Konkretisierungen zu, und es verlangt uns solche ab. Sonst ist es im Sinne der Gestaltung einer didaktischen Einheit nicht umsetzbar bzw. bearbeitbar: das Thema muss operationalisiert werden; denn nur so wird es bearbeitungsfähig. (Operari, lat., heißt arbeiten.) Themen im Sinne von „Singen-Bewegen-Sprechen" können z. B. sein: „Früchte im Herbst – z.B. Nüsse"; „Geräusche im Wald"; „Wetter – z. B. Regen"; „Nikolaus" (siehe weiter in diesem Kapitel unter „Erfahrungen aus der Praxis")

Mögliche Themen für didaktische Einheiten aus den Erfahrungsberichten:
Jahreszeiten: Schnee, Winter, Tiere im Frühling / im Herbst, Sommer, Wetter, Wind, Neujahrsglocken
Feste: Advent, Weihnachten, Ostern, Fastnacht, Erntedank, Pfingsten, St. Martin
Natur und Umgebung: Steine, Spielplatz, Feuerwehr, Zirkus, Wiese, Bauernhof, Nüsse, Elemente, Apfel, Sterne
Tiere: Vögel, Spinnen, Pferde, Heuhüpfer, Igel
Phantastisches: Hexen, Geisterstunde, Kobolde, Märchen

2.2 Die Inhalte

Hier geht es um die sog. „Bildungsinhalte". Bildungsinhalte deshalb genannt, weil sie „bilden" sollen, und zwar denjenigen, der sich damit beschäftigt – und weiter: sie sollen von ihnen selber her und durch sich selber bilden. Wen sollen sie bilden? In unserem Zusammenhang das Kind, das am Bildungsangebot teilnimmt. Die Kinder „werden" gleichsam das, womit sie sich befassen bzw. was wir ihnen anbieten – „vorsetzen". Sie internalisieren es, und zwar um so mehr, je jünger sie sind und je intensiver unser Bildungsangebot durchgeführt wird. Deshalb müssen wir „wert-volle" Inhalte auswählen und den Kindern vermitteln – vor allem müssen wir dabei den „Bildungsgehalt" bedenken und herausarbeiten, also der Frage nach dem Sinn und der Bedeutung des jeweiligen Inhaltes nachgehen. Das kostet uns selbst geistige Anstrengung, gehört aber gerade zur Professionalität von ausgebildeten Bildungspersonen. Der Bildungsgehalt soll die Kinder „treffen" – und somit „bilden". Die didaktische Reflexionsfrage lautet dabei: Was für ein tieferer Sinn soll sich meinen Kindern gerade durch diesen (und keinen anderen) ausgewählten Inhalt erschließen. Was sollen sie für das gelingende

Leben davon profitieren? Manchmal gelangen wir zum Bildungsgehalt auch über die saloppe Frage nach „der Moral von der Geschicht'" – wozu dient es und was soll es? Mit dieser Frage können wir ein Kriterium finden für die Entscheidung, warum wir gerade diesen Inhalt auswählen sollen, und nicht einen anderen – aus den zahlreichen, die sonst noch evtl. in Frage kämen. Die Frage nach dem Inhalt ist sehr wichtig. Sie steht in engster Verbindung mit der nach den Methoden und Zielen.

Mögliche Inhalte aus den Erfahrungsberichten:

Musikalische Bildung kann erfolgen durch:

Lied, Musizieren, Kreisspiel, Naturerleben (z.B. Vogelstimmen hören, Regenklang), Rituale (Begrüßung, Verabschiedung), Singspiele, CD-Begleitung (z.B. klassische Musik hören), Klangexperimente im Freien, Fingerspiel, Besuch von Musikern, Bewusstes Hören, Vorsingen (vor anderen Kindern / Eltern / als Aufführung), Sitzkreis, Klangwerkstatt, Hörübungen, Übungen zur Stimmbildung, Geschichten vertonen, Klangerzeugung, Hörrätsel, rhythmisches Echospiel, Konzert, Solmisierung.

Motorische Bildung kann erfolgen durch:

Fingerspiel, Bewegungsspiel, Malen nach Musik, Tanz, Rollenspiel, Backen, Rhythmen klatschen, Basteln, freie Bewegung zu Musik, Fingerpuppen / Handpuppen, Liedblatt gestalten, Turnen, Ballspiel, Bewegung zu Geschichten, mit Kreide zeichnen, Rückenmassage, Pflanzen / Säen, Hand- und Fußabdrücke herstellen, Waldbesuch: Material sammeln, Führen und führen lassen, mit Gangarten experimentieren, Hoch- und Weitsprung, Pantomime, Theaterspiel, Gymnastik, Spaziergang, Bewegungsparcours, Jonglieren, Seiltanz / Balancieren, Yoga, Sinnesschulung, Puzzle, Joggen, Bewegungsschlange.

Sprachbildung kann erfolgen durch:

Verse / Reime dichten und sprechen, Erzählrunde (Wochenende, Ferien, Obstsorten, Herbst, Indianer etc.), Sprechrondo, Gebet, singendes Erzählen, Rollenspiel, Kinder erklären anderen, was sie getan haben, Geschichten, Märchen, Bilderbuch lesen, sprachliche Einführung von Liedern, Tänzen etc., Kinderkonferenz, Einführen von neuen Wörtern, Sprechcollage, Wörter sammeln, Spruch, Handpuppenspiel, Sprechspiel.

Inhalte aus „Singen – Bewegen – Sprechen" können integriert werden in:
Feste: Sommerfest, Geburtstagsfeier, Sportfest, Weihnachtsfeier, Oster- und Erntedankfest, Fastnachtsfeier
Kooperation: Besuch im Altenzentrum, Feuerwehr-Besuch, Elternnachmittag
Altersspezifische Angebote: Schulranzenfest, Schulkinder-Übernachtung
Ausflüge: Bauernhof-Besuch, Spaziergang, Waldtag
Besondere Anlässe im Kindergarten: Bewegungstag, Sprachtag

2.3 Lehr- und Lernziele

Dabei handelt es sich um die Dispositionen, die Lehrende bei ihren Adressaten erreichen wollen und die ggf. daraufhin überprüft werden können, ob sie erreicht worden sind. Lernziele können sich auf verschiedene Dimensionen der Kinder beziehen, z. B. (a) Wissen (Kinder kennen den Text eines bestimmten Liedes und verstehen, was einzelne Wörter bedeuten); (b) Können (Kinder können den Stift beim Schreiben richtig halten); in den Bereich des Könnens gehören auch die sog. Fähigkeiten und Fertigkeiten, z. B. auf einem Bein hüpfen; über einen Balken balancieren; einen Vers rhythmisch nachsprechen; (c) Einstellung (Kinder finden Bewegungsspiele „schön". Wir sprechen in der Erziehungswissenschaft dabei von den sog. anthropogenen Dimensionen. Um es noch einmal vereinfacht zu sagen: Bei meinem „Lehren" kann es mir wichtig sein, dass die Kinder anschließend etwas Bestimmtes „wissen" („theoretisch"); dass sie etwas „können" („praktisch") oder dass sie zu etwas eine positive Einstellung haben („fühlen").
Lern- und Lehrziele können natürlich noch unter vielen anderen Aspekten betrachtet werden, z. B. Abstraktionsebenen und Operationalisierung (vgl. Huppertz/Schinzler 1995, Grundfragen der Pädagogik, Kap. III).

Wichtig ist zunächst, dass wir uns überhaupt zu den Zielen Gedanken machen; denn mit dem Zielbegriff haben Pädagogen oft genug ihre Schwierigkeiten, indem sie ihn nicht scharf genug fassen – rein denkerisch – und indem sie ihn auf alles und jedes beziehen und damit verwechseln, z. B. mit Inhalten und Methoden usw. Wenn jemand das Ziel hat, eine interessante Musik- und Bewegungseinheit mit den Kindern durchzuführen, dann ist das begrüßenswert – nur ist das weder ein Lern- noch ein Lehrziel.
In der heutigen Pädagogik muss im Rahmen der Zielreflexion auch der Kom-

petenzbegriff genannt werden. Hier und da hat man den Eindruck, als wolle dieser den Lernzielbegriff ablösen. Der Sache nach gibt es aber viel Übereinstimmung zwischen Lernzielen und Kompetenzen. Wenn Kinder nach dem Lernprozess etwas Bestimmtes wissen, können oder fühlen, dann haben sie in dem Zusammenhang Kompetenzen erworben: sie sind kompetent. Übergreifende Kompetenzen werden als Schlüsselkompetenzen bezeichnet, z. B. Team- und Kooperationsfähigkeit, sich selber etwas aneignen („beibringen") zu können, sich selber Informationen holen zu können.

Für uns ist wichtig zu wissen bzw. zu entscheiden, ob unsere Ziele bzw. die zu erwerbenden Kompetenzen sich auf Singen, Bewegen oder Sprechen – oder auf alle drei Bereiche oder außerdem auf damit verbundene andere Bildungsfelder (z. B. Sozialerziehung, Interreligiosität o. ä.) beziehen (sollen). Wenn wir mit unserem Modell den Orientierungsplan umsetzen wollen, müssen wir auch die Zielfrage auf alle sechs Bildungsfelder und die darin verborgene Fachdidaktik anwenden.

Mögliche Lehr- und Lernziele aus den Erfahrungsberichten:

Kognitiv: Grundfarben lernen, Konzentration, Märchen kennen lernen, Reflektieren, Mitdenken, Text oder Verse lernen, Erinnerung.
Sozial: Abwarten können, Teilen, Geben und Nehmen, Aufeinander zugehen, Zuhören, Einfühlungsvermögen, Zusammenarbeit mit anderen.
Personal: Selbstwahrnehmung, Körperwahrnehmung, Sich einbringen, Phantasie anregen, Spaß am Bewegen und Tanzen entwickeln, Kreativität nutzen, Neugier wecken.
Motorisch: Lockerung, Koordination, Kondition, Feinmotorik, Grobmotorik, Geschicklichkeit, Sinnesschulung, Körpererfahrungen, Bewegungsdifferenzierung, Tanz lernen, Atemschulung, Wahrnehmung schulen.
Musikalisch: Hörschulung, Erzählendes Singen, Metrum / Rhythmus lernen, Freies Singen innerhalb einer Rolle, Lied lernen, Dreiklang und Tonleiter lernen, Instrumentalbegleitung, Schwerpunkt eines Taktes erkennen, Melodieempfinden, Kopfresonanzen wecken.
Sprachlich: Wortfindung, Freies Sprechen innerhalb einer Rolle, Wortschatzerweiterung, Bildung ganzer Sätze, Artikulation, rhythmisches Sprechen, sprachliche Darstellung einer bekannten Geschichte, Rührspruch lernen und merken.

2.4 Musikinstrumente

Dass bei dem elementarpädagogischen Bildungsmodell Musikinstrumente zum Einsatz gebracht werden, dürfte sich von selber verstehen, und zwar aus musiktheoretischen wie vor allem aber auch aus musikdidaktischen und – pädagogischen Gründen. Kinder sollen die Freude mit Musik und über Musikinstrumente erleben, und sie sollen an Musikinstrumente herangeführt werden, um diese evtl. selbst zu erlernen. Wer selbst auf einem Instrument musiziert, kann damit eine großartige Sinnperspektive für sein gesamtes Leben gewinnen. Dass dafür die Basis bereits in der frühen und frühesten Kindheit gelegt werden sollte, ist den meisten nicht bekannt. Ebenfalls nicht, mit welch einer Freude und Hingabe bereits Kinder unter 1 Jahr „musizieren" können und wollen.
Die während der Modellphase eingesetzten Musikinstrumente lassen sich in die folgenden Gruppen einteilen: Schlag-, Tasten-, Blas- und Saiteninstrumente. Streichinstrumente kamen so gut wie gar nicht vor.
Welche Instrumente sind es nun, die zum Einsatz gelangen können? Aus der Erfahrung nennen wir folgende:
Schlaginstrumente: Trommel, Schütteleier, Triangel, Metallophon, Klanghölzer, Naturmaterialien (Perlen, Kokosnüsse), Xylophon, Glocken, Klangbausteine, Tamburin, Boomwhackers, Gong, Cymbel, Schelle, Rassel, Caxixi, Pauke, Becken;
Tasteninstrumente: Akkordeon, Keyboard, Klavier;
Blasinstrumente: Flöte, besonders Alt-Blockflöte, Querflöte;
Saiteninstrumente: Gitarre

2.5 Materialien

Das didaktische Angebot im Rahmen von „Singen-Bewegen-Sprechen" soll ein nachhaltiges Bildungserlebnis der Kinder sein. Deshalb müssen außer didaktischen Medien und Musikinstrumenten auch Materialien verschiedenster Art Verwendung finden. Dazu gibt es ein großes Spektrum, und es scheint, dass der Phantasie viel Spielraum gewährt ist. Allerdings gilt auch, dass bei aller Kreativität und Phantasie alles auch sinnvoll und zielbezogen sein muss.

Aus der Erfahrung können folgende Materialien zum Einsatz gelangen:
(Chiffon-)Tücher, Kerze, Steine, Feder, Erde, Stroh, Kissen, Kuscheltier,

Wachsmalblock, Spiegel, Matten, Schüssel, Seil, Fächer, Wäscheklammern, Bilder, Spindel, Plane, Watte, Bauklötze, Zauberstab, Märchenwolle, Papier und Stifte, Holzstäbe, Puppe, Tanzsäcke, Pappe, Kastanien, Blätter, Laterne, verschiedene Obstsorten, Korb, Bänke, Stühle, Teppichfliesen, Handpuppen,

2.6 Medien

Medien dienen der wirksamen „Vermittlung" dessen, was wir „vermitteln" wollen. Medium heißt ja übersetzt „Mittel" (vom lat. medius = „in der Mitte befindlich"; vermittelndes Element). Die pädagogischen Fachkräfte sollten sich geeigneter Mittel bedienen und diese zum Einsatz bringen.
Die Diskussion um die Frage, was alles ein Mittel ist und was nicht, muss uns nicht interessieren. Wir unterscheiden hier zwischen Medien und Materialien. Bei den Mitteln können wir differenzieren, wie im Folgenden deutlich wird:

(a) Inhaltlich festgelegte Medien.- Eine CD, DVD, Schallplatte, Kassette o. ä. ist inhaltlich „gefüllt" und insofern festgelegt. Man redet von Ton- bzw. Bildungsträgern. Aber: Wenn wir dabei Medien verwenden, werden wir es sinnvoll tun; d. h. u. a.: gut vorbereiten, auswählen und z. B. nur bestimmte Stellen bzw. Einheiten daraus verwenden.

(b) Inhaltlich offene Medien.- Darunter verstehen wir solche, die wir mit Inhalt versehen, z. B.: Tafel, Flipchart, CD-Player, Kassettenrecorder, Overheadprojektor, Beamer etc. Etwas von dieser Offenheit besitzen auch unsere Musikinstrumente, die allerdings einen ganz anderen Charakter haben.
Aus den Erfahrungsberichten ergibt sich, dass selbstverständlich Bilderbücher, vor allem aber die Handpuppe ihm Rahmen der sprachlichen Bildung als Medien zum Einsatz gelangen sollten.

2.7 Methoden (a) und Phasen (b)

In „Methode" steckt das griechische Wort „hodos" (der Weg). Deshalb schreibt man Methode mit h. Methode und Methodik meint somit alles, was den Weg, d. h. die Art und Weise des Vermittelns, anbetrifft. Die Methodenfrage bezieht sich auf das „Wie" der Bildungsarbeit, und nicht auf das „Was", also die Inhalte. Für die Wirkung und den Erfolg unserer didaktischen Arbeit ist die Methodenreflexion besonders bedeutsam; denn keineswegs nur durch die Themen und Inhalte bilden sich die Kinder, sondern auch durch das „Wie" der Vermittlung und Erarbeitung. Seit Alters her kennen wir die Unterscheidung von Form und Inhalt.

(a) Welche Methoden haben wir?
Erzählen (lassen), Gespräch (Sprechen), Erarbeitung, Hörrätsel (Konzentration), Dirigierspiel (eigene Stärke spüren), Etwas tun (Handeln, aktiv sein), Bewegung, Singen, Tanzen, Malen, Basteln, Instrumente bauen, Instrumente spielen, Sprechgesang (Sprechrhythmen, akzentuiertes Sprechen), mit der Stimme spielen, Improvisieren, Pantomime, Ratespiel, „Kettenspiel" (Tonkette, Rhythmuskette, Bewegungskette, Sprechkette, Klangkette, Geräuschekette), Ordnungsspiel, Rondoprinzip, variantenreiche Wiederholung, Trommelspiel, Fingerspiel, Rollenspiel, Nachahmung, Körperpercussion

(b) Phasen des didaktischen Angebotes.- Jede didaktische Einheit sollte gut strukturiert sein. Was heißt das? Was heißt das in „Singen-Bewegen-Sprechen" vor allem mit Blick auf die Lage der Kinder und darauf, dass es kein gewöhnlicher Unterricht ist, so eben das mehrperspektivisch zu verstehende Bildungsmodell „Singen-Bewegen-Sprechen"? Das hat mit Unterricht durchaus etwas zu tun, muss aber in vielerlei Hinsicht wesentlich anders gesehen werden. In der Vorbereitung sollte überlegt werden:

- Begrüßung und „Ankommen" (Ritual)
- Welchen für die Kinder interessanten Einstieg wähle ich?
- Wie leite ich die Kinder in die Erarbeitung des Themas?
- Fühlt sich jedes Kind angesprochen?
- Kann jedes Kind aktiv etwas mittun?
- Wie gestalte ich den Wechsel zwischen aktiven Phasen und ruhigen Phasen?
- Was kann ich das Thema und meine Ziele festigen (z.B. wiederholen, üben)?
- Verabschiedung (Ritual)

Zu den methodischen Fragen gehört selbstverständlich auch der strukturelle Aufbau bzw. Verlauf in Phasen der didaktischen Einheit. Im Folgenden ein Beispiel zur Illustration, wie es eventuell sein könnte.

Thema: Feuerwehr

- „Gitarre in Quarten stimmen → Feuerwehrsignal
- Gespräch über Feuerwehr, Feuer, Feuerwehrmänner und –auto
- Spontanes Spiel: Bank wird zu einem Feuerwehrauto, alle fahren mit, steigen ein (setzen sich auf die Bank); dazu Feuerwehrlied durch erzählendes Singen mehrfach wiederholen
- Tätigkeiten der Feuerwehr am Brandherd besprechen, Geräusche mit Stimme dazuerfinden
- Text von Spieleinheit einfließen lassen als ‚Echospiel' (Kinder sind das Echo); in unterschiedlicher Dynamik Text sprechen und darstellen
- Feuerwehrlied mit Keyboardbegleitung
- Alle Verse erarbeiten, darstellen
- Nach dem Feuerwehrfest gehen alle ‚Feuerwehrleute' in ihre Gruppe"

2.8 Individualisieren und Differenzieren

Vor etwa 2000 Jahren gab es in der Pädagogik fast ausschließlich den Einzelunterricht. Comenius (1592-1670) war es, der den Klassenunterricht gleichsam erfunden hat. Das war aber für die Pädagogik nicht nur Wohltat, sondern stellt bis heute auch ein Problem dar. Deshalb müssen wir heute, vor allem beim Unterrichten im Gruppenverband, individualisieren und differenzieren.

Gerechte Auslese *von Hans Traxler*

Beim Individualisieren haben wir das einzelne Kind im Auge, und zwar bezüglich seiner gesamten Lage und Befindlichkeit (z. B. Alter, Entwicklungsstand, Gesundheit, Gestimmtheit auf Grund bestimmter Erfahrungen, seine Grundstimmung etc.) und versuchen, diese seine Situativität in unseren Angeboten und Erwartungen zu berücksichtigen; einem zutiefst traurigen Kind wird man nicht unbedingt mit dem fröhlichsten Lied begegnen können, o ä. m. Also mit dem einzelnen Kind in seiner Jeweiligkeit entsprechend anders umgehen.
Das Differenzieren in der Didaktik richtet unser Augenmerk mehr auf die Verschiedenheit in der Sache bzw. in der Methode. Für die jüngeren Kinder z.B. haben wir andere Inhalte und Themen als für die älteren; evtl. auch andere Medien oder Instrumente usw. Immer sollten wir dabei aber in erträglicher Weise die Kinder „überfordern" – oder besser „weiterfordern" – weiter(!) als ihr derzeitiges Niveau schon ist. Erst dann gedeiht unsere Arbeit zur eigentlichen Bildung, und bestätigt nicht nur den Ist-Stand. Das wäre Stillstand. Lernen will Fortschreiten bewirken.

Aus der Erfahrung sei zum Prinzip des Individualisierens und Differenzierens auf folgende Möglichkeiten hingewiesen:
Einzelne Kinder machen etwas vor, Gespräche, Beschreibungen der Kinder, Themen und Ideen der Kinder aufgreifen, Pantomime, Instrumentalspiel, Umsetzung von Klängen u.ä. in Bewegung, Anregungen der Kinder in Aktionslied einbauen, Experimentieren mit Bewegungsmöglichkeiten / beim Tanzen, Solmisieren, Rätsel, Kunststücke, auf individuelle Bedürfnisse eingehen, Übungen an die Fähigkeiten der einzelnen Kinder anpassen, konkrete Aufgabenstellen an einzelne, Wahl der Instrumente an Überlegungen der Kinder ausrichten

Weitere Belege zur Illustration:
„Beim Gespräch über Tiere im Winterschlaf formt ein Mädchen eine Schnecke aus ihrer Watte. Wir legen die Schnecke in Winterschlaf und singen dazu."

„Jedes Kind bringt Ideen ein nach seinem Können, wir setzen sie gemeinsam um."
„Einzelne Kinder sind ‚Vormacher'."

„Spielidee der Kinder aufnehmen: Ballon darf nicht den Boden berühren, Ballon balancieren."

„Jedes Kind spielt den anderen seine eigene Nebelmusik vor."

„Individualisieren und Differenzieren durch Hilfestellung beim ‚Sterne bilden' und durch eingehen auf Ideen der Kinder."

„Jedes Kind kann individuell Trommelrhythmen ausprobieren, im Gesprächskreis seine Wünsche vortragen und auch Ideen im Bewegungsteil einbringen."

„Die Kinder werden einzeln zum Rasselspiel ‚abgeholt' und spielen so lange, bis sie das Rhythmusmotiv übernehmen können."

2.9 „Erarbeitetes"

Mit diesem Aspekt möchte ich dazu anregen, dass etwas „er-arbeitet" werden sollte, also sichtbar, hörbar o. ä.; dass durch das didaktische Angebot etwas hervorgebracht werden sollte. Ich möchte aber auch für die Frage sensibilisieren, was mit dem „Erarbeiteten" geschehen soll, wenn es sich z. B. um greifbare „materielle" Produkte der Kinder handelt. Es ist auch an die Frage gedacht, was die Kinder von dem didaktischen Angebot „mitnehmen" – nicht nur als (zunächst) unsichtbares Lernergebnis, z. B. eine erworbene Kompetenz, sondern auch z. B. ein bearbeitetes Blatt, ein Bild, etwas Gebasteltes – und wo und wie dieses untergebracht, ausgestellt oder sonst wie gewürdigt wird. Dazu sollte eine Stelle – eine Ecke, am besten ein Raum (evtl. Gruppenraum) zur Verfügung stehen, damit die Ergebnisse aus „Singen-Bewegen-Sprechen" und die betreffenden Kinder genügend gewürdigt werden. Unter die Rubrik „Erarbeitetes" muss natürlich nicht nur das materiell sichtbar Erarbeitete gezählt werden, z.B. Mal- oder Bastelarbeiten der Kinder, oder sichtbare Projektergebnisse, sondern auch zum Beispiel, wie sich aus der Erfahrung ergibt, ein Tanz bzw. ein Tanzlied, ein Spiel, Märchen, Lied, Rätselvers, graphische Notation etc.

2.10 Angemessenheit der Ziele und Inhalte für diese Kinder

Wie man sieht, sind es zahlreiche Gegebenheiten, die passen müssen, wenn wir von gutem Unterricht oder einer gelungenen didaktischen Einheit sprechen wollen. Natürlich sind nicht zuletzt die Bedingungen und Voraussetzungen der Kinder zu bedenken und zu beachten, u. a.: Alter, Entwicklungs-

stufe, Vorbildung, Stimmung, Gesundheit, besondere Ereignisse, Herkunft, Kultur, Religion etc. Wir sprechen in diesem Zusammenhang von (a) anthropogenen und (b) soziokulturellen Voraussetzungen. Zu den anthropogenen Voraussetzungen gehören z. B. Alter, Gesundheit, Geschlecht – zu den soziokulturellen gehören Werte, Religionszugehörigkeiten etc.
Die Ziele und Inhalte sowie überhaupt die gesamte didaktische Einheit sollte zu den Kindern passen, was u. a. auch bedeutet, dass die meisten von ihnen nicht über-, aber auch nicht unterfordert sind. Auch hier gilt das Prinzip der verträglichen Weiterforderung, d. h. die Kinder sollen erträglich über das hinaus geführt werden, was sie im Augenblick schon an Wissen, Fähigkeiten sowie an Einstellungen haben. Dann ist es angemessen.

Aus den Erfahrungen wird z. B. berichtet:
„Die Verbindung von Bekanntem und Neuem war sehr wohltuend für die Kinder."

„Die Kinder konnten die graphische Notation gut nachvollziehen. Die Anforderungen an den vielfältigen Bewegungsausdruck waren angemessen."

„Einigen Kindern fällt die ¾-Takt- Begleitung auf der Triangel zum Lied noch schwer. Diese entscheiden sich später für ein anderes Instrument."

2.11 Ein Erlebnis für die Kinder

Kinder sollen im Kindergarten freudvolle Erfahrungen machen und schöne Begegnungen haben. Das hängt von den Personen, der Atmosphäre, den Angeboten usw., und natürlich von unserem Umgang mit den Kindern ab. Dieser sollte möglichst partnerschaftlich und nicht autoritär sein. Die didaktischen Angebote können und sollen nicht eine einzige Gaudi sein, sollten jedoch originäres Erleben implizieren. D. h. zunächst einmal: möglichst keine („theoretische") Belehrung, sondern viel Erfahrung. Das Prinzip kann lauten: Tun hat Vorrang vor Hören! Wenngleich damit das Sprechen und Zuhören nicht zu kurz kommen dürfen. Auf die Dosis kommt es an.
Aus den Erfahrungen:
Das Angebot war ein Erlebnis für die Kinder durch: das Thema, die Stimmimprovisation, das Instrumentalspiel, bewusstes Hören, Spielstimmung und Atmosphäre, Materialien (Watte, Kuscheltier), Tonkette, Eintauchen in den Rhythmus, die Aufführung, es war spannend und lustig.

Hier noch einige Aussagen als Impressionen:
„Die Kinder hatten sehr viel Spaß – auch Kinder, die sonst eher zurückhaltend sind, gingen in dieser Stunde aus sich heraus. ‚Fastnachtsmuseum' entwickelte sich zum Lieblingsspiel."
„'Carnevalito' hätten die Kinder am liebsten 20 Mal hintereinander getanzt – es war mitreißend."
„Das Thema ‚Geister und Gespenster' fanden alle einfach toll! Stimmimprovisation war an sich etwas Neues, was die Kinder aber auch besonders fasziniert hat."

2.12 Störungen

Alle „Lehrenden" wünschen sich einen ungestörten Verlauf ihres Unterrichtsgeschehens. Falls aber dennoch Störungen verkraftet werden müssen, kann es ein breites Ursachenspektrum geben. Lehrende schieben die Gründe gerne auf Kinder oder äußere Umstände, sollten aber auch die evtl. Eigenanteile bedenken, z. B. Vorbereitung, Struktur und Länge des Angebotes, Interessantheitsgrad etc.

Aus den Erfahrungen ergeben sich eventuelle Gründe für Störungen, wenn berichtet wird:
„Die Gruppe war unruhig, weil sie zu groß war."
„Das Thema war für die Kinder nicht interessant genug."
„Es waren Eltern anwesend und lenkten die Kinder ab."
„Wir hatten zu wenig Platz."
„Die Lehrkraft konnte wegen Erkältung schlecht sprechen und singen."
„Einzelne Kinder haben gestört wegen der ungünstigen Uhrzeit."

Es liegt auf der Hand: Wo es um Dinge geht, die wir selber in der Hand haben, müssen wir sie richtig organisieren, z. B. wenn es um die Rhythmisierung des Tages geht oder die Größe der Gruppe, die evtl. geteilt werden kann.

3. Der Didaktikbogen als Hilfe

Didaktikbogen zu „Singen-Bewegen-Sprechen“	
(Bitte für jede Stunde ausfüllen, knapp und verständlich!) Datum:.................................. Uhrzeit: von .... bis .... Alter der Kinder:....................... Gruppengröße: .... Örtlichkeit:	
1) Thema (Materialsammlung)	
2) Inhalte	
3) Lehr- und Lernziele (geplante und realisierte)	
4) Musikinstrumente	
5) Materialien	
6) Andere Medien	
7) Methodisches Vorgehen / Phasen	
8) Individualisieren und Differenzieren durch ...	
9) „Erarbeitetes“	
10) Angemessenheit der Ziele und Inhalte für diese Kinder	
11) Inwieweit war das Angebot ein Erlebnis für die Kinder?	
12) Gab es Störungen? Wodurch?	

Bewertung des gesamten Verlaufs:

❑ optimal. . . . . .❑ gut. . . . .❑ mittel . . . .❑ weniger gut . .❑ gar nicht gut

4. Erfahrungen aus der Praxis

Ein Teil der wissenschaftlichen Begleitung bezog sich auf die Evaluation der didaktischen Rückmeldebögen der Musikschullehrkräfte zu den didaktischen Einheiten. Dieser Didaktikbogen ermöglicht eine Kontrolle und Reflexion der Arbeit der Musikschullehrkräfte im Kindergarten und veranschaulicht den Ablauf des Projekts im Detail: So kann dadurch etwa bestimmt werden, wo Probleme entstanden sind, welche Inhalte von den Kindern gut aufgenommen wurden und welches Material für die Umsetzung der Einheit genutzt wurde. Gerade durch die Tatsache, dass es sich um ein Modellprojekt handelte, gewannen diese Bögen an Bedeutung: Dadurch zeigt sich, wie in der Praxis mit dem Material und den Vorgaben zu den didaktischen Einheiten umgegangen worden ist, wie das Modell also aus Sicht der Musikschullehrkräfte tatsächlich umgesetzt wurde.

Im Folgenden werden Punkte, die im Rahmen der didaktischen Einheiten relevant waren und sind, vorgelegt.

Neben den Rahmenbedingungen dokumentieren die Musikschullehrkräfte jeweils Inhalte, Vorgehen sowie den Verlauf der von ihnen durchgeführten didaktischen Einheiten. Es wurden 513 Rückmeldebögen ausgewertet.

4.1 Gruppengröße

Mit der Gruppengröße verhält es sich so, dass die konzeptionelle Vorgabe, wonach möglichst nicht mehr als 20 Kinder am Projekt teilnehmen sollten, nicht immer eingehalten wurde. Die Vorgabe wurde in einigen Fällen überschritten. Dass die Gruppengröße zum Teil als problematisch angesehen wurde, verdeutlicht folgende Aussage:
„Auf einzelne Kinder individuell zu reagieren, fällt mir wegen der großen Gruppenstärke und der Unkenntnis des Umfeldes sehr schwer. Die Erzieherin berichtet jedoch viel über einzelne Kinder in der Vor- und Nachbereitung. Diese Zeit ist sehr wichtig für uns und ist mit 30 Minuten deutlich zu gering angelegt.“

In einem anderen Fall wird bemerkt:
„Das Individualisieren und Differenzieren wäre in einer kleineren Gruppe einfacher.“

Ein Lösungsansatz wird hier aufgezeigt:
„Im Gegensatz zur letzten Stunde war heute ein Gespräch – zumindest im Ansatz – möglich. Gründe hierfür waren:
kleinere Gruppe – macht es möglich, sich einzelnen zuzuwenden
Einsatz von unterstützenden Medien (Bilderbuch über St. Martin) erleichtert den Kindern die Wortfindung“

Die Gruppenstärke, von der hier die Rede ist, liegt bei 11 Kindern. Die Gruppe wurde bewusst geteilt. Dieselbe Musiklehrerin berichtet:
„Durch die kleine Gruppe war es möglich, Kinder, die in anderen Stunden durch Unruhe und mangelnde Konzentrationsfähigkeit aufgefallen sind, direkt und individuell anzusprechen und in das Gruppengeschehen zu integrieren. Ein sehr ängstliches und schüchternes Kind konnte während der gesamten Stunde von der Erzieherin begleitet werden. Es konnte so einen Teil seiner Scheu ablegen (das war nur möglich durch reduzierte Gruppenstärke).“

Die am häufigsten genannte Gruppengröße war 16 Kinder. Jedoch gab es eine große Streuung bei der Gruppengröße, was durch Krankheit einzelner Kinder bzw. Fehlen aus sonstigen Gründen erklärt wird. Neben einer Gruppengröße von 16 trat auch besonders häufig eine Größe von 11 oder 20 Kindern auf. Dass es in der Praxis einen gewaltigen Unterschied ausmacht, ob es 11 oder 20 Kinder sind, muss nicht weiter erläutert werden.

In der Praxis muss unbedingt darüber nachgedacht werden, wie eine richtige Gruppengröße erreicht werden kann. Manche Einrichtungen teilen die Gruppe. Die maximale Gruppenstärke von 20 ist keineswegs eine Richtgröße.

4.2 Was getan wurde - Inhalte

Ein besonderes Erkenntnisinteresse verdienen die Inhalte der didaktischen Einheiten, speziell die anteilige Betonung auf den Elementen Singen, Bewegen und Sprechen.

Für den gesamten Auswertungszeitraum ergibt sich aus allen ausgewerteten Didaktikbögen eine Anzahl von insgesamt 2011 „gezählten" Angaben. Dies bilden für die folgenden Grafiken den Ausgangswert von 100%. In den Schaubildern sind aber lediglich die Häufigkeiten bzw. die prozentualen Anteile der Nennungen wiedergegeben, nicht aber der tatsächliche Anteil, welchen ein entsprechender Inhalt von seinem zeitlichen Umfang her an der Gesamtheit der didaktischen Einheiten hatte. Die Darstellungen geben trotzdem einen interessanten Einblick.

Inhalte der didaktischen Einheiten

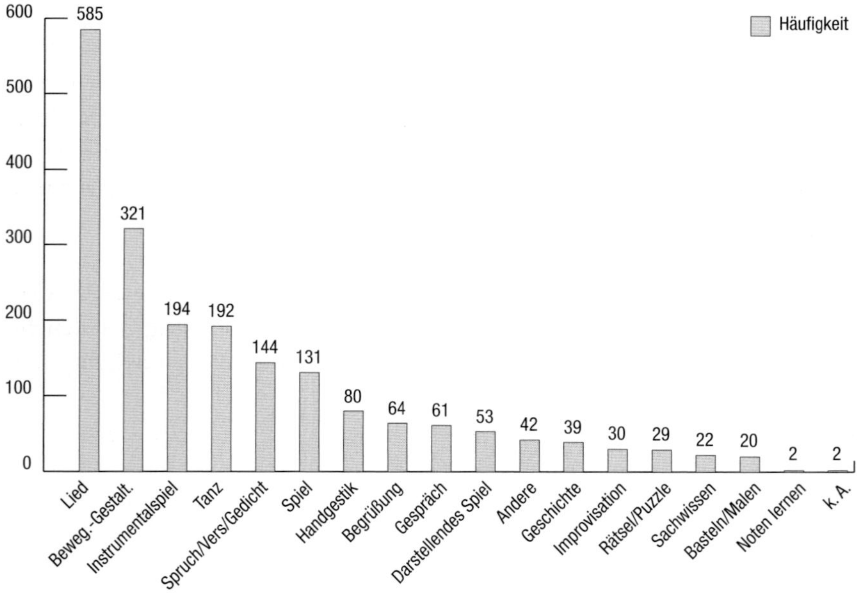

Diagramm: n=2011

Wie man sieht, liegt ein deutlicher Schwerpunkt beim Lied (585 Nennungen), was ja immer auch mit Sprache und Kommunikation verbunden ist, während aber auch Bewegung, Instrumentalspiel sowie Verse und Gedichte ihren Platz haben.

Im Folgenden beispielhaft der Verlauf einer didaktischen Einheit, wie sie durch die Musikschullehrkraft zum Thema „Nikolaus" beschrieben wird:

- *„Begrüßung im Kreis*
- *Einstimmung ins Thema*
- *Vermittlung von Grundwissen (Hufeisen / Schmied / Pferd), um danach das Handgestenspiel ausführen zu können*
- *Umsetzung des soeben Gelernten durch feinmotorische Übungen (Handgestenspiel)*
- *Bewegungsphase zur Auflockerung (Nusstanz)*
- *Sammlung und Konzentration durch Sprach- und Bewegungsspiel – alleine die darstellenden Bewegungen können den Kindern den Sinn des Textes vermitteln (‚Nikolaus, der kommt daher')*
- *Erneute Auflockerung durch ein bekanntes Lied (‚Bimmelt was die Straß' entlang') – Kinder können verschiedene Rollen übernehmen (Hufschmied / Pferd / Nikolaus) und so das Lied darstellen und mit Instrumenten im Grundschlag begleiten*
- *Verabschiedung"*

Einige weitere Impressionen aus didaktischen Einheiten, die veranschaulichen, was tatsächlich getan wurde:
Tanzen: *„Kinder äußern mehrfach Tanzwunsch, hatten außerdem starkes Bewegungsbedürfnis – spontaner Tanz wurde eingeschoben."*

Malen: *„Das ‚Einverleiben' des rhythmischen Verses hat den Kindern viel Freude bereitet. Insbesondere das Malen war sehr konzentriert. Die Sprachrhythmik wurde in den Bildern sichtbar."*

Rituale: *„Die Erzieherin und ich haben uns auf Regeln geeinigt: Kreisbildung muss gelernt werden – wenn die pädagogische Fachkraft erklärt, darf nicht gestört werden – wir benutzen Rituale (Begrüßen, Verabschieden)."*

4.3 Musikinstrumente

Zum Einsatz von Musikinstrumenten in den didaktischen Einheiten kann gesagt werden, dass in nahezu allen Fällen Instrumente Verwendung fanden. Den Kindern gefällt der Einsatz von Musikinstrumenten. Wie mehrfach erwähnt wird, finden die eingesetzten Musikinstrumente bei den Kindern großen Gefallen:
„Das Zusammenspiel mit dem Klavier und der richtige Instrumenteneinsatz der

Kinder sind ein tolles Erlebnis! Das Thema Afrika spricht die Kinder sehr an – mitreißende Musik!"
„Die Kinder lieben es, selber Instrumente zu spielen."
„Die Kinder hatten Spaß daran, jedes Instrument einzusetzen – auch wenn es immer ‚Lieblingsinstrumente' gibt. Musizieren mit Klavier und den Instrumenten ergibt ein schönes Klangerlebnis."

Auch wurden die Kinder immer wieder zur Nutzung neuer Materialien herausgefordert. So zum Beispiel innerhalb einer didaktischen Einheit zum Thema „Nüsse":
„Da die Nüsse als Instrument eingesetzt waren, war das Interesse der Kinder groß: neue Erfahrung mit teilweise bekanntem Material."

Welche Instrumente besonders häufig genutzt wurden, zeigt die Grafik.

Eingesetzte Musikinstrumente

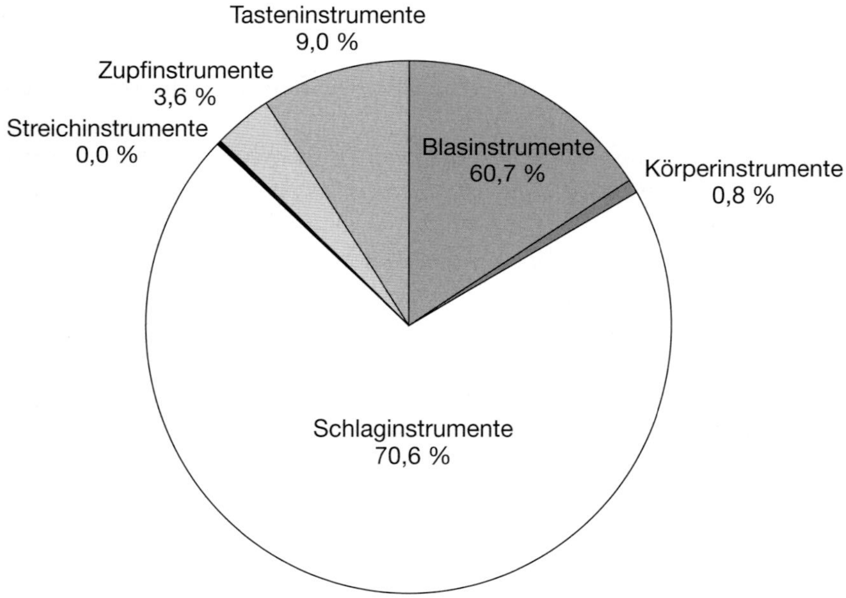

Diagramm: n=929 = 100%

Auffällig, aber auch einleuchtend ist der hohe Anteil von 70,6%, den die Schlaginstrumente am gesamten Instrumenteneinsatz einnehmen. Für Schlaginstrumente sind im Regelfall nicht viel Vorkenntnisse erforderlich, und sie sind gut in größerer Anzahl kombinierbar – damit von der Kindergruppe gut zu handhaben.

Aus dem Diagramm ist zudem ersichtlich, dass Blasinstrumente mit 16% am zweithäufigsten zum Einsatz kamen. Dabei handelt es sich fast ausschließlich um Blockflöten oder andere Flöten.

4.4 Die didaktische Einheit - ein Erlebnis für die Kinder

Die MusiklehrerInnen wurden auch danach gefragt, ob das Angebot ein Erlebnis für die Kinder gewesen sei. Dass Lernen mit Erleben und Bilden mit Freude verbunden sein soll, muss nicht mehr weiter begründet werden. Wird das didaktische Angebot als ein Erlebnis wahrgenommen, so erhöht das den Lerneffekt bei den Kindern.
Im Einzelnen wird gesagt:
„Kinder waren neugierig, aufgeregt. Das ‚Neue' wurde begrüßt",
so berichtet eine Musikschullehrerin die Reaktion der Kinder bei einer didaktischen Einheit.

Zur Einheit mit dem Thema „Luftballon" heißt es:
„Das Material ‚Luftballon' begeisterte die Kinder, und sie probierten sofort verschiedene Bewegungsmöglichkeiten aus. Das Rollenspiel machte den Kindern viel Spaß, und die Luftballongeschichte regte ihre Fantasie an."

Eine Musikschullehrerin beschreibt:
„Das Musizieren mit dem Klavier macht den Kindern viel Spaß. Es ist ein Klangerlebnis, und die Kinder bewegen sich sehr gerne und probieren bereitwillig neue Bewegungsmuster aus. Das Thema, Ostern' motiviert die Kinder sehr, so dass sie mir am Schluss noch ein Abschiedskonzert mit dem Lied, Stups, der kleine Osterhase' geben."

Im folgenden Diagramm wird deutlich, in welchem Umfang tatsächlich die didaktische Einheit ein Erlebnis für die Kinder gewesen ist

War das Angebot ein Erlebnis für die Kinder?

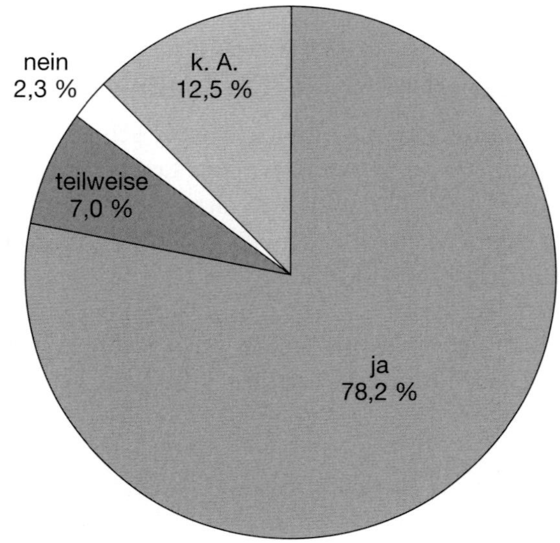

Diagramm: n=487 = 100%

Das Diagramm zeigt deutlich: In den allermeisten Fällen, so fanden die MusiklehrerInnen, war das didaktische Angebot ein Erlebnis für die Kinder. Lediglich in 2,3% der Fälle wird dieses verneint. Also ein sehr positives Ergebnis.

Es gab aber auch kritische Erfahrungen:
„Kinder müssen bei Handgestenspielen u. ä. oft zum Mitmachen aufgefordert werden, zeigen oft ‚Konsumhaltung', als würden sie einem spannenden oder lustigen Fernsehprogramm zuschauen und kommen erst nach Aufforderung auf die Idee mitzumachen."

Weitere erfreuliche Eindrücke der MusiklehrerInnen:
„Die Kinder haben ganz neue Bewegungsmöglichkeiten – auch durch die Verbindung von Musik und Bewegung – für sich entdeckt."

Zur didaktischen Einheit „Sterne": „Es war ein wunderschönes Erlebnis und eine Stimmung der Stille bei den Kindern festzustellen. Der Funke des Sterns ist voll übergesprungen zu jedem Kind – von Anfang bis zum Ende eine herrliche, leise, ruhige Stimmung."
„Es war ein großes Erlebnis für die Kinder, selber ein Glockengeläut (Klangstäbe) zu spielen."

Zum Thema „Schneeflockentanz": „Absoluter Spaßfaktor! [...] Erleben von Bewegungen, die die Kinder (teilweise) noch nie erlebt haben."
„Die Kinder waren von Beginn bis zum Ende von der Thematik gefesselt."
„Die Musikstunde ist immer ein besonderes Erlebnis im Kindergarten-Alltag."

5. Empfehlungen

(1) Die Gruppengröße muß gut durchdacht werden. Ggf. Gruppe teilen.

(2) In den didaktischen Einheiten sollen alle Elemente (Singen, Bewegen, Sprechen) sichtbar werden, wobei durchaus hier und da die Betonung eher einmal auf Singen oder Bewegen oder Sprechen liegen kann.

(3) Eingeplante Ruhephasen sind gerade in sehr bewegungsreichen didaktischen Einheiten sinnvoll.

(4) Rituale, wie eine bestimmte Begrüßung, Verabschiedung etc., tragen dazu bei, dass Kinder mit dem Ablauf der didaktischen Einheiten vertraut werden und sich auf das Wesentliche konzentrieren können.

(5) Der hier vorgelegte Didaktikbogen sollte im Vorhinein und im Nachhinein benutzt werden, d.h. zur Vorbereitung und Planung, aber auch zur Evaluierung für sich selber.

(6) Von den Erfahrungen lernen, z.B. aus dem angeführten Reichtum an Methoden oder Musikinstrumenten schöpfen.

(7) Die angeführten Punkte in dem umfassenden Didaktikbogen müssen nicht immer alle bedacht werden, z.B. aus Zeitgründen. Empfohlen wird, wenigstens einige auszuwählen und sich selber damit zu schulen. „Der eilige Lehrer“ wird nur im Ausnahmefall zum Zuge kommen.

VIII Aufgaben der Erzieherin: Vertiefung, Dokumentation, Kooperation

„Als professionelle Frühpädagogin ist die Erzieherin die Expertin für Bildung und Erziehung der frühen Kindheit“
(Norbert Huppertz)

In „Singen–Bewegen–Sprechen“ werden Inhalte und Themen nicht nur durch die MusikschullehrerInnen den Kindern vermittelt, sondern ebenso gewichtig ist die fachlich gekonnte Vertiefung während der Woche und folgenden Zeit durch die Erzieherin. Im Folgenden soll die praktizierte Rolle der ErzieherInnen näher beleuchtet und deren Erfahrungen dargelegt werden:

Hauptaufgabe der ErzieherInnen ist es, die Inhalte der vermittelten didaktischen Einheit über die Woche hin weiterzuführen.

1. Aspekte einer Vertiefungsmethodik

Im Folgenden werden einige Angaben in Richtung einer Vertiefungsmethodik gemacht, die individuell und organisatorisch zu ergänzen und zu verfeinern sind:

(1) *Intentionale und funktionale Vertiefung.-* Die Tandem-Erzieherin kann zum Einen ad hoc oder situativ die angearbeiteten Bildungsinhalte vertiefen oder aber zum Anderen auch geplant, explizit und intentional. Beim letzteren Fall gelten die Angaben für didaktische Angebote überhaupt – Vorbereitung, Durchführung, Reflexion etc. – (vgl. Kapitel VII)

(2) *Die Vertiefung* sollte mit dem übrigen Kindergartengeschehen (Aktivitätsangebote, Projekte, Programme etc.) abgestimmt und kompatibel sein. (Wenn zu 6 Sondermaßnahmen von außen durch „Singen-Bewegen-Sprechen“ noch täglich o. ä. die siebente hinzukommt, kann es zu viel werden.)

(3) *Kommunikation im Tandem.-* Es ist wichtig, sich für die regelmäßige Absprache mit der Tandem-Kollegin Zeit zu nehmen.

(4) *Inhalte.-* Im Tandem – aber auch im Kollegium – sollte abgesprochen werden, welche Lieder, Tänze o. ä., besonders zu vertiefen sind.

(5) *Methode.*- Nicht nur das „Was“ (Inhalte – also Lieder, Reime, Spiele etc.), sondern auch das „Wie“, also die Methoden des Vertiefens, sollten erörtert werden.
(6) *Medien und Materialien.*- CDs, Texte, Noten etc. müssen ebenfalls kooperativ eingesetzt werden; evtl. auch verändert mit Blick auf die situativen Voraussetzungen in Kindergarten und Gruppen.
(7) *Kompensatorik.*- „Singen-Bewegen-Sprechen“ möchte ein „ausgleichendes“ (kompensatorisches) Umsetzungsmodell des Orientierungsplanes sein. Deshalb muss auch und gerade in der Vertiefungsarbeit der Blick auf die Kümmerkinder gerichtet sein (vgl. Kapitel II)
(8) *Intern kooperieren.*- Im Team sind verschiedene Stärken vertreten, z. B. die Kollegin mit Kompetenz in Bewegung, Kunst, Naturwissenschaft; in der Vertiefungsarbeit sollten auch andere einbezogen werden, z.B. für weitere Musikinstrumente etc.
(9) *Präsentieren.*- Wenn die Vertiefung von der Einrichtung mitgetragen wird und zur Sache des Kindergartens wird, sollten die Ergebnisse auch präsentiert werden, z. B. beim Sommerfest, an Geburtstagen etc. So wird der gesamte Kindergarten bereichert. „Singen-Bewegen-Sprechen“ darf kein Störfaktor sein, sondern eine echte Bereicherung für alle.
(10) *Konkretisierung.*- Die Vertiefungsarbeit kann konkret werden durch: Regelmäßigkeit, Üben und Wiederholung, Festigen, Erweitern (z. B. andere Lieder o. ä.), Besprechen und Handeln (Aktivieren). Etc.

So wird „Singen-Bewegen-Sprechen“ zu einem Gewinn für die Einrichtung und für jedes Kind – u. a. auch für die nicht konkret Einbezogenen. Diese dürfen nicht das Gefühl haben, außen vor zu sein, sondern auch hier ist Inklusion angesagt.

2. Der Dokumentationsbogen

Die Vertiefungsaktivitäten und Beobachtungen im Bildungsmodell sollen in dem von mir erarbeiteten „Dokumentationsbogen über die Aktivitäten zur Vertiefung der didaktischen Einheit“ von den Erzieherinnen festgehalten werden. Auf dem Bogen können Angaben zu den vertiefenden Elementen in einer Wochenübersicht gemacht werden. Außerdem wird nach Auswirkungen auf den Kindergarten insgesamt und nach elterlichen Reaktionen und „Sonstigem“ gefragt. Die Bögen geben insofern einen Einblick in die wiederholenden, vertiefenden und erweiternden Tätigkeiten der didaktischen Einheiten. Der Sinn und Zweck des Dokumentationsbogens liegt darin, als Erzieherin für sich selbst einen Anreiz für die Planung zu haben, aber auch einen Nachweis darüber, was alles vertiefend gemacht wurde – Nachweis vor sich selbst, vor Eltern, Träger, Kolleginnen etc. – und natürlich für die Kooperation mit der Lehrkraft von der Musikschule. So sieht man etwa, welches Lied oft wiederholt wurde, welcher Bildungsschwerpunkt am häufigsten vertieft wurde und wie die Reaktionen der Kinder und aller Beteiligten waren.

Eine Erzieherin kommentiert veranschaulichend:
„Die Kinder singen die Lieder, während sie am Maltisch malen“;

eine andere:
„Wir wiederholen vor der Gesamtgruppe und es ist zu erleben, wie sich die Melodien und Texte durch das regelmäßige „Vor sich her Trällern“ auch in die ganze Gruppe überträgt und bereits am Donnerstag alle Kinder mitsingen können.“

Diese Aussagen verdeutlichen: Durch den Dokumentationsbogen ist es möglich, „Singen-Bewegen-Sprechen“ aus Sicht des Kindergartens aus zu dokumentieren. Schließlich sind die ErzieherInnen über ihre Bildungsaufgabe gegenüber den Kindern hinaus nicht nur Ansprechpersonen für die Musikschullehrkräfte, sondern auch für die Eltern und Kolleginnen im Team. Die Rolle der Erzieherin möge aber nicht missverstanden werden. Sie ist im Tandem nicht die „Protokollantin“ oder die „Klassenbuchführerin“, die festzuhalten hat, was gemacht wurde, sondern sie ist und bleibt mit-verantwortliche Pädagogin. Welche Würde, Achtung, Anerkennung und Bedeutung ich der Erzieherin beimesse, steht in Kapitel XII, die Erzieherin als Frühpädagogin. Selbstverständlich ist sie bei allem Kommunikationspartnerin auf Augenhöhe und nimmt argumentativen Einfluss. Kurz: Es sind und bleiben die Kinder des Kindergartens.

Wir haben insgesamt 484 Dokumentationsbögen ausgewertet. Diese Auswertungen verteilen sich dabei auf zwei Auswertungsintervalle, wobei in einem ersten Verlauf 251 Dokumentationsbögen und in einem zweiten weitere 233 Bögen ausgewertet wurden.
Der Dokumentationsbogen hat sich in der Praxis bewährt – besonders auch wegen der einfachen Handhabbarkeit. Keine Erzieherin hat Zeit „Romane zu schreiben“.

Dokumentationsbogen über die Aktivitäten zur Vertiefung der didaktischen Einheit:

Kindergarten: .... in .... Erzieherin.. Woche: vom .... bis ....

Bitte tragen Sie alle Ihre Aktivitäten sowie die bei den Kindern beobachteten im Zusammenhang mit der o. g. didaktischen Einheit im Folgenden ein; bitte kurz, aber verständlich!

	Montag	**Dienstag**	**Mittwoch**	**Donnerstag**	**Freitag**
Musikalische Bildung					
Motorische Bildung					
Sprachbildung					
Auswirkungen und Beobachtungen im **Kindergarten insgesamt**					
Reaktionen von **Elternseite**					
Sonstiges					

3. Erfahrungen aus der Praxis

3.1 Wie und wodurch wurde „Singen" vertieft?

Die ErzieherInnen haben auf dem Dokumentationsbogen Angaben zur Vertiefung der musikalischen Bildung gemacht. In der Auswertung wurden hierzu Kategorien gebildet, welche die Art und Weise der Vertiefung darstellen: Lieder, Einsatz von Instrumenten, Spiele, Einsatz von didaktischen Materialien und die Vertiefung durch Gehörbildung.

Vertiefung im Bereich „Musikalische Bildung"

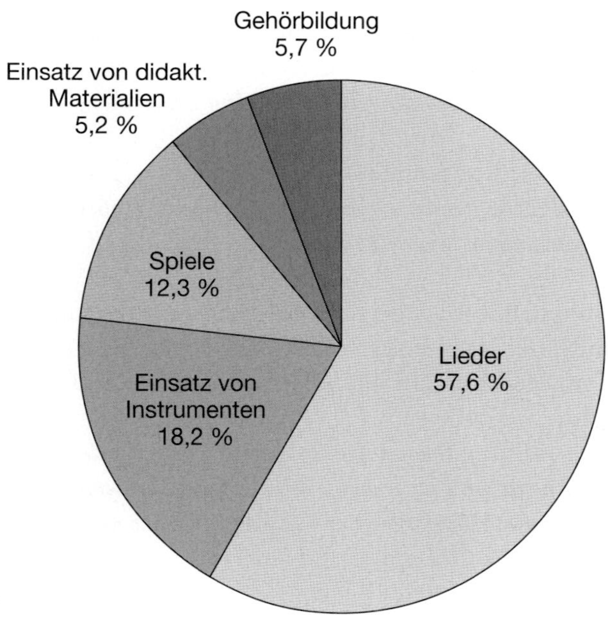

Diagramm: n=595 = 100%

Der Grafik ist zu entnehmen, dass 595 Angaben zur Vertiefung der musikalischen Bildung ausgewertet wurden. Mit 57,6% der Nennungen wurde also am häufigsten durch Lieder vertieft. Wichtig sind dabei Wiederholungen. Diese kommen nicht nur in der expliziten Vertiefung zustande:

„Die aktuellen Lieder und Texte werden im Kindergartenalltag mit eingebaut, selbst in Rollenspielen sind Wiederholungen der Bewegungsabläufe und Sprachtexte von Kindern aus dem Projekt zu beobachten."

Eine Erzieherin schreibt:
„Diese Kinder singen selbständig die gelernten Lieder“,
an anderer Stelle:
„Kinder brauchen sehr viel Wiederholung.“
Nicht nur die „Projekt-Kinder“ haben von der Vielfalt der Lieder profitiert, wie eine Erzieherin anmerkt:
„Durch regelmäßige Wiederholungen konnten sich auch die Kinder der Restgruppe sehr schnell mit den Texten vertraut machen und wurden bei Aufführungen im Altenheim oder bei der Sparkasse im Ort sehr gelobt für ihr Können.“
Das Interesse der anderen Kinder wird an mehreren Stellen beschrieben.
„Kinder, die nicht im Projekt dabei sind, sind immer neugierig auf neue Lieder und Texte nach dem Projekttag“,
formuliert eine Erzieherin, während eine weitere berichtet, dass die Gruppe schon immer „gespannt“ sei, mit welchen
„neuen Liedern und Tänzen die Kinder aus dem Projekt kommen“.

Zu der Fülle an Liedern resümiert eine Erzieherin:
„Erstaunlich! Manche Kinder haben mittlerweile ein großes Repertoire an Liedern, die sie ganz alleine singen können.“

Am zweithäufigsten wurden bei der Vertiefung auch Instrumente eingesetzt. Fast ein Fünftel der Nennungen zeigen dieses.
Das wurde von den Kindern gut aufgenommen, wie in folgender Aussage illustriert wird:
„Die Aktionen mit den Boomwhackers bereitet den Kindern unheimlich viel Spaß, es ist ein neues und noch völlig unbekanntes Instrument und machte die Kinder wie auch die Mitarbeiterinnen auf den Einsatz und Umgang sehr neugierig.“

An dritter Stelle stehen „Spiele“. Auch dazu beispielhaft ein Kommentar:
„Das Kreisspiel ‚Apfel, Apfel, du musst wandern' wird von den Kindern in die einzelnen Gruppen weiter getragen und dort aufgegriffen.“

3.2 Wie und wodurch wurde „Bewegen" vertieft?

Für die motorische Bildung wurden die Angaben der ErzieherInnen ebenfalls in Kategorien unterteilt. Die anteilmäßige Verteilung ergibt sich aus der folgenden Grafik:

Vertiefung im Bereich „Motorische Bildung"

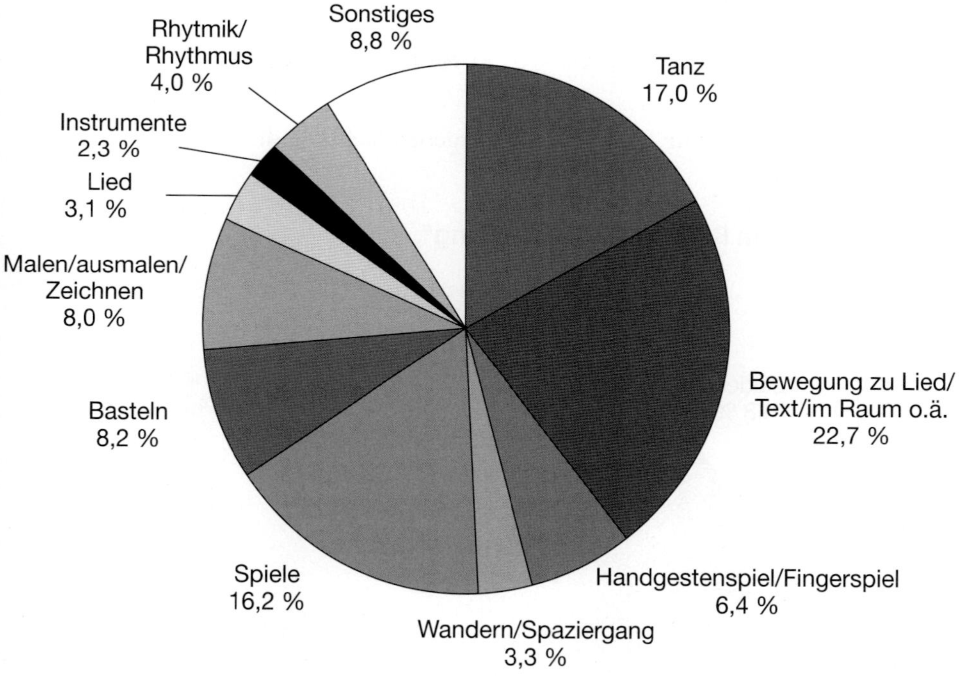

Diagramm: n=777 = 100%

Besonders oft wurde durch Bewegung im Raum o. ä. zu Liedern, Texten etc. vertieft. So berichtet eine Erzieherin zur didaktischen Einheit „Luftballon": *„Es wollten nach der Vertiefung einige Kinder in der Turnhalle mit ihrem Luftballon bleiben. Untermalt mit der Musik von der CD bewegten sich die Kinder im Raum (Körpererfahrung / Körperwahrnehmung gemeinsam mit dem Luftballon)."* Diese Kategorie wird hier von Tanz (17%) abgegrenzt und als Einzelkategorie erhoben.

„Da die Kinder aus dem Musik-Projekt die gelernten Tänze im Morgenkreis immer wieder vorstellen, ist es der gesamten Gruppe schon möglich, Text, Melodie und Tanz gemeinsam vorzuführen", äußert eine Erzieherin.

Fast genauso oft wie durch das Tanzen wird über Spiele vertieft (16,2%). Ebenfalls wird gebastelt, gemalt, gezeichnet, so dass auch die Feinmotorik gefördert wird.
Die Kategorie „Lieder“ steht im Bereich der motorischen Bildung, weil Lieder von den Erzieherinnen des Öfteren in Verbindung mit Bewegungsaktivitäten angegeben wurden.

3.3 Wie und wodurch wurde „Sprechen“ vertieft?

Die Vertiefungen zur Sprachbildung ergeben sich aus der folgenden Darstellung.

Vertiefung im Bereich „Sprachbildung“

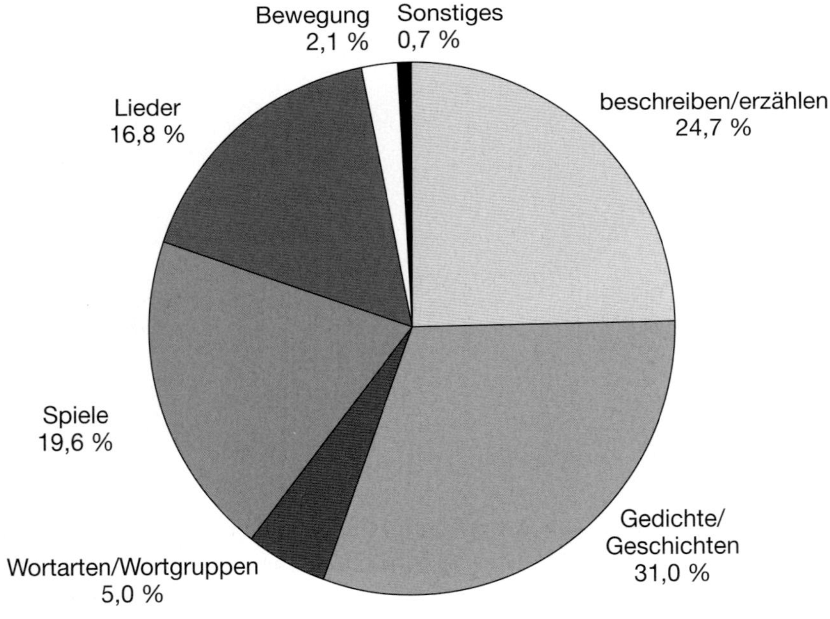

Diagramm: n=535 = 100%

Etwa ein Drittel der Angaben machen Gedichte bzw. Geschichten aus. Ein knappes Viertel bezieht sich darauf, dass beschrieben bzw. erzählt wird, beispielsweise das freie oder gelenkte Gespräch mit der Erzieherin.

Auch gibt es wieder die Kategorie „Spiele“, wie schon bei der motorischen und der musikalischen Vertiefung. Allerdings wird der sprachliche Bereich im Vergleich öfter durch Spiele vertieft. Das leuchtet ein, wenn man bedenkt, wie vieler Absprachen es bedarf, um alleine die Spielregeln eines Spiels zu erklären und zu erfassen.
„Lieder“ nehmen mit 16,8% einen vergleichsweise großen Anteil ein.

3.4 Im Vergleich: Welcher Bildungsschwerpunkt wurde häufiger gefördert?

Im Folgenden ein Blick auf die Verteilung der Vertiefungsaktivitäten, wobei ersichtlich wird, ob Singen, Bewegen und Sprechen gleichermaßen gefördert wurden.

Vergleich der Vertiefungsaktivitäten

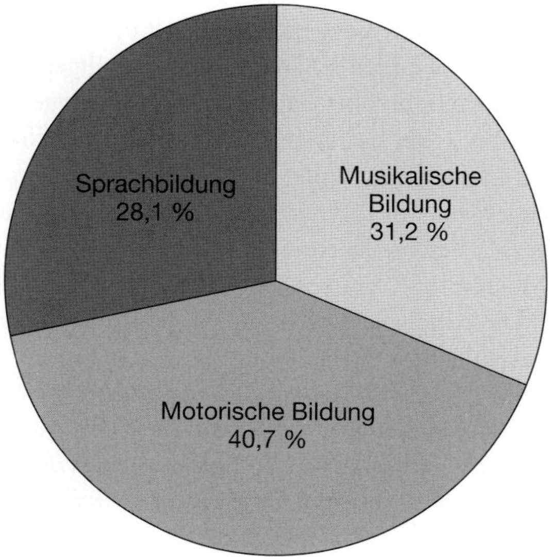

Diagramm: n=1907 = 100%

Im Diagramm ist zu sehen, dass über 40% der Vertiefungsaktivitäten durch die ErzieherInnen im motorischen Bereich stattgefunden haben. Eine eindeutige Zuordnung fällt allerdings schwer, insofern einige Kategorien für jeden Bildungsbereich bestehen und die Inhalte ohnehin ganzheitlich zu se-

hen sind. 31,2% der Nennungen fallen in den musikalischen Bereich, der Sprachbereich erhält 28,1%. Die sprachliche Vertiefung kann jedoch mehr als in den anderen Bereichen „nebenher" stattfinden. Sprache ist ja in jedem Fall erforderlich für die Erläuterung von Spielen, das Textverständnis bei Liedern und vielem mehr. Eine Erzieherin äußert zur sprachlichen Vertiefung: *„Sprachbildung ist bei jedem vertiefenden Angebot gegeben."*
In die Auswertung wurden nur explizite Nennungen im Sprachbereich und Lieder einbezogen. In der Praxis hat deutlich mehr Sprachbildung stattgefunden. Interessant sind die 40,7% in der motorischen Bildung: Diesen Angaben zufolge fand häufig eine motorische Vertiefung statt.
Der Vergleich zeigt eine ziemliche Ausgewogenheit in den drei Schwerpunkten und deren methodische Verzahnung.

3.5 Auswirkungen auf den gesamten Kindergarten

Auch aus den Dokumentationsbögen geht hervor, dass das Musikprojekt nicht nur auf die festgelegte Kindergruppe des Projekts Einfluss hatte, sondern auch den Alltag der anderen Kinder in der jeweiligen Gruppe oder des Kindergartens insgesamt berührt hat. Auch Auswirkungen auf die Eltern und die Kollegen im Team hat es gegeben. So wird berichtet, dass die didaktische Einheit in der Teamsitzung an die Kollegen weitergegeben wurde. *„In allen Ecken des Hauses ist während des Freispiels immer wieder unser Bauernhoflied zu hören"*, beschreibt eine Erzieherin. Auch erzählt sie, dass von den Kindern „Musikstunde" gespielt werde, so zum Beispiel *„mit gebastelten Liederbüchern."* Die Kinder, die nicht am Projekt teilnehmen, werden oftmals in die Projektinhalte eingeführt:
„Die Kinder singen, sprechen und tanzen immer wieder spontan, oft nebenher während ihres Spiels. Die Großen beziehen die Kleinen mit ein, wollten ihnen den Tanz „Sali bonani" mit Wechsel des Tanzpartners beibringen, haben sich lange bemüht, dann aber eingesehen: ‚Ich glaub, das können die noch nicht, die sind noch zu klein.' Die Kleinen haben zustimmend genickt."

Die afrikanischen Lieder wurden in der Einrichtung als sehr beliebt bei den Kindern erlebt. So wird auch berichtet, dass diese Lieder im ganzen Kindergarten zu hören seien, dass die Kinder sie beim Spielen nebenher singen und das Begrüßungsritual „Sali bonani" machten. *„Unsere Zweijährigen sind total begeistert vom Lied „Ayele vi" von der CD. Ein Zweijähriger sagt: ‚Lied von Mann aus Afrika hören!'"*

Eine Erzieherin resümiert:
„Die Gruppe ist überaus motiviert, macht begeistert mit. Das Rhythmus-/ Taktgefühl hat sich sehr verbessert und gesteigert, es macht richtig Spaß, mit ihnen diese Einheiten durchzuführen. Die Euphorie überträgt sich ohne mein Zutun auf die restliche Gruppe; die Projektkinder fordern, das Gelernte vorzuführen. Wir haben begonnen, eine „Aufführung" für die Einrichtung (meistens freitags nach der Musikstunde) zu machen."

3.6 Weitere Eindrücke der ErzieherInnen – erfreuliche Perspektive

Die ErzieherInnen sollten auch „Sonstiges" äußern. Wenige Male wurde gesagt, dass eine Vertiefung aus verschiedenen Gründen nicht machbar gewesen sei. Fast immer sind es aber erfreuliche Begebenheiten, beispielsweise:
„Mit dem Riesenrepertoire, das uns durch das Musikprojekt zur Verfügung steht, können wir jederzeit spontan ein Programm zusammenstellen."

Die Freude der Kinder ist folgenden Aussagen zu entnehmen:
„Als ich in die dritte Gruppe hinein ging, um die Kinder für das Musikschulprojekt zu holen und mich ein Kind sah, räumte dieses sofort seine Vesperbox auf, nahm seine Schläppchen und sagte zu meiner Kollegin: ‚Also ich gehe jetzt ins Musikschulprojekt!'"

Eine andere Erfahrung war:
„Nach der Vertiefung (Dauer ca. 20 Minuten) sagte ein Kind zu mir: ‚Ach schade, schon vorbei!'"

Auch beschreiben einige ErzieherInnen die gelernten Fähigkeiten und Fertigkeiten der Kinder:
„Es ist beeindruckend, wie (fast) alle Kinder den Takt perfekt mit den Klanghölzern nachspielen können",
„Viele Kinder haben durch die Regelmäßigkeit der Stunden ein sicheres Taktgefühl, z.B. beim Klatschen oder Musizieren mit Rhythmusinstrumenten, entwickelt."

Allgemein wird festgestellt:
„Es ist sehr schön zu beobachten, wie viel doch die Kinder in dieser kurzen Zeit erlernt haben und es auch immer wieder im Kindergartenalltag anwenden."

„Die Wortkreationen der Kinder waren fantastisch",
lobt eine Erzieherin. Ein weitere beobachtet, dass die Kinder *„mit Freude, Ruhe, Ausgeglichenheit, aber auch mit Spannung bei der Durchführung dabei"* seien.

4. Empfehlungen

(1) Für die Vertiefungen sollte ein klarer Rahmen (Vertiefungsmethodik), von allen akzeptiert, bestehen.

(2) Der Dokumentationsbogen soll regelmäßig und dauerhaft benutzt werden.

(3) Möglichst viel Ganzheitlichkeit: Singen, Bewegen und Sprechen ergänzen einander. Eine ganzheitliche Vertiefung ist bemüht, alle 3 Bereiche integriert zu bedienen. (Gegenteil: Heute singen wir, morgen sprechen wir ... o ä.)

(4) Bei den Wiederholungen ggf. auch Kinder, die nicht im Modell sind, von den Inhalten, neuen Liedern, Tänze etc. profitieren lassen. Gesamte Einrichtung einbeziehen.

(5) In Vor- und Aufführungen Kollegen, Eltern und andere Kolleginnen einbeziehen. Das schafft Transparenz und Bereicherung.

IX Mit den Eltern geht es besser – Elternarbeit in „Singen-Bewegen-Sprechen"

„Bei Gruppenauftritten vor den Eltern fand ich, dass sich die Stimmqualität der ganzen Gruppe verbessert hat."
(Aussage einer Mutter)

1. Elternarbeit - Bedeutung und Leitsätze

Das Bildungsmodell „Singen-Bewegen-Sprechen" kann optimal nur durchgeführt werden, wenn alle Betroffenen mit gesehen und mit einbezogen werden. Vor allem mit Blick auf die gelingende Bildung der Kinder geht es nicht ohne deren Eltern und Familien. Sie sind, wie auch in der übrigen Kindergarten- und Schularbeit, als echte Partner zu betrachten und zu beteiligen.
Ich habe in den vergangenen Jahren und Jahrzehnten eine gesamte Theorie und Konzeption zur Zusammenarbeit mit Eltern entwickelt und erprobt. (Vgl. Huppertz: Elternarbeit vom Kindergarten aus, Freiburg 1995)
Im Folgenden nenne und skizziere ich die fünf wichtigsten Leitsätze für die Zusammenarbeit mit den Eltern:

(1) *Bedarf und Bedürfnisse von Eltern beachten.*- Was Eltern brauchen, ihre Bedürfnisse und Interessen, das ist meist so stark, dass man normalerweise nicht dagegen ankommt und es auch gar nicht versuchen sollte, im Gegenteil: Wir müssen die Zusammenarbeit auf die Lage der Eltern beziehen, und zwar im Hinblick auf Zeiten, Themen, Methoden usw. Auch die Einstellung mancher Eltern zum Kind, hat sich verändert, nicht immer zum Positiven. Hier darf man pädagogisch sensibel, erwachsenenbildnerisch, Einfluss nehmen. Elternarbeit heißt u. a. auch Anregungen und Lernimpulse geben – und natürlich auch geben lassen.

(2) *Die richtigen Formen finden.*- Bei aller Vielfalt an Formen und Methoden, die wir heute für die Elternarbeit kennen, kann nicht einheitlich vorgeschrieben werden, welche davon zu praktizieren seien. Das ergibt sich aus der Betrachtung der anthropogenen Voraussetzungen von Eltern. Je nach Lage des Kindergartens wird man z. B. mehr Elternabende, Elternnachmittage, mehr Feste, informelle Begegnungen usw. haben. In einem anderen Fall kann stärker der Akzent auf den schriftlichen Formen, z.B. Kindergartenzeitung, Info-Briefe o. ä. lie-

gen. Wichtig ist, ein Konzept mit den lage- und situationsspezifischen Formen und Methoden zu besitzen und dass diese wirksam sind.

(3) *Zum richtigen Zeitpunkt beginnen.*- Manche Aktivitäten in der Elternarbeit kommen zu spät. „Das Kind ist schon in den Brunnen gefallen", wie das Sprichwort sagt. Eltern haben sich z. B. bereits geärgert und beschwert. Ohne dass die Erzieherinnen etwas davon gemerkt haben, kursiert unter den Eltern die Rede, dass die Kinder „im Kindergarten nichts lernen". Die Devise kann hier nur lauten: Vorbeugen. Aktive und initiative Elternarbeit, durch welche sich die Eltern rechzeitig und ausgiebig informiert fühlen. Dann ist es nicht zu spät.

(4) *Die Beziehungsebene als Basis der Elternarbeit.*- Die pädagogischen Fachkräfte sollten nicht nur um die große Bedeutung ihrer Beziehung zu den Kindern wissen (pädagogisches Verhältnis), sondern auch um die Bedeutung der Beziehung zu den Eltern. Die Eltern mögen „ihre" Erzieherin und Lehrerin oder nicht – dazwischen gibt es viele Abstufungen der Sympathie, Antipathie oder evtl. Gleichgültigkeit: umgekehrt ist es ebenso. Erzieher wissen meist intuitiv von der Empfindsamkeit in Beziehungsfragen und setzen deshalb ihr „gutes Verhältnis" zu den Eltern nicht auf's Spiel. Die Gestaltung der Beziehung hat man bis zu einem gewissen Grade selbst in der Hand. Deshalb ist es ratsam, der Elternarbeit über die Beziehungsebene eine kraftvolle, tragfähige Basis zu geben.

(5) *Keine Elternarbeit ohne Rückmeldung.*- Das allgemeine, für jede Zusammenarbeit gültige Prinzip der Rückmeldung (Feedback) muss auch in der Elternarbeit verwirklicht werden, z. B. wenn am Elternabend in den letzten fünf Minuten von den Eltern drei kurze Fragen schriftlich (falls möglich) beantwortet werden:
(a) Was hat am Elternabend gut gefallen?
(b) Was war weniger gut?
(c) Was wird vorgeschlagen?
Rückmeldung kann und soll aber auch mündlich erfolgen. Dieses Verfahren ergibt nicht nur anregende Informationen, auf Grund derer bestimmte Unzulänglichkeiten evtl. abzustellen sind, sondern es bietet auch die erforderliche Sicherheit, weil ein Austausch direkter erfolgen kann und nicht hinter dem Rücken zu erwarten ist. (Vgl. auch Kapitel V)

2. Formen der Zusammenarbeit mit den Eltern

Praktische Formen der Elternarbeit, die in „Singen-Bewegen-Sprechen“ praktiziert werden können, sind zur Anregung hier aufgelistet. Im Rahmen der jeweiligen Gegebenheiten wird man die geeigneten Formen und Methoden auswählen.

1.	Elternbrief
2.	Hospitation der Eltern (Mitmachstunden)
3.	Information für Eltern durch einen Aushang
4.	Elterngespräche bei einer kleinen Instrumenten- und Materialausstellung
5.	Singen und Musizieren mit Eltern und Kindern an einem dafür vorgesehenen Nachmittag
6.	Mit den Kindern etwas erarbeiten für die Eltern, z. B. zu Weihnachten, zu einem Fest
7.	Zeitschriften und Bücher für Eltern auslegen
8.	Informationsabend
9.	Infoveranstaltung
10.	Gespräch mit Eltern „zwischen Tür und Angel“
11.	Eltern durch die Übermittlung des Planes über die Arbeit informieren
12.	Interessen der Eltern einholen über einen sog. Wunschkasten
13.	Einige Eltern mitnehmen, wenn man z. B. in einem Altenheim Lieder singt oder Tanzspiele vorführt
14.	Eltern informieren dadurch, dass man von Kindern Erarbeitetes ausstellt
15.	Sprechstunde für die Eltern
16.	Gesprächsrunden mit Eltern
17.	Gemeinsames Gespräch zwischen Eltern, Lehrern und Erziehern
18.	Gemeinsame Feste mit Eltern und Kindern
19.	Plakate
20.	Eltern Impulse geben, ein behandeltes Thema auch zu Hause ins Gespräch mit ihrem Kind einzubeziehen
21.	Eltern-Kind-Projekte
22.	Ein Telefongespräch mit den Eltern führen
23.	Handzettel
24.	Schaukasten
25.	Zeitungsbericht

3. Informationsabend für Eltern zu „Singen–Bewegen–Sprechen"

Im Folgenden sind Überlegungen zu einer Informationsveranstaltung zu „Singen-Bewegen-Sprechen", z. B. für einen Elternabend, skizziert. In diesem Strukturgitter finden sich drei Phasen, in denen die Veranstaltung „ablaufen" könnte, mit den jeweils möglichen Zielen, Inhalten, Medien und Methoden sowie zeitliche Überlegungen. Selbstverständlich sind dabei die Voraussetzungen, Erwartungen und Wünsche der Adressaten, Eltern oder Öffentlichkeit, zu beachten sowie ebenfalls die erforderliche Flexibilität und Spontaneität für den Fall, dass es anders kommt, als man geplant hat. Wie im Übrigen eine solche Veranstaltung aussehen würde, kann jeder sich zur Genüge vorstellen. (Zu weiteren methodischen Details vgl. man ggf. Huppertz, N.: Elternarbeit vom Kindergarten aus, 20. Aufl. Freiburg 1995)

Strukturgitter für Planung, Durchführung und Nachreflexion einer Informationsveranstaltung „Singen-Bewegen-Sprechen"

<table>
<tr><td rowspan="6">Empfang und Begrüßung</td><td></td><td>Phase I</td><td>Phase II</td><td>Phase III</td><td rowspan="6">Zusammenfassung und Verabschiedung</td></tr>
<tr><td>Ziele</td><td>Vermittlung von Kenntnissen über das Bildungsmodell</td><td>Freudvolles Erleben und Akzeptieren des Modells</td><td>Engagement und Verpflichtung der Eltern</td></tr>
<tr><td>Inhalte</td><td>Organisation von „Singen-Bewegen-Sprechen"</td><td>Ausgewähltes Beispiel</td><td>Wünsche und Erwartungen</td></tr>
<tr><td>Medien</td><td>Visualisiertes Schema</td><td>Evtl. unser oder eigener Film</td><td>Stellwand oder Tafel</td></tr>
<tr><td>Methoden</td><td>Kurzreferat – Erzieherin und Lehrkraft berichten im Wechsel</td><td>Diskussion oder Eltern etwas mitmachen lassen</td><td>Impulse und Zettel – Moderation an Stellwand o.ä.</td></tr>
<tr><td>Zeit</td><td>ca. 20 Minuten</td><td>ca. 30 Minuten</td><td>ca. 20 Minuten</td></tr>
</table>

4. Erfahrungen der Eltern - Positive Veränderungen bei den Kindern

Besonders im Rahmen der Erziehungspartnerschaft ist es wichtig, Eltern am Geschehen im Kindergarten teilhaben zu lassen und zu beteiligen. In „Singen–Bewegen–Sprechen“ wurde durch eine Betrachtung der Elternseite u. a. deutlich, inwieweit die Inhalte die betreffenden Kinder auch zu Hause beschäftigt haben und wie das Bildungsmodell damit auch außerhalb der Kindergartenzeit auf die Kinder gewirkt hat.
Beispielhaft für die Sicht der Eltern und stellvertretend für andere Einrichtungen werden hier Erfahrungen aus dem Kindergarten in Blaufelden dargestellt. Die Eltern hatten die Möglichkeit, mit Hilfe eines Fragebogens Rückmeldung zum Projekt und den Erfahrungen mit ihren Kindern zu geben.
So beschreibt eine Mutter die Fortschritte in Singen, Bewegen und Sprechen jeweils als „hoch“. Es wird ergänzt:
„Mir ist aufgefallen, dass mein Kind sehr viel Spaß am Projekt hatte und dadurch auch zu Hause sehr viel und oft davon erzählt und vorgeführt hat.“

Ein anderer Elternteil sagt:
„Ich finde gut, dass das Projekt mit so viel Spaß, Zeitaufwand, Eifer und Einsatz im Kindergarten durchgeführt wurde“ und dass *„das Projekt (intern) weitergeführt werden soll“*. Dabei wird den Erzieherinnen gedankt.

Jemand anders berichtet von seinem Kind:
„Immer, wenn Musikstunde war, wurde an diesem Tag besonders viel gesummt und getanzt." Im Weiteren wird positiv hervorgehoben, dass *„die Leiterinnen des Projekts mit Herz und vollem Einsatz dabei waren. Man hat richtig gespürt, dass sie das gern machen."*
Offenbar wurden auch Kinder außerhalb des Projekts ein Stück weit mit einbezogen: *„Ich finde gut, dass auch für die Kleinsten einzelne Teile aus diesem Projekt mit in den Ablauf im Kindergarten einbezogen werden."*
Anderen Eltern ist aufgefallen, dass ihr Kind *„sehr viel Freude am Rhythmus gefunden hat (klatscht Rhythmen bei allen möglichen Gelegenheiten – im Garten, ...)"*, dass es außerdem *„Tonlagen treffend findet"* und *„Silben gut erkennen kann"*.

Hinsichtlich der ganzen Gruppe wird festgestellt:
„Bei Gruppenauftritten vor den Eltern fand ich, dass sich die Stimmqualität der ganzen Gruppe verbessert hat." Ein Elternteil schreibt:
„Das Kind ist nicht mehr so kontaktscheu (nicht nur auf Familie konzentriert) und singt beim Alleine-Spielen vor sich hin". Außerdem lerne das Kind *„gut auswendig"*.

Zu Hause macht jemand die Beobachtung: *„Mein Kind singt sehr viel, klatscht und versucht auch viel zu reimen. Wenn mein Kind von der Musikstunde nach Hause kommt, erzählt es, was sie dort gemacht haben und zeigt es auch vor."*
Alles mache dem Kind viel Spaß:
Dass „Singen-Bewegen-Sprechen" den Kindern Freude bereitet hat, wird an vielen Stellen deutlich, z. B.: *„Mein Kind ist gerne hingegangen und hat sich immer auf Freitag gefreut."*
Jemand ergänzt: *„An der ‚offenen Stunde' und Öffentlichkeitsarbeit konnten wir es merken, wie die Kinder große Fortschritte in vielen Bereichen entwickelt haben und wie sie sich stolz präsentiert haben!"*

Die Eltern haben hier also die Möglichkeit gehabt, Einblick in die Praxis der Projektarbeit zu erhalten. So schreibt ein Elternteil: *„Ich finde gut, dass das Gelernte in den offenen Stunden den Eltern gezeigt wurde."*
An anderer Stelle wird positiv hervorgehoben, dass *„auch die Eltern öfters mal dabei sein durften."*
Offenbar werden die Angebote, welche die Inhalte und Themen des Projekts transparent machen, von Eltern gerne in Anspruch genommen.

5. Erfahrungen der ErzieherInnen: Wie haben Eltern reagiert?

Zahlreiche elterliche Rückmeldungen zum Bildungsmodell wurden von den ErzieherInnen dokumentiert. Diese standen in engem Kontakt zu den Eltern, etwa durch regelmäßig stattfindende Gespräche zwischen Tür und Angel, und hatten daher viele Möglichkeiten, Reaktionen der Eltern zu „Singen-Bewegen-Sprechen“ zu erfahren.
Die Eltern berichten, dass ihre Kinder häufig zu Hause das Gelernte aus der didaktischen Einheit wiederholen. So äußert eine Fachkraft beispielsweise, wie ein Kind die didaktische Einheit „Luftballon“ zu Hause wiederholt:
„Ein Kind spielt zu Hause, Frau [...] muss das Kind sein und mit dem Luftballon verschiedene Aktivitäten nachmachen.“

Meist ist es so, dass die Kinder zu Hause singen oder wiederholen, Verse sprechen oder ähnliches. Insofern dies besonders häufig geäußert wird, kann geschlossen werden, dass die Kinder oft von sich aus die Inhalte wieder aufnehmen und sie dadurch auch zu Hause gleichsam vertiefen. Solche Wiederholungen und intensive Beschäftigungen mit den Themen zeigen, wie groß das Interesse und die Motivation der Kinder sind. Dass dies nicht für alle Inhalte bei allen Kindern gleichermaßen zutrifft, ist zu erwarten. Jedoch ist es als äußerst positiv zu bewerten, wie das Bildungsmodell offensichtlich nachhaltig auf die Kinder wirkt.

Die ErzieherInnen berichten von Freude und Begeisterung der Eltern über die Vielzahl an neuen Liedern etc. Auch wird betont, dass Eltern sich interessiert an den Inhalten zeigen, indem sie Informationen und Liedtexte nachfragen.
„Eltern sind begeistert (Kinder erzählen zu Hause, wollen singen, spielen, ...)“, berichtet eine Erzieherin. *„Es herrscht eine starke Nachfrage der Eltern nach neuen Liedern, Sprechversen etc.“*

Manche Erzieherinnen geben jedoch auch an, keine Rückmeldung von den Eltern erhalten zu haben. Das ist nicht unbedingt gleichzusetzen mit Desinteresse vonseiten der Eltern.
Erfreulich sind die Fälle, wo Eltern sich aktiv einbringen und sich in irgendeiner Weise beteiligen. So ist zu hören, dass manche Eltern etwas zu „Singen-Bewegen-Sprechen“ Passendes in die Einrichtung mitgebracht haben.
Die Wirksamkeit wird auch in zahlreichen weiteren Reaktionen von Eltern

deutlich: So merkt eine Erzieherin beispielsweise an, dass Eltern von Kindern, die nicht am Projekt teilnehmen, *„sehr enttäuscht“* seien.
Eltern sind begeistert,
„dass so viele Lieder, Fingerspiele und Verse in so kurzer Zeit erlernt und von den Kindern selbst immer wiederholt und geträllert werden.“
Auch zeigen Eltern *„Interesse, dass und wie es weitergeht.“*
„Wir bekamen noch sehr viele positive Rückmeldungen zum Spiel ‚Vom Bäumchen, das andere Blätter hat gewollt‘ an unserer Adventsfeier – nicht nur von Eltern, sondern auch von anderen Gästen. Alle lobten die Engagiertheit und das Selbstbewusstsein der Kinder.“

6. Einbindung von „Singen-Bewegen-Sprechen“ in die Elternarbeit

Die ErzieherInnen haben das Projekt in die Elternarbeit eingebunden. So wurde beispielsweise ein *„Infoabend über das Musikprojekt für die Eltern“* gemacht. Eine andere pädagogische Fachkraft erwähnt einen *„Elternabend zum Advent“*, wobei mit den Eltern *„Sprechverse mit ‚Körpereigenen Instrumenten‘ wie Klatschen, Patschen und anderen Instrumenten“* gemacht wurden. Die Erfahrungen waren sehr positiv:
„Eltern sind begeistert und machen gerne mit“.

Eine Erzieherin berichtet von einem Elternnachmittag:
„Wir haben Eltern auch schon mal zu einem Nachmittag eingeladen, an dem wir total überrascht waren, wie gerne sie bei uns geblieben sind und wie sie mitgemacht und begeistert mit den Kindern musiziert haben. Ich denke, wir haben eine gute Elternschaft, die die Kinder auch unterstützen, die Interesse an ihren Kindern haben und auch wissen möchten, was ihre Kinder lernen.“

Es fanden Elternnachmittage, Elternabende, Vorführungen und „Elternmitmachstunden“ statt. Letztere hatten zum Ziel:
„Kennenlernen von Eltern und pädagogischer Fachkraft der Musikschule – Eltern tauchen in die Erlebnisbereiche der Kinder ein und lernen den Ablauf einer Stunde kennen. Die Kinder können den Eltern bereits Gelerntes zeigen und mit ihnen gemeinsam umsetzen. Weitere Mitmachstunden sind für den Sommer geplant, um möglichst noch mehr Eltern zu interessieren und zur Teilnahme zu bewegen.“

Wie allgemein bekannt, genießen die Kinder es, wenn ihre Eltern dabei sind: *„Die Kinder konnten stolz bereits Erarbeitetes und Gelerntes zeigen – die Eltern hatten selber Freude am für sie sicher ungewohnten Spiel (besonders am Instrumentalspiel).“*

Rückmeldungen der Eltern zu solchen Veranstaltungen lauten:
„Eltern bleiben im Raum zum anschließenden Gespräch mit beiden pädagogischen Fachkräften über die Durchführung des Projekts. Das Echo der teilnehmenden Eltern war sehr positiv.“
„Äußerst positive Reaktion der Eltern. Sie sind gespannt auf die Darbietungen der Kinder bei der Adventsfeier (Glocken klingen).“

Wie man sieht, wurden in einigen Kindergärten die Eltern gut in „Singen-Bewegen-Sprechen“ eingebunden. Das Informieren der Eltern über das Bildungsmodell hat dabei in manchen Einrichtungen der Elternbeirat übernommen – eine gute Möglichkeit der Zusammenarbeit.

7. Empfehlungen

(1) Mit der Elternarbeit früh und aktiv beginnen, nicht erst re-agieren, wenn kritische Nachfragen kommen.

(2) Regelmäßig die passenden Formen der Elternarbeit praktizieren. Feedback einholen und geben.

(3) Im Sinne gelingender Erziehungspartnerschaft soll „Singen-Bewegen-Sprechen" den Eltern transparent gemacht werden. Aushänge, Elternabende und „Mitmachstunden" bieten sich dafür an. Auf jeden Fall müssen Eltern einbezogen sein.

(4) Elternvertreter können den pädagogischen Fachleuten dabei behilflich sein, u. a. über das Bildungsmodell zu informieren.

(5) Von wichtigen Liedern, Versen etc. sollten Kopien für die Eltern ausliegen. So können, falls es geht und gewollt ist, die Kinder zu Hause wiederholen und das Gelernte mit den Eltern intensivieren. (Achtung: Eltern nicht zu Abfragen und Druck auf die Kinder verleiten!)

(6) Die Bildungsinhalte und Erfolge der Elternschaft durch kleine Vorführungen zeigen, z. B. bei Festen o. ä.

X Gemeinsam - Kooperation von Kindergarten und Musikschule

„Die Nichtzusammenarbeit mit dem Schlechten gehört ebenso zu unseren Pflichten, wie die Zusammenarbeit mit dem Guten."
(Mahatma Gandhi)

1. Bedeutung der Kooperation

Zum Wesen des Modells „Singen-Bewegen-Sprechen" gehört die Kooperation zwischen Kindergarten und Musikschule. Das ist einleuchtend, denn: Sind zwei Einrichtungen an einer Sache, hier dem Bildungsmodell, beteiligt, und soll dieses für die Kinder gelungen verwirklicht werden, steht außer Frage, dass „zusammen" gearbeitet werden muss, d. h. dass Kindergarten und Musikschule kooperieren. In der Kindergartenarbeit ist Kooperation, z. B. mit der Grundschule, eine Selbstverständlichkeit; mit anderen Einrichtungen eher weniger. Musikschule und Kindergarten konkurrieren nicht, sondern sie werden Formen der Zusammenarbeit wählen und Wege finden, wo sie sich sinnvoll ergänzen zum Wohl des gemeinsamen Vorhabens. Das Bildungsmodell „Singen-Bewegen-Sprechen" verdeutlicht, wie beide Seiten voneinander lernen und profitieren können.

Beide Fachkräfte haben spezielle Kompetenzen und können sich dementsprechend ergänzen: ErzieherInnen haben im Kindergarten die Möglichkeit, den Lernverlauf der Kinder besser wahrzunehmen und individuell auf die Kinder einzugehen, u.a. während der Freispielzeit. Die Erzieherin sieht in der Regel die gesamte Entwicklung des Kindes ab der Aufnahme in die Einrichtung und kann vieles beeinflussen. Die Musikschullehrkraft hat ihren abgesteckten Einflussrahmen und verfügt über spezifische Fachkenntnisse, die das Repertoire der Erzieherin ergänzen und erweitern.

2. Eindrücke aus der Zusammenarbeit – Zufriedenheit

Die pädagogischen Fachkräfte wurden in der Pilotphase zu verschiedenen Zeitpunkten um Feedback gebeten, so auch zur Rückmeldung bezüglich der Kooperation.

Die MusiklehrerInnen geben an, dass *„die Zusammenarbeit zwischen Lehrkraft und Erzieherin sehr positiv"* war. Sie gehe über das *„Unterrichten im Team"* und *„über die Unterrichtsstunde hinaus"* und äußere sich auch durch *„regelmäßige Reflexion direkt nach der Stunde"*.
„Der Austausch mit anderen Kolleginnen, aber auch mit der Erzieherin" wird positiv hervorgehoben. Hinsichtlich der Zusammenarbeit wird darüber hinaus festgestellt, dass der *„Austausch von Kindertagesstätte und Musikschule sehr gut ist: gemeinsames Arbeiten, Umsetzen und Reflektieren der Arbeit."* Außerdem herrscht eine *„gute Rollenvergabe: Die Erzieherin hat eine unterstützende Rolle beim Angebot, wöchentliche Vertiefung, Elternbriefe der Musikschule an Eltern, gemeinsame Planung."*
Musikschullehrkräfte haben im Ausnahmefall auch negative Erfahrungen mit dem Kindergarten gemacht. Sie fühlten sich *„manchmal nicht genug respektiert"* und erhielten *„Infos über Kindergarten-Veranstaltungen (...) zu spät."* Eine Musiklehrerin sagt: *„Meine Partnerin (Erzieherin) unterstützt mich zu wenig, lässt mich machen."* Im Einzelfall wird die *„Kommunikation im Kindergarten"* als *„schwierig"* empfunden.
Am Ende der Erprobungszeit wurden die Projektteilnehmenden gefragt, wie zufrieden sie mit der Kooperation seien. Dabei konnten sie sich auf einer Skala von 1 bis 9 einstufen.

Wie zufrieden sind Sie mit der Kooperation?				
		Häufigkeit	Gültige Prozente	Kumulierte Prozente
Gültig	2	1	2,9	2,9
	3	2	5,9	8,8
	4	3	8,8	17,6
	5	1	2,9	20,6
	6	2	5,9	26,5
	7	1	2,9	29,4
	8	5	14,7	44,1
	9 = sehr zufrieden	19	55,9	100,0
	Gesamt	34	100,0	
Skala: „1 = überhaupt nicht zufrieden" bis „9 = sehr zufrieden"				

Über die Hälfte der ErzieherInnen und Musikschullehrkräfte sind nach eigenen Angaben eindeutig „sehr zufrieden" mit der Kooperation. Niemand gibt an, damit „gar nicht zufrieden" zu sein. Wenn man die Skala drittelt, kommt man auf einen negativen, einen mittleren und einen positiven Bereich. Der positive Bereich, für den die Angaben 7,8 und 9 zusammen gerechnet werden, enthält beinahe drei Viertel der Nennungen. Es kann daher von einem sehr erfreulichen Ergebnis gesprochen werden.

3. Das Bildungsmodell als Vorbild einer gelungenen Kooperation

Die MusikschullehrerInnen und ErzieherInnen wurden auch gefragt, ob sie der Ansicht seien, dass die Kooperation von Musikschule und Kindergarten weiterverbreitet werden sollte.

Sollte die Kooperation Kindergarten – Musikschule weiter verbreitet werden?

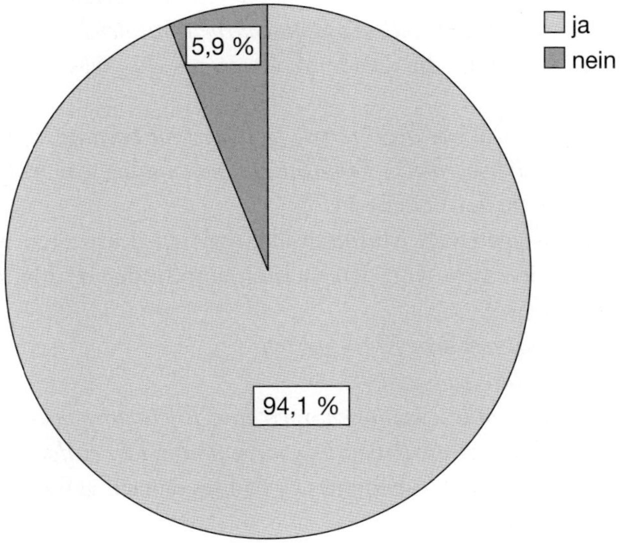

Trotz der Tatsache, dass einige der Teilnehmenden nicht ganz zufrieden mit der Kooperation waren, antworten nahezu alle pädagogischen Fachkräfte (32) auf die Frage nach der Weiterverbreitung der Kooperation mit einem klaren „ja“.

So sagt eine Erzieherin:
„Am allerbesten am Projekt fand ich das gegenseitige Lernen von Musikschulkraft und Erzieherin. Ich konnte so von den musikalischen Erfahrungen meiner Tandempartnerin profitieren.“
Eine andere beschreibt das Verhältnis so:
„Am allerbesten fand ich ‚meine' Musikschullehrkraft.“
Sie betont dabei den positiven Effekt durch die vielen verschiedenen Inhalte und das Zusammenspiel mit der Musikschullehrkraft.
Eine Erzieherin berichtet, dass ihr am besten gefallen habe, *„dass zwei Institutionen so gut zusammen arbeiten können, dass sich die ‚Arbeit' so gut ergänzt.“*
Sie ist der Auffassung, dass *„die Kinder in jedem Fall davon profitieren.“*
An vielen Stellen wird der positive Effekt der Kooperation auf die Kinder als das allerbeste empfunden, wenn z. B. jemand schreibt:
„Am allerbesten am Projekt fand ich das Zusammenspiel mit der Musikschule, da Rhythmus, Taktgefühl intensiver wurde und die Kids ein optimales Vorbild hatten.“
Nicht nur die ErzieherInnen, sondern auch die Musikschullehrkräfte nennen auf die Frage, was ihnen am Projekt am allerbesten gefallen habe, häufig die Kooperation, so z.B. *„die tolle Zusammenarbeit mit der Erzieherin“*.
Eine Musiklehrerin nennt die Tandemkollegin als das, was ihr am besten gefallen habe,
„da sie die Inhalte und Werte begeisternd, fachlich und bewundernswert rüber gebracht hat. Ihre weitergegebenen Erfahrungen haben mich sehr motiviert.“
Im Weiteren dankt sie der Erzieherin.
Die folgenden Aussagen von Musikschullehrkräften illustrieren weiterhin, wie positiv die Kooperation von den meisten empfunden wurde. Am allerbesten hat gefallen:
„Die Zusammenarbeit mit dem Kindergarten“,
„die Arbeit mit dem Tandempartner“,
„die tolle Kooperation, tolle Zusammenarbeit und Ergänzung mit der Kollegin im Kindergarten erleichtert die Arbeit ungemein und macht einfach Spaß!“,
Die Ergebnisse sind besonders bedeutsam, da hier danach gefragt wird, *„was am allerbesten gefallen“* hat.
Ganz wenige, wie gesagt, bemängeln jedoch auch die Kooperation, vereinzelt wird sie sogar als die größte Schwierigkeit wahrgenommen. So empfand eine Musikschulkraft eine
„mangelhafte Unterstützung von Kindergartenseite, wenig Feedback und wenig Offenheit und Transparenz“.
Eine nennt die Anerkennung bei der Kindergarten-Leitung als große Schwie-

rigkeit. Dadurch wird deutlich, wie wichtig die gelingende Kooperation der gesamten Einrichtung für das Bildungsmodell ist.
Bei der Frage, was ihr *„allergrößter Wunsch hinsichtlich des Projektes wäre"*, wird die Weiterführung der Kooperation von vielen als Wunsch aufgeführt. Jemand schreibt:
„Mein größter Wunsch wäre, dass es weiter geht, begleitet von einer Musikfachkraft, dass andere Kollegen auch davon profitieren können, d.h. sich einbringen und teilnehmen."
Von einer Anderen wird der Wunsch geäußert, dass *„die fruchtbare Arbeit miteinander weiter fortgeführt werden kann"*.
Eine Musikschullehrkraft äußert: „Ich möchte sehr gerne die Kooperation fortführen."

4. Gute Zusammenarbeit aus Sicht einer Erzieherin – aus einem Interview

Regina Doppstadt ist Erzieherin im Dora-Merian-Kindergarten in Steinen, eine der Einrichtungen, in denen das Modellprojekt „Singen-Bewegen-Sprechen" umgesetzt wurde. Die Zusammenarbeit mit der Musikschullehrerin beschreibt sie so:
„Die Musikschule hat vor 6-7 Jahren nur Musikunterricht in der frühmusikalischen Erziehung, in einem Bongokurs und im Flötenkurs, bei uns angeboten. Die Kinder bzw. die Eltern konnten sich entscheiden, ihr Kind in diesen Musikunterricht zu geben. Dadurch waren wir immer wieder mit Musikschullehrern in Verbindung. Es war dann so, dass die Kooperation durch Feste vertieft wurde, indem die Kinder im Sommer oder im Winter selbst eine kleine Vorstellung gaben, die Eltern eingeladen haben und gezeigt haben, was sie schon gelernt hatten. Die Lehrer, die zu uns kamen, waren immer offen bei dem, was sie mit den Kindern machten, so dass wir auch einmal ein Lied mit den Kindern gesungen haben. Dadurch bestand schon immer eine gute Beziehung. Und jetzt, durch dieses Projekt, ist natürlich die Verbindung noch viel enger, weil es wöchentlich einen Austausch gibt: über die Kinder, über die Stunde, über einzelne Situationen, was verbessert werden muss, was man verbessern kann, auf welche Kinder man speziell noch einmal eingehen muss."

Auf die Frage *„Wie erleben Sie selbst die Stunde? Die führende Hand hat die Musikschullehrerin und Sie wirken mit. Fühlen Sie sich ausreichend integriert,* *übernehmen Sie selbst vielleicht auch gewisse Aufgaben?"*antwortet Regina Doppstadt folgendes:

„Wir sprechen einen Tag vorher die Stunde durch. Wir überlegen, was für die Kinder gut wäre, wie wir das Thema umsetzen können. Es ist unterschiedlich: es kann sein, dass die Musikschullehrerin eine Stunde zu 80% alleine hält. Es kann auch sein, dass wir uns verschiedene Bereiche aufteilen. Den musikalischen Bereich übernimmt immer zu 100% die Musikschullehrerin, weil sie hundertprozentig den Takt vorgibt, hundertprozentig das Rhythmusgefühl hat und die pädagogische Seite kommt von mir. Dort, wo es dann wirklich um das Individualisieren geht, ein Kind zu unterstützen in einem Satz, in einem Vers, stehe ich dem Kind zur Seite. Wenn es darum geht, in ein Thema einzuführen, sei es jetzt das Thema „Nebel" oder „Winter", mache ich das Eingangsgespräch, und den musikalischen Teil übernimmt die Musiklehrerin ganz. Die Kinder erleben uns als gutes Tandem. Sie akzeptieren uns beide. Die Musikschullehrerin hat musikalisch aber ganz klar die Autorität. Die Kinder horchen auf, wenn sie sagt: ‚Ihr müsst noch mal zuhören. Ihr müsst noch mal gemeinsam auf den Rhythmus hören, auf den Takt, auf das Sprechen.' Denn auch im Sprechen gibt es einen Rhythmus, damit wir nicht einen Vers oder ein Lied leiern, sondern dass wir das auch rhythmisch sprechen. Ich wirke unterstützend, und wir ergänzen uns."

5. Empfehlungen

(1) Kindergarten und Musikschule bzw. die beiden Fachpädagogen begegnen einander auf Augenhöhe. Dazu müssen die Beteiligten bewusst, gezielt und immer wieder ihren Beitrag leisten.

(2) Es sollten regelmäßige Besprechungen stattfinden.

(3) Konkrete Vereinbarungen und Absprachen erfolgen.

(4) Die Rolle und Aufgaben immer wieder bedenken, gegenseitige Wertschätzung und Anerkennung geben.

XI Erfolg und Nachhaltigkeit

„M. hat sich im Rahmen des Musikprojektes vom ‚Pausenclown' zum begeisterungsfähigen, interessierten und lernwilligen Jungen entwickelt."
(Ulrike Buttler-Bohrer, Musiklehrerin)

1. Wirkungen allgemein

Die Zielsetzung des Bildungsmodells soll natürlich darin gesehen werden, Freude an Singen, Bewegung und Sprache zu haben und schließlich zu einem gelingenden Leben zu gelangen – damit verbunden u.a. die Schulfähigkeit. So werden Erfolg und Nachhaltigkeit am besten sichtbar. Nicht ohne Grund haben wir der Frage nach der Schulfähigkeit breiten Raum gegeben (vgl. Kapitel VI).
Die empirisch-statistischen Schwierigkeiten einer exakten Erfolgsmessung in der Pädagogik sind hinlänglich bekannt. Im Folgenden geht es darum, Erfolg und Nachhaltigkeit aus Sicht der betreffenden Beteiligten sowie am Einzelfall darzustellen. Die Einzelfalldarstellung soll die quantitativen Belege illustrativ ergänzen.

1.1 Sichtbare Entwicklungen der Gruppe und einzelner Kinder

Wir haben die Entwicklung einzelner Kinder sowie der Gruppe in „Singen-Bewegen-Sprechen" erhoben. So können auch Entwicklungsverläufe von eher „schwächeren" Kindern erfasst und aufgezeigt werden.
Im Folgenden einige der Ergebnisse.

1.1.1 Entwicklungen in der Gruppe

Eindrucksvoll wird die Entwicklung der Gruppe und der Gruppendynamik beschrieben:
„Bis Weihnachten war ich zufrieden mit dem Zusammenfinden der Kinder, danach gab es gegenseitige Akzeptanz, verstärkte gegenseitige Wahrnehmung, Zuhören, Wissen, wer zur Gruppe gehört." [...]
Inzwischen ist es so:

„Die ‚Verhaltensauffälligen' werden akzeptiert, die anderen lassen sich weniger ablenken." […]
„Anfangs war es ein ‚Chaotenhaufen' (/Jungs), der nur rennen und prügeln wollte – inzwischen gibt es reibungslose Abläufe."
„Die Kinder können jetzt zuhören und abwarten, bis sie an der Reihe sind […]
„Jetzt ist es eine gut zusammengewachsene Gruppe, die Kinder nehmen sich als zur Gruppe zugehörig wahr. Das Wir-Gefühl wurde durch die Aufführung gestärkt."

1.1.2 Entwicklung von einzelnen Kindern

Die Entwicklung eines einzelnen Kindes wird folgendermaßen beschrieben:
„Lucia ist 5,8 Jahre jung, kommt im Herbst in die Schule und wurde ganz bewusst in dieses Projekt genommen, da sie bislang ein schüchternes, ängstliches, verunsichertes und sehr, sehr ruhiges Kind war, so dass vor einem Jahr noch darüber nachgedacht wurde, das Kind in die Grundschulförderklasse zu schicken oder ein weiteres Jahr im Kindergarten zu behalten.

Heute können wir feststellen, dass Lucia durch dieses Projekt mehr Selbstbewusstsein erlangt. Sie traut sich eher etwas zu: selbst auszuprobieren, mit den Instrumenten zu experimentieren, ja sogar allein etwas vorzuführen. […] Sie hatte anfangs die Möglichkeit, sich in der ‚Masse' der Gruppe zurückzunehmen – heute singt und spricht sie auch gern einmal mit einer Freundin etwas vor."

Eine andere Erzieherin beschreibt die positive Entwicklung eines Kindes, das nach ihrer Beschreibung *„Sprechschwierigkeiten, Wahrnehmungsprobleme, Konzentrationsschwächen"* habe – diese *„beginnen sich zu verbessern"*. Das Kind fange damit an zu erzählen und freue sich, sich musikalisch zum Ausdruck bringen zu können. Sie beschreibt darüber hinaus:
„Das Kind kommt gerne in die Gruppe, es fühlt sich dort akzeptiert und traut sich in der Zwischenzeit, eine Führungsrolle zu übernehmen oder selbst etwas auszuwählen. In der Zwischenzeit ist das Kind aufmerksamer und aktiver. Es kann sich mehr auf die verschiedenen Einheiten in einer Stunde einlassen, ohne sich zurückzuziehen oder sich zu verweigern. Die kognitive Herausforderung durch das eigene Erleben und Erleben in der Gruppe gaben einen nötigen, wichtigen Entwicklungsschub für dieses Kind."

Bezogen auf ein anderes Kind heißt es, dass die Sprachentwicklung eines ausgewählten Kindes *„noch nicht optimal, aber deutlich verbessert sei"*, der Wortschatz erweitert und das Selbstbewusstsein enorm gesteigert. Das Kind wolle nun oft *„von sich aus erzählen“* und bemühe sich, ganze Sätze auszusprechen. *„Es bringt eigene Ideen ein und ist stolz, wenn sie aufgegriffen werden. Es sagt von sich: ‚Das trau ich mich schon‘ oder ‚Ich habe eine gute Idee‘.“* Das Kind singe außerdem viele Lieder oder spreche Verse nebenher beim Spielen. Außerdem habe es *„mehr Freude an Bewegung“*.

1.2 Verbreitung und Fortführung von „Singen–Bewegen–Sprechen"

Die pädagogischen Fachkräfte sollten Wünsche hinsichtlich der weiteren Zusammenarbeit nach Beendigung des Projekts angeben. Eine Erzieherin wünscht sich Folgendes: *„Das Projekt sollte man fortsetzen, da wir in der Einrichtung merken, wie gut es allen tut und wir, Kinder und Eltern, davon profitieren können.“* Sorgen, Wünsche oder Ängste hat eine andere Erzieherin nicht, wenn sie antwortet:
„Sorgen gibt es keine, da wir mit reichlich Material ausreichend für 3 Jahre versorgt sind und betreut werden, so dass man mit diesem vorhandenen Material super weiter schaffen kann. Wir werden das auf jeden Fall tun!“

Betont wird u. a. auch die Bedeutung der Kooperation:
„Schade wäre natürlich, wenn es keine Fachkraft mehr gäbe, die sich so gründlich und genau auf die Unterrichtseinheiten vorbereitet und sie durchführt. Für die Erzieherinnen wird diese Gründlichkeit und Intensität der Vorbereitung, Durchführung und Nachbereitung nicht möglich sein.“
Die Kooperation wird auch an anderen Stellen von Erzieherinnen positiv hervorgehoben und als Wunsch für die Zeit nach Beendigung des Projekts formuliert. So spricht eine Pädagogin von gegenseitigem Profitieren oder sagt, dass in dieser Kombination fruchtbare Arbeit gut möglich sei, *„da sie durch gegenseitiges Lernen, Respektieren der Arbeitsbereiche und Austausch geprägt“* sei. Eine andere Stimme:
„Mein größter Wunsch hinsichtlich des Projekts wäre, dass es weiter geht, begleitet von einer Musikschulkraft, so dass andere Kollegen auch davon profitieren können, d.h. sich einbringen und teilnehmen“.

1.3 Was ist eine didaktische Einheit? – Missverständnisse

Von einigen Fachkräften wird gewünscht, sich länger mit einem Thema beschäftigen zu können. So schlägt eine Erzieherin vor, lediglich ein Thema bzw. eine „didaktische Einheit“ pro Monat einzuführen, so dass diese ganz-

heitlich vertieft werden könne. Dabei würde sie gerne viel wiederholen und Zeit für eigene Ideen und das Experimentieren der Kinder lassen. Andere beschreiben, dass sie das Material reduzieren und die Einheiten wegen Zeitmangels ändern. Eine Fachkraft beschreibt das Problem folgendermaßen: *„Es war sehr viel Material, es musste unheimlich schnell und viel Neues erlernt werden (wer will schon vom Blatt ablesen!). Wir hatten zu wenig Zeit, um die Themen ausgiebig zu behandeln.“* Jemand anders berichtet: *„Meine größte Schwierigkeit am Projekt war, alles schnellstmöglich auswendig zu lernen, um es vermitteln zu können.“* Mein Kommentar (N.H.): „Didaktische Einheit“ sollte wie eingangs definiert verstanden werden. „Didaktische Einheit“ ist kein Rezept. Sie muss individuell und situativ zubereitet werden.
Die meisten verstehen das auch nicht anders, wenn z.B. jemand sagt *„Ich reduziere das Material und ändere die Einheiten nach meinen Bedürfnissen.“*

Eine Erzieherin äußert ihre Sorgen hinsichtlich ihrer eigenen Verantwortung und der Konzeption des Kindergartens: *„Ich mache mir Sorgen, ob wir alles richtig machen, ob wir jedes Kind schulreif bekommen. Wir sind ein offenes Haus - ich bin alleine für alle Projektkinder verantwortlich und soll jedes Kind in allen Bereichen täglich von 10:30-11:30h fördern.“* Auch eine andere Pädagogin kritisiert, dass es nicht dem *„Konzept der Einrichtung [...] (Einrichtung mit situationsorientiertem Arbeitsansatz)“* entspreche, sämtliches Material durchzuarbeiten und dadurch das *„erwünschte Ziel“* zu erlangen.

1.4 Zufriedenheit der pädagogischen Fachkräfte

Große Zufriedenheit mit dem Konzept von „Singen-Bewegen-Sprechen“ lässt sich erkennen, wenn es heißt: „Der Schwerpunkt ‚Singen-Bewegen-Sprechen' muss unbedingt weitergeführt werden in der Kleinkindpädagogik, und zwar in jedem Kindergarten!“ Besonders zufrieden ist eine Erzieherin zudem mit den Musikschullehrkräften:
„Lob an alle Fachkräfte, die die Stunden vorbereitet und Zeit dafür investiert haben! Dieses Projekt ist so vielseitig, dass es viele Bereiche der kindlichen Entwicklung abdeckt und fördert!“
Auch der gesamte Eindruck von Seiten der MusikschullehrerInnen ist als positiv zu werten: So seien die Kinder *„mit viel Freude und Interesse dabei“* und *„profitierten sehr davon“*. Mehrfach wird ein *„absolut positiver Gesamteindruck“* geäußert. Es wird die *„große Begeisterung bei Eltern und Kindern“* betont und immer wieder hervorgehoben, dass die Zusammenarbeit sehr gut funktioniere.

Eine Musikschullehrerin schreibt:
„Mein größter Wunsch hinsichtlich des Projekts ist, dass das Projekt einen guten Nährboden bietet, um wachsen und gedeihen zu können, damit Musik, Bewegung und Sprache in der Kinderwelt einen festen Platz bekommen kann. Denn das sind wunderbare Elemente, um eine tiefgreifende Wirkung für das Mensch-Werden zu erreichen."

Häufig wird „Singen-Bewegen-Sprechen" von den pädagogischen Fachkräften auch anderen empfohlen. So ist der größte Wunsch von pädagogischen Fachkräften im Zusammenhang mit dem Modell: *„Alle Kinder sollten in den Genuss kommen, und die Ausbildung der Erzieherinnen sollte mehr auf Singen und Musizieren ausgerichtet sein."*
„Es sollte auf jeden Fall in Kindergärten eingesetzt werden, in denen große Schwierigkeiten in Sprache und Bewegung herrschen."
„Mein größter Wunsch hinsichtlich des Projekts wäre, dass alle Kindergarteneinrichtungen davon profitieren. Es muss eine Lösung geben, um dieses Projekt im Kindergartenalltag zu implementieren."

1.5 Wirkung durch die Materialien

Besonders erfreulich ist, dass auch die Musikschullehrkräfte die Inhalte und Materialien ins Kollegium tragen, wie es nach Aussagen der Erzieherinnen im Kindergarten der Fall ist:
„Unterrichtsinhalte, Lieder, Materialien, Bewegungsspiele sind in der ganzen Einrichtung. Es besteht ein großes Interesse bei den anderen Kolleginnen."
Verständlicherweise sind es die Fachkräfte, die direkt am Projekt beteiligt sind, die sich dankbar für die Materialien zeigen, die zur Verfügung stehen:
„Die Materialien sind eine große Erleichterung bei der Zusammenstellung für spontane Vorführungen (z.B. Besuch Altenzentrum, kleinere Feste), weil immer ein ausreichendes Repertoire zur Verfügung steht."
Gedankt wird *„für das reichhaltige, gut durchdachte und spürbar mit viel Engagement zusammengestellte Materialangebot"*. Dies sei *„über die Projektarbeit hinaus verwendbar"* und im Team *„eine Bereicherung"*.
Am allerbesten fand eine Musikschullehrerin unter anderem die „Fülle an neuem Material".
Häufig wird beschrieben, dass den Kindern besonders der Umgang mit Instrumenten zugesagt hat, der für sie in dieser Form bislang nicht möglich war. *„Die Instrumente, vor allem das große Becken, haben die Kinder beeindruckt"*, berichtet eine Musikschullehrkraft.

1.6 Gesamteindruck

In der Abschlusserhebung zu „Singen-Bewegen-Sprechen“ hatten alle Beteiligten die Möglichkeit, ihre Eindrücke aus den zwei Jahren zu schildern.

1.6.1 Weiterempfehlung

Die Teilnehmenden wurden gefragt, ob sie das Projekt weiterempfehlen würden.

Würden Sie das Projekt weiterempfehlen?

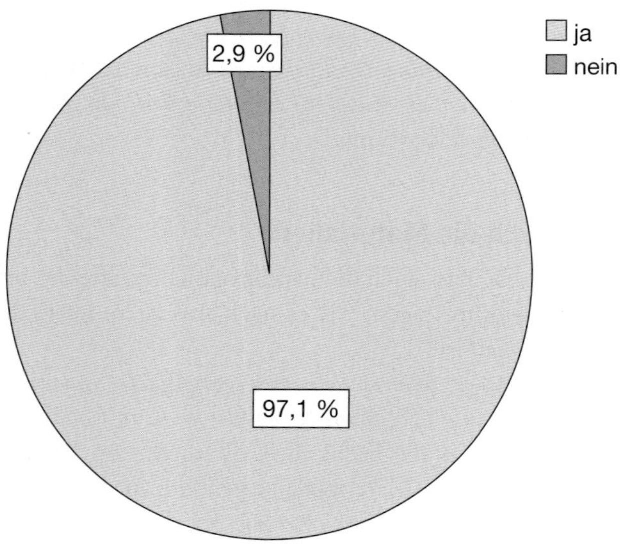

Das Ergebnis ist, wie man sieht, äußerst positiv: 33 von 34 Personen sagen, dass sie das Projekt weiterempfehlen. Das zeugt von einem sehr guten Gesamteindruck, der bei den geringfügigen Schwierigkeiten überwiegt.
Die Befragten konnten eine Begründung liefern, um ihre Antwort zu erläutern.
Dabei betont ein Großteil der befragten Erzieherinnen und Musiklehrkräfte, wie wichtig Singen, Bewegen und Sprechen für alle Kinder im Sinne einer ganzheitlichen Erziehung und Entwicklung sei.

Eine Erzieherin gibt dazu an:
„Ich würde das Projekt weiterempfehlen, weil es eine absolute Bereicherung für die Kinder ist. Das ganzheitliche Lernen wird mit diesem Projekt erfüllt!"
Eine Musikschullehrerin ist davon überzeugt, „dass durch die Vertiefung im Kindergarten viel bei den Kindern erreicht werden kann".
Was außerdem häufig als Begründung für eine Weiterempfehlung gewählt wird, ist die Zusammenarbeit von Kindergarten und Musikschule. So wird die Kooperation von beiden Seiten als interessant und bereichernd wahrgenommen, weil *„zwei Fachkräfte voneinander lernen können"*. Eine Musikschullehrkraft gibt an:
„Ich würde das Projekt weiterempfehlen, weil Kooperation und Tandemarbeit eine bessere Vertiefung und dadurch eine bessere Förderung ermöglichen. Chancengleichheit für alle Kinder!"

Das Modell scheint mit der Vertiefung des Gelernten im Kindergartenalltag nachhaltige Impulse für den Kindergarten gegeben zu haben:
„Es ist eine Bereicherung nicht nur für die beteiligten Kinder, sondern für die gesamte Einrichtung."

Auch die Zufriedenheit mit dem gesamten Konzept des Projekts ist bei manchen der Grund dafür, dass sie das Projekt weiterempfehlen: So beinhalte das Konzept *„eine optimale ‚Bandbreite'"*. *„Ich bin voll überzeugt"*, ergänzt jemand. Das Konzept wird allerdings auch von zwei Beteiligten kritisiert: So findet eine Erzieherin das Projekt *„zu verschult"*, während eine Musikschullehrkraft schreibt: *„Zu wenig Praxis, zu viel Theorie, zu wenig Austausch über Projekt."*

Eine Befragte erklärt: *„Ich würde das Projekt weiterempfehlen, weil es einfach gut ist"*. Eine weitere pädagogische Fachkraft führt an, dass sie die Arbeit *„für sinnvoll und äußerst wertvoll"* halte.
„Ich würde das Projekt weiterempfehlen, weil ich es spannend, interessant und für alle Seiten lehrreich fand", lautet eine weitere Begründung für die Weiterempfehlung.

1.6.2 Erneute Teilnahme

Die Teilnehmenden des Projekts „Singen-Bewegen-Sprechen unter fachlicher Anleitung im Kindergarten" wurden darüber hinaus gefragt: *„Würden Sie noch einmal am Projekt teilnehmen?"*

Würden Sie noch einmal an dem Projekt teilnehmen?

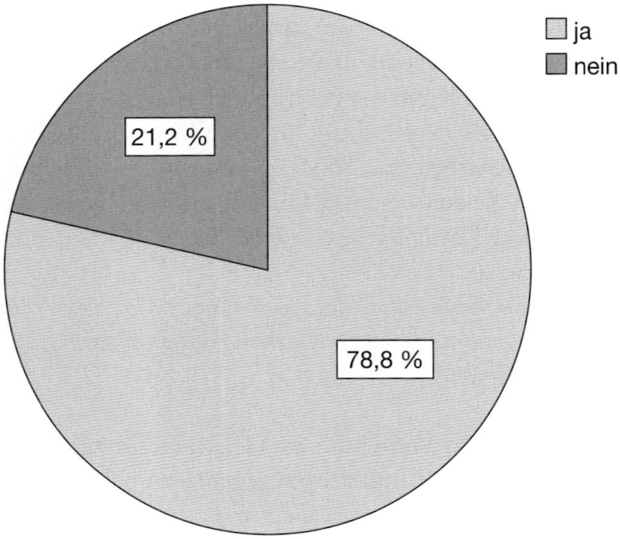

Dabei zeigt sich: 78,8% geben an, dass sie erneut am Projekt teilnehmen würden. 21,2% sagen dazu „nein".

Die Fachkräfte wurden um eine Begründung für ihre Antwort gebeten: Insgesamt sind der Wunsch und die Bereitschaft bezüglich einer erneuten Teilnahme bei den Musikschullehrkräften höher als bei den Erzieherinnen. Die Gründe für die etwas geringe Resonanz bei den Erzieherinnen spiegeln insbesondere Schwierigkeiten bei der Umsetzung im Hinblick auf Zeitaufwand und Personalressourcen wieder. Die Antwort „nein" hängt nicht etwa damit zusammen, dass die Beteiligten vom Projekt nicht überzeugt sind – vielmehr wird die Umsetzung durch mangelnde zeitliche und personale Kapazitäten erschwert. Teilweise wird darüber hinaus die fehlende Unterstützung im Team genannt: So erklärt eine Erzieherin:

„Ich würde nicht noch einmal an dem Projekt teilnehmen, weil die Zeit dazu fehlt und ich keine Unterstützung vom Team bekommen habe."

Häufig wird das Projekt als eigene fachliche Bereicherung wahrgenommen: So gibt eine Erzieherin an, dass sie wieder am Projekt teilnehmen würde, weil sie *„selbst in dieser Zeit ‚fachlich' sehr wachsen konnte"*.

1.6.3 Stolperkinder

Einen wichtigen Hinweis zur Beurteilung des Erfolgs des Projektes bietet die Frage danach, ob den Stolperkindern dadurch begegnet werde. So wurden

die Teilnehmenden gefragt:
„Wie beurteilen Sie das Projekt in Bezug auf „Stolperkinder", also Kinder die gemäß ihrem Alter schulfähig sind, jedoch sprachliche Defizite aufweisen?"

Profitierten die „Stolperkinder" von dem Projekt?

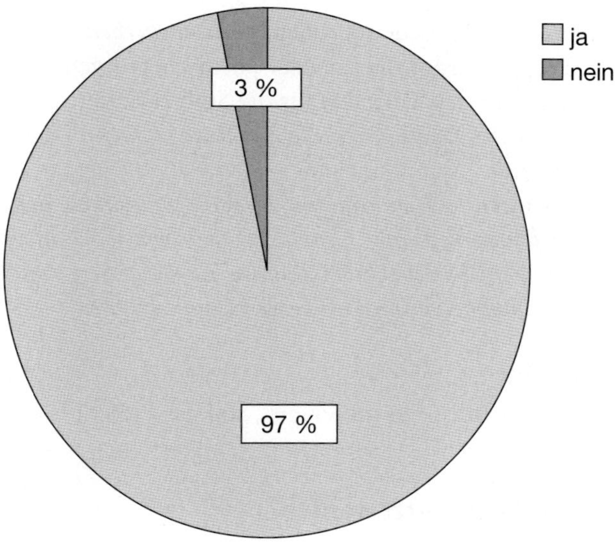

Hierzu sagen 97% der Befragten „ja". Besonders aussagekräftig sind die Begründungen dafür, dass Stolperkinder vom Projekt profitieren:
In den meisten Fällen begründen ErzieherInnen und Musikschullehrkräfte den Vorteil für Stolperkinder mit den fachlichen Inhalten:
„Beim Singen mit Bewegung fällt die Sprache viel leichter und kommt im Laufe des Projekts zum Fließen."
„Durch die Verbindung von Sprache mit Musik und Bewegung findet eine ganzheitliche Förderung statt. Es ist ein lebendiges und aufgelockertes Lernen."
„Die Sprache wird hier unbewusst gelernt durch die Umsetzung in Bewegung und/ oder Musik."
Einige Begründungen dafür, dass Stolperkinder von „Singen – Bewegen – Sprechen" profitieren, beziehen sich darauf, dass sich jedes Kind einbringen kann und individuell gefördert wird. So heißt es: *„Jedes Kind kann zu Wort kommen und sich jederzeit äußern"*, oder:
„In jedem Thema sind nach der Situation variable Möglichkeiten für jedes Kind,

um sich sprachlich einzubringen. Das wurde auch von der pädagogischen Fachkraft gefordert und gefördert."

„Die Stolperkinder profitieren vom Projekt durch viele Wiederholungen und die Arbeit in Kleingruppen. Kinder werden da abgeholt, wo sie sich befinden. Individualisieren und differenzieren. In Kleingruppen habe ich die Chance, mit ‚schwachen' Kindern zu sprechen, auf sie einzugehen."

Dass individualisiert und differenziert wird, beschreibt diese Erzieherin so: *„Jedes Kind hat bei irgendeinem Thema die Chance, sich durch sein Wissen sprachlich mitzuteilen"*. Das bedeute zudem *„Selbstsicherheit und Mut"*.

Auch die feste Gruppe wird immer wieder positiv hervorgehoben, ebenfalls im Zusammenhang mit den Vorteilen für die Stolperkinder:

„Die schwachen Kinder werden durch die Angebote zunächst im Gruppenverband wesentlich sicherer."

Eine Erzieherin bemerkt: *„Herausragend ist der Schutzraum, den die kontinuierliche Gruppe bietet. Vor einer Gruppe zu sprechen, wird als völlig selbstverständlich empfunden. Für die ‚Stolperkinder' ist die lockere Atmosphäre des Projekts toll, sie erfahren beim Sprechen keine Hemmschwelle."*

1.6.4 Fortsetzung

Im Folgenden die Ergebnisse zu der Frage: „Soll das Projekt fortgesetzt werden?"

Sollte das Projekt fortgesetzt werden?

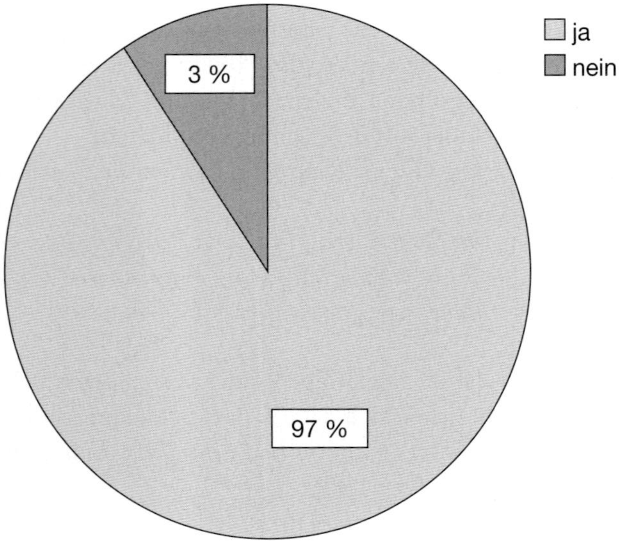

30 pädagogische Fachkräfte sagen dazu „ja", während drei die Frage nach einer Fortsetzung verneinen. Es wurde daran anknüpfend nach den Gründen für die Antwort gefragt. Als besonders positiv am Projekt wird die ganzheitliche Förderung der Kinder hervorgehoben. Damit einher geht die Forderung, sowohl von Erzieherinnen als auch Musikschullehrkräften, dieses Projekt möglichst vielen Kindern zugute kommen zu lassen. Angemerkt wird dabei, dass auch jene Kinder erreicht werden, deren Eltern sich eine Musikschule nicht leisten können. Folgende Aussage unterstreicht den Wunsch und die Forderung, das Projekt im Sinne einer ganzheitlichen Förderung für Kinder fortzusetzen:
„Allen Kindern (4-5 Jahre) wird das Projekt finanziert, auch eben bei Eltern, die sich eine Musikschule nicht leisten können."
Eine Erzieherin schreibt überdies: *„Jedem Kind wünsche ich, diese Erfahrung zu bekommen."*

Auch eine Bereicherung durch die Kooperation wird mehrfach als Begründung für den Wunsch einer Fortsetzung des Projektes angeführt, *„da die Qualität der eigenen Arbeit durch ständigen Austausch mit dem Kooperationspartner verbessert wird"*.
Manche Erzieherinnen begründen den Wunsch einer Fortsetzung mit der Einführung des Orientierungsplanes.
„Das Projekt sollte fortgesetzt werden, weil es die absolute Antwort auf den baden-württembergischen Orientierungsplan ist", berichtet eine Erzieherin.
Eine weitere Fachkraft begründet: „Die Umsetzung des Orientierungsplanes gelingt hier optimal, besonders die ganzheitliche Förderung der Kinder".
An anderer Stelle ist zu lesen: *„Das Projekt sollte fortgesetzt werden, weil der Orientierungsplan diese Module fordert."*

Eine gute Vereinbarkeit mit den Inhalten des baden-württembergischen Orientierungsplanes wird also von den Erzieherinnen erkannt. Die Übereinstimmung betrifft dabei nicht nur einzelne Bildungsfelder des Planes, sondern vor allem das Prinzip der Ganzheitlichkeit, das auch in „Singen – Bewegen – Sprechen" gefordert wird.
Bei der Frage nach der Fortsetzung des Projekts gab es jedoch auch kritische Anmerkungen. Die Erzieherinnen heben die Rahmenbedingungen als negativ hervor: Eine wünscht sich eine Fortsetzung *„nicht in dieser Form, weil die Gruppen mit 20 Kindern zu groß sind."*
Eine andere gibt an: *„Das Projekt sollte nicht fortgesetzt werden, weil wir es organisatorisch nicht mehr bewältigen können."*

Eine eigenständige Fortsetzung der Inhalte des Projekts wird an folgenden Aussagen deutlich: *„Wir in Schwäbisch Gmünd machen mit demselben Tandem weiter“, „Es werden weiterhin Angebote vom Projekt aufgegriffen und von den Erzieherinnen umgesetzt.“*

1.6.5 Erwartungen

Im Weiteren wurden die Musikschullehrkräfte und ErzieherInnen gefragt: *„Inwieweit konnten Sie den Erwartungen des Projekts entsprechen?“* An dieser Stelle wird also nach einer Selbsteinschätzung der Arbeit für das Projekt gefragt.

Inwieweit konnten Sie den Erwartungen des Projekts entsprechen?

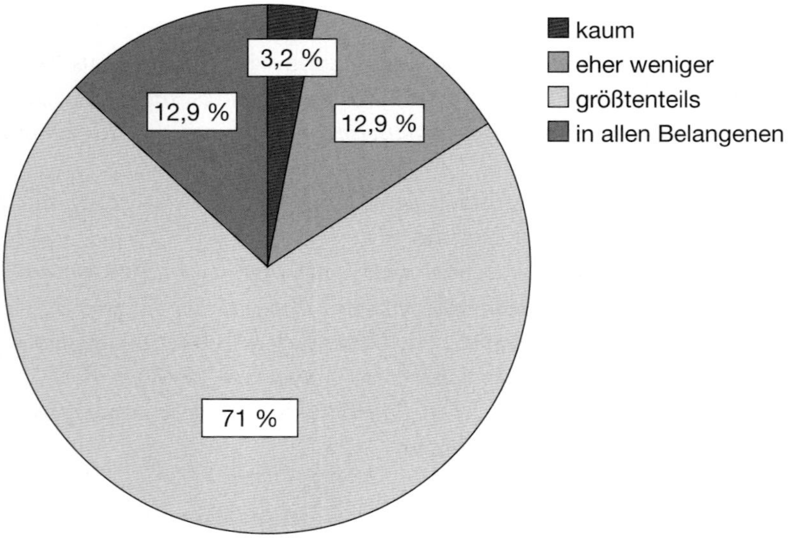

Lediglich eine Person antwortet auf diese Frage mit „kaum“. Die meisten der Teilnehmenden, 71%, antworten hier mit „größtenteils“, während jeweils 4 Befragte der Ansicht sind, dass sie den Erwartungen „eher weniger“ oder „in allen Belangen“ entsprechen konnten.

Gerade bei denjenigen, die „eher weniger“ bzw. „kaum“ angegeben haben, lohnt sich ein genauerer Blick auf die Begründung.

Die Erzieherinnen bemängeln wiederum die Rahmenbedingungen. An einer Stelle wird etwa berichtet: *„Durch meine Doppelfunktion als Einrichtungsleiterin fehlte mir manchmal die Zeit.“*

Insgesamt sahen sich besonders Erzieherinnen, die gleichzeitig die Einrichtungsleitung innehaben, zeitlich überfordert. *„Freistellung oder zusätzliche Stunden"* schlägt eine Pädagogin als Lösung vor, um den Erwartungen des Projekts besser entsprechen zu können. Zu den Rahmenbedingungen kommt auch die Größe der Kindergruppe hinzu - Diese hohe Zahl von 20 und mehr Kindern, mit denen auf einmal gearbeitet wurde, führe zu mangelnder „Individualisierung und Differenzierung". Mit steigender Gruppengröße steige zudem auch die Lautstärke, was wiederum eine optimale Umsetzung beeinträchtige.
Die Auswirkungen auf die Kinder nehmen einen breiten Raum bei der Beurteilung ein, ob die Teilnehmenden den Erwartungen gerecht werden konnten.
„Bei den meisten Kindern waren Spaß und Motivation während des Projekts spürbar", so gibt eine Fachkraft die Grundstimmung der Kinder wider.
Die Projektarbeit führte nach Beschreibung der Befragten zu einem Zusammenwachsen der Gruppen und hatte positive Auswirkungen auf die *„Gesamtentwicklung der Kinder"*. Damit wird dem Modell und seinen mitwirkenden Akteuren eine positive Wirkung auf die Kinder, also die eigentliche Zielgruppe, zugeschrieben.

Als besonders positiv zu bewerten sind die Auswirkungen auf die potentiellen „Stolperkinder", wie sie beschrieben werden:
„Eine positive Rückmeldung des Kindergartens und der Kinder" hat eine Musiklehrerin erlebt. Sie fügt hinzu: „Gelungene Förderung der ‚Stolperkinder'".
Eine Erzieherin berichtet: *„Die Einschulungsquote wurde erhöht."*

1.6.6 Fröhlichere Kinder

Es wurde auch gefragt, ob die Kinder fröhlicher seien. Schließlich trägt „Singen-Bewegen-Sprechen" zur ganzheitlichen Bildung von Kindern bei, aber Singen, Musizieren, Bewegen, Tanzen und Sprechen sind ja auch an sich wertvolle Tätigkeiten.
Es konnte geantwortet werden mit „gar nicht", „eher nicht", „eher ja" und „trifft voll zu".

Allgemeine Veränderungen durch das Projekt: Die Kinder sind fröhlicher				
		Häufigkeit	Gültige Prozente	Kumulierte Prozente
Gültig	eher nicht	4	22,2	22,2
	eher ja	9	50,0	72,2
	trifft voll zu	5	27,8	100,0
	Gesamt	18	100,0	
Fehlend	-99	16		
	Gesamt	34		

Niemand ist der Ansicht, dass die Kinder „gar nicht" fröhlicher seien. Die größte Gruppe bei den Antworten bildet die Aussage „eher ja" mit 50%; weitere 5 Befragte geben an, dass dies voll zutreffe.

Die Freude der Kinder wird an vielen Äußerungen der Fachkräfte deutlich, so zum Beispiel auch hier:
„Die fremde Sprache der afrikanischen Kindertänze und –lieder macht den Kindern besonders viel Spaß. Sogar wenn wir spazieren gehen, werden diese Lieder voller Begeisterung gesungen."
„Die Boomwhackers üben auf die Kinder eine große Faszination aus und alle sind gleich motiviert mitzuspielen. Sie haben Spaß und Freude am Spielen und Tanzen."

1.6.7 Verbreitung

Es wurde gefragt, inwieweit sich das Projekt im Kindergarten ausgewirkt und verbreitet habe. Antworten waren möglich von „gar nicht" bis „sehr stark".

Inwieweit hat sich das Projekt im Kindergarten ausgewirkt und verbreitet?

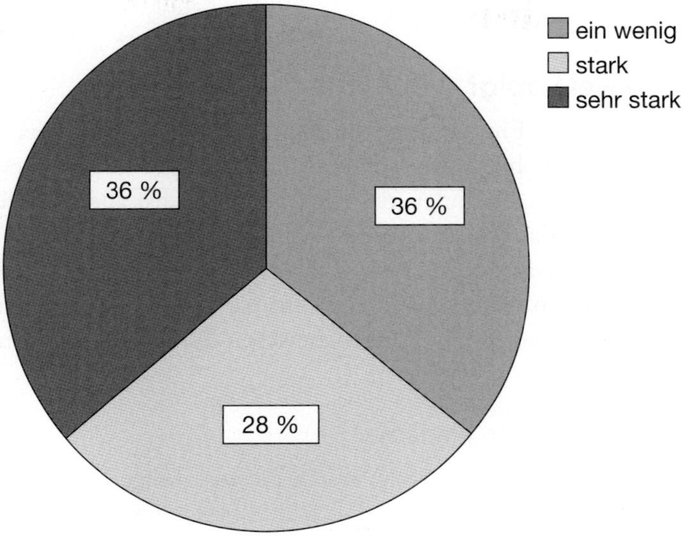

Zunächst ist positiv anzumerken, dass niemand „gar nicht“ antwortet. Das Projekt hat also in jedem Fall irgendeinen Einfluss auf den Kindergartenalltag gehabt. So berichtet eine Erzieherin: *„Die Kinder aus der Hasengruppe schauen interessiert zu.“* Eine berichtet:

„Es wird allgemein mehr gesungen. Die nicht am Projekt teilnehmenden Kinder fragen oft: ‚Was habt ihr heut´ gemacht? Dürfen wir das auch machen?‘ Es entwickeln sich häufig Themen, die die ganze Gruppe interessieren, z.B. war das Vogelthema bei uns lange Zeit sehr aktuell. Im Garten beobachten wir oft Kinder, die Musikstunde spielen und die anderen mit einbeziehen und ihnen Lieder, Sprüche etc. ‚unterrichten‘. Die Kolleginnen sind begeistert von der Vielfalt der Angebote, können sie aber oft nicht umsetzen, da ihnen z.B. die Lieder nicht bekannt sind und sie nicht in der Lage sind, sie sich beizubringen (außer sie sind bei einer Musik- oder Wiederholungsstunde dabei).“

Hier ist offenbar nicht nur das Interesse der anderen Kinder, sondern auch das des Kollegiums groß. Als problematisch wird dabei festgestellt, dass die Umsetzung ohne eine Einführung in unbekannte Lieder häufig nicht möglich ist.

2. Alle Kinder werden eingeschult – Erfolg aus Mannheim am exemplarischen Beispiel

2.1 Warum so viel Erfolg?

Im Folgenden wird eine Einrichtung, die Kindertagesstätte „Panama" in Mannheim als exemplarischer Erfolgsfall des Modellprojekts „Singen-Bewegen-Sprechen" dargestellt. Besonders das Ziel, bei möglichst allen Kindern die Schulfähigkeit zu erlangen, und zwar auch dann, wenn der Anteil an Migrationskindern groß ist, wurde hier erreicht: Von 15 dem Alter nach einzuschulenden Kindern blieb kein einziges auf der Strecke – und das bei einem Migrationsanteil von 85%. „Singen-Bewegen-Sprechen" hat Schule gemacht.

2.1.1 Die Kindertagesstätte „Panama"

Die Darstellung der Einrichtung erfolgt durch die zuständige Erzieherin – Frau Sand – selbst. Sie ist in der Kindertagesstätte stellvertretende Leiterin sowie Gruppenleiterin und hat während eines Zeitraums von 9 Monaten die Gesamtleitung des Kindergartens übernommen. Des weiteren soll im Folgenden erläutert werden, wie das Musikprojekt in den Arbeitsalltag integriert worden ist.

Die Rahmenbedingungen und das soziale Umfeld:

Rahmenbedingungen der Einrichtung:

- vier Gruppen altersgemischt
- 84 Kinder (dreimal 22, einmal 18), 40 Tageskinder, 44 VÖ-Kinder
- Zwei Häuser mit einem gemeinsamen Außengelände
- Sozialer Brennpunkt
- 85% Migrationshintergrund
- Viele Kulturen und Sprachen (türkisch, arabisch, italienisch, spanisch, bosnisch, kroatisch, russisch, polnisch, indisch, afrikanisch, deutsch)
- Zwei Betreuungsformen: Tagesstätte und verlängerte Öffnungszeiten ohne und mit Essen
- Geöffnet von 7 Uhr bis 17 Uhr und 7:30h bis 14 Uhr"

Das soziale Umfeld macht generell eine intensive Sprachbildung erforderlich. Natürlich muss diese über das Projekt hinausgehen. Bei den Erzieherinnen herrscht die Überzeugung, dass sprachliche Bildungsangebote sehr wichtig sind. Auch erfahren sie innerhalb des Projekts *„Sicherheit im Umgang mit der Sprache"*.

Musikschullehrerin und Erzieherin haben die Grundsätze des Projekts nach eigener Aussage an die Kinder angepasst. Worterklärungen allein, so die Erzieherinnen, wurden von den Kindern zum Teil nicht verstanden, Vormachen und Imitation waren für die Kinder einleuchtender. Insgesamt war nach Angaben aus der Kindertagesstätte *„grundlegende Basisarbeit erforderlich"*. Der regelmäßig gleich bleibende Stundenablauf helfe den Kindern *„als strukturelle Stütze"* bei den Einheiten und Angeboten.

2.1.2 Wie das Musikprojekt in den Tages- und Wochenrhythmus integriert wurde

In „Panama" hat man nicht gerade besonders leichte Bedingungen:
„Die Musikprojekteinheit findet in der Turnhalle statt, die auch als Bewegungsraum für alle Gruppen und als Therapieraum für Ergotherapie genutzt wird. Zudem dient sie als Schlafraum für unsere Schlafkinder. Diese vielfältige Nutzung bedarf einer guten Organisation und Rücksichtnahme.
Immer mittwochs findet das Musikprojekt mit der Musikschulkraft und der Erzieherin statt. Da unsere Kinder bis 9:30 Uhr gebracht werden, können wir auch erst dann beginnen. Der Versuch, die betreffenden Kinder früher bringen zu lassen, wurde nicht angenommen."
An anderer Stelle wird beschrieben, dass der späte Beginn um 9:30h den Tagesablauf erschwere.

Wie viele Kinder sollte die Musikgruppe haben?
„Ursprünglich war die Stunde für 20 Kinder geplant, was wir auch testeten. Um gute Arbeit mit den Kindern durchzuführen, haben wir die Kinder in zwei Gruppen geteilt, die immer im Wechsel mittwochs oder freitags ihre Musikprojektstunde haben. Die Freitagsstunde wird von der Erzieherin alleine durchgeführt."
Gerade hier, aber auch generell darf die Gruppe nicht zu groß sein. Das soziale Umfeld sei schwierig, die Kinder seien unselbständig. Viele von ihnen wachsen in engen Wohnverhältnissen auf und erfahren durch Fernsehkonsum bewegungsmäßige Einschränkungen. *„Die Kinder erhalten wenig zusätzliche Angebote von zu Hause"*, heißt es.

Durch die Teilung der Gruppe wurde eine zweite Fachkraft zur Durchführung der zweiten didaktischen Einheit gebraucht – diese Aufgabe übernahm die Erzieherin.

2.1.3 Gelungene Kooperation

Wie tatsächlich gemeinsam gearbeitet wird, und man nicht nur physisch anwesend ist, zeigt dieser Bericht:
„Die Besprechung der Stunden findet direkt nach der Stunde statt, was ein gemeinsames Überdenken des Angebotes garantiert und die jeweiligen Erfahrungswerte mit einfließen lässt. Während dieser Besprechung planen wir gemeinsam die Inhalte der kommenden Stunde, so dass eventuelle Materialien schon vorbereitet werden können und der gleiche Kenntnisstand der Themen und deren Umsetzung gegeben ist.
Kurzfristige telefonische Absprachen nach Bedarf gehören ebenso zu unserer Zusammenarbeit und sind ein wertvolles Mittel zum Gelingen des Projektes."

Auch die Planung erfolgt also gemeinsam, so dass wirklich eine intensive Kooperation erfolgt. Da die Kindergruppe aufgeteilt wurde, sind Absprachen und genaue Planung unabdingbar. Schließlich übernimmt die Erzieherin einen Teil der Gruppe und vertieft nicht nur mit den Kindern, sondern führt auch selbständig didaktische Einheiten durch.

2.1.4 Wichtige Punkte zur Umsetzung der didaktischen Einheit

Die Erzieherin hat Punkte erarbeitet, die sie nach ihrer Erfahrung als wichtig erachtet:
„Wichtig für uns bei der Umsetzung der didaktischen Einheiten sind:

[...]

- Zeit für Nachbesprechung, gegenseitiges Feedback
- individuelle Förderung in Kleingruppen
- Größere Themen als Projekte über mehrere Stunden, damit sich ein Thema nach und nach entwickeln kann; ein Stundenbild reicht für 3 – 5 Stunden
- Basisarbeit – grundlegende Fähigkeiten müssen erst erarbeitet werden, z.B. Grundbewegungsarten, freies Sprechen, ganze Sätze, etc.
- Gegenseitiges Vertrauen und Anerkennung der Aufgaben innerhalb des jeweiligen Berufsfeldes
- Flexibilität bei der Durchführung und Reagieren auf momentane Bedürfnisse
- Bewegungsteil in die Einheit einplanen

- Einzelne Kinder und Gesamtgruppe sehen
- Aufbau der Stunden in Begrüßungsteil/ Hauptteil/ Schlussteil
- Beispiele darstellen, statt erklären
- Hilfsmittel benutzen"

2.1.5 Gruppenteilung

Aus den Rückmeldebögen kann entnommen werden, wie im Fall „Panama" die Themen und Inhalte der didaktischen Einheiten vertieft wurden. Es werden die musikalische, motorische und sprachliche Bildung unterschieden. Zudem ist der Dokumentationsbogen in einzelne Wochentage untergliedert, so dass die projektspezifischen Aktivitäten im Verlauf der Wochen nachvollziehbar werden.

In der Kindertagesstätte „Panama" haben die didaktischen Einheiten der Musikschullehrerin immer mittwochs stattgefunden. Freitags hat die Erzieherin mit der zweiten Hälfte der Projektgruppe dieselbe didaktische Einheit durchgeführt – davor und danach wurde entsprechend vertieft.

2.1.6 Tägliche Förderung

„Wir singen täglich im Sitzkreis – bekannte und neue Lieder", schreibt Frau Sand zur musikalischen Bildung in einer Woche. Die Angaben beziehen sich auf 4 Wochentage – es wird demnach an vier Tagen gesungen, zum fünften liest man: *„kein Musikprojekt – Personalmangel"*. *„Kinder haben viel Bewegungsdrang, daher sind wir viel draußen"*, ergänzt sie zur motorischen Bildung. Der folgende Hinweis aus den Erfahrungen der Erzieherin ist besonders bedeutsam: *„Alle Bereiche werden täglich abgedeckt."* Somit ist eine ganzheitliche Förderung und Bildung gegeben, wie sie durch das Bildungsmodell „Singen-Bewegen-Sprechen" intendiert ist.

Freitags findet zudem jeweils eine Wiederholungsstunde zu den Projektthemen statt. Zu einer Woche vermerkt die Erzieherin: *„Umstellung der personellen Besetzung, verschiedene Krankheitsfälle, daher keine Wiederholungsstunde möglich"*. Offenbar musste wegen Mangel an Personal mehrfach umgeplant werden. Doch auch wenn die Wiederholungsstunde ausfiel, wurden die Projektinhalte gefördert: *„Singen, Bewegung und Sprache werden täglich im Sitzkreis berücksichtigt!"* Denn: *„Der tägliche Gebrauch neuer Wörter, Texte, Lieder etc. ist wichtig"*, erläutert die Erzieherin. An anderer Stelle beschreibt sie: „Sitz- oder Stuhlkreis findet täglich statt mit Singen, Erzählen, Bewegung!"
Eltern, Kinder und Kollegium

Der Kindergarten berichtet, dass die Eltern auf das Modellprojekt reagierten. So haben mehrfach „Mitmachstunden“ stattgefunden, zu der es positive Rückmeldungen gegeben habe. *„Die Eltern zeigen Interesse“*, berichtet die Erzieherin, *„und freuen sich auf die Mitmachstunde“*.

Interesse zeigten auch Kollegium und Leiterin. Eine Kollegin *„nimmt zusätzlich an der Übungseinheit teil.“* Mehrfach wird die *„Weitergabe an Kolleginnen“* erwähnt. Die anderen Mitglieder im Team erhalten *„die Möglichkeit“*, *„abwechselnd am Musikprojekt teilzunehmen.“*
Die Kinder übernehmen die Inhalte: Fortschritte, welche die Kinder erzielen, werden von der Erzieherin immer wieder in den Dokumentationsbögen betont, z.B.: *„Kinder beginnen selbständig, Gelerntes in die Gruppe mit einzubringen.“* Und sie bringen es nicht nur in die Projektgruppe ein: *„Kinder zeigen gerne ihr Gelerntes allen Kindern“*, berichtet die Erzieherin.

2.2 „Zirkus Panama“: Ein Projekt von der didaktischen Einheit bis zur Aufführung

Das Thema „Zirkus“ wurde in der Kindertagesstätte „Panama“ und im Rahmen des Musikprojektes intensiv vertieft. Nach und nach haben Erzieherin und Musikschullehrerin mit den Kindern eine „Zirkusvorstellung“ eingeübt. In Auszügen soll nun der „Zirkus Panama“ vorgestellt werden.

Die Namensfindung:
„Sammlung im Kreis bzw. in der „Manege“: ‚Unser Zirkus braucht einen Namen. Wie könnte er denn heißen?‘ Da er in unser Artistenlied passen soll, sollte er drei Silben haben. Wir klatschen dreimal und suchen Wörter, die hierzu passen. Erst zusammen, dann darf sich jeder einzeln einen Namen ausdenken, was für einige Kinder sehr schwer ist. Schließlich sagt ein Kind ‚Pa-na-ma‘ und klatscht dazu. Alle sind einverstanden, unser Zirkus soll ‚Panama‘ heißen.“

Zum „Programm“ des „Zirkus Panama“ gehören: Jongleure, Tiger bzw. Raubtiere, Clowns, Seiltänzer, starke Männer bzw. starke Frauen.
„Raubtiere: Die pädagogische Fachkraft kündigt mit Beckenschlag die Raubtiere an. Vorher jedoch ein kurzes Gespräch: ‚Welche Raubtiere kennt ihr? Welche Raubtiere gibt es im Zirkus?‘ Dann Teilung der Gruppe in Raubtiere und Publikum; dann Ankündigung durch Beckenschlag. Die Hälfte der Gruppe probiert

zur Musik (CD) Bewegungen aus, die anderen schauen zu; Rollentausch. Kinder probieren nun einzeln aus. Marvin führt sehr, sehr überzeugend einen schleichenden Tiger vor. Andere probieren, es ihm nachzumachen. Nun kommt der Dompteur ins Spiel: Klärung des Wortes ‚Dompteur'. Dompteur (zweite pädagogische Fachkraft) hat einen Stock, mit dem einzelne Kinder durch die Manege dirigiert werden, außerdem einen Reifen, durch den jeder Tiger einmal springt (hierzu erklingt die Raubtiermusik von der Bewegungs-CD). Jeder probiert es einmal einzeln, dann zum Abschluss noch einmal alle gemeinsam. Zum Schluss wird jeder Tiger mit Stock zum Stuhl bzw. zum Platz dirigiert."
Über die erste Zirkus-Einheit wird resümiert: „Die Kinder waren mit Begeisterung bei der Sache. Zirkusmarsch und Seiltanzen machte ihnen besonders viel Spaß." Wichtig: „in kleinen Schritten vorangehen, da oft grundlegende Dinge nicht vorhanden sind, die bei anderen Gruppen vorausgesetzt werden können."

Die Musikschullehrerin berichtet:
„Wir sprechen noch einmal darüber, was wir machen wollen und wer welche Rolle übernehmen will. Diejenigen Kinder, die sich noch für keine Rolle entschieden haben, können sich nun zwei Rollen aussuchen. Es war wichtig, dass heute jedes Kind Gelegenheit hatte, sich in seine eigenen Rollen zu vertiefen. Auch wenn die Stunde heute fast doppelt so lang dauerte, waren alle bis zum Ende mit Konzentration und Freude dabei." Es wird ergänzt: „Wir könnten sicher noch monatelang Zirkus spielen." „Zirkus spielen machte allen einen Riesenspaß!"

Zur Generalprobe für die Vorführung heißt es:
„Die Vorfreude auf die unmittelbar bevorstehende Aufführung ist kaum zu bremsen." „Es ist unabdingbar, vor einer Aufführung einen kompletten Originaldurchlauf für die Kinder zu machen; das schafft Sicherheit und gibt Orientierung."

Auszug aus „Zirkus Panama" – Vorstellung

Lied

Ankündigung der starken Männer und Frauen

Starke Männer und starke Frauen: Dragan, Seyma, Esra, Betül, Zerda

Zu Musikbeginn laufen alle ein, dabei Muskeln zeigen, im Kreis laufen, dann in Reihe aufstellen;

Dragan tritt vor, zieht Sakko aus; „Muckis" zeigen, Gewicht hochheben, in Reihe zurück; einer nach dem anderen macht das Gleiche;

dann treten alle vor und heben gleichzeitig Gewichte; Verbeugen; als starke Männer bzw. Frauen abtreten

Lied

Ankündigung der Clowns

Clowns: Nico, Melih, Marvin, Mathusan, Kemal, Zerda, Sofia

Musikbeginn: 1. Clown (Nico) tritt auf, schaut auf die Uhr, stolpert, stellt sich an Laterne und wartet;

2. Clown (Melih) guckt in die Luft, geht rückwärts, rempelt gegen anderen Clown, beide fallen hin, dann stehen beide an Laterne und warten;

3. Clown (Marvin) geht mit Stock, stolpert über Stock, rappelt sich auf und stellt sich zu den anderen Clowns;

4. Clown (Mathusan) isst Banane, wirft Schale weg und rutscht auf Schale aus;

Evtl. 5. und 6. Clown: Lesen Beim Gehen Buch oder Zeitung und stolpern dabei, evtl. fallen Clowns zum Schluss noch einmal alle gleichzeitig hin; verbeugen

2.3 „M. kann sich jetzt ausdrücken." – Eine Erfolgsgeschichte

Bisher wurde berichtet, wie das Projekt „Singen-Bewegen-Sprechen" in der Kindertagesstätte allgemein verlaufen ist und wie der „Zirkus" umgesetzt wurde. Wie sich das Bildungsmodell auf einzelne Kinder ausgewirkt hat, wurde noch nicht dargelegt. Im Folgenden wird die Entwicklung eines Jungen im Laufe des Musikprojekts erzählt, wie die zuständige Erzieherin sie beobachtet hat:

„M. kam im Herbst 2006 zu uns in die Einrichtung.

Er war ein kleiner türkischer Junge, der langsam und stufenweise eingewöhnt wurde.

Er war eher zurückhaltend und schüchtern.

Seine Eltern konnten sich mit ihm in der türkischen Muttersprache unterhalten, und er verstand ein paar deutsche Wörter. Der Vater konnte auch Deutsch sprechen, die Mutter ein wenig.

M. spielte am liebsten in der Bauecke und war gerne im Hof. Denn: An beiden Orten musste er sich wenig mit anderen Kindern oder mit Erzieherinnen „auseinandersetzen".

Mit der Zeit lernte er im täglichen Gruppengeschehen einige deutsche Wörter dazu und gab auch Ein- und Zweiwortsätze als Antwort auf Fragen.

M. war zu Beginn des Musikprojektes „Singen-Bewegen-Sprechen" im Oktober 4,4 Jahre alt. Es machte sehr viel Freude seine Entwicklung zu begleiten. Er

war mit Eifer dabei, wenn die wöchentliche Musikprojektstunde angesagt war. Durch seine regelmäßige Teilnahme konnte er sehr viel davon profitieren.
Er hat z.B. dabei gelernt:
· *konzentriert zu sein auf das momentane Geschehen und sein Tun*
· *aufmerksam gegenüber anderen zu sein*
· *zuzuhören, sich aber je nach Bedarf auch zurückzunehmen*
· *seinen Wortschatz zu erweitern durch das Angebot der vielfältigen Themen*
· *mutig zu sein, in dem er sich traute, alleine innerhalb der kleinen Gruppe und später auch in der eigenen Stammgruppe das Erlernte zu zeigen und selbst anzuführen.*
· *seine Wahrnehmung in Bewegung umzusetzen*
· *Verantwortung für das Gelingen von erlernten Fähigkeiten zu übernehmen. Dies bewies er in zwei verschiedenen kleinen Aufführungen vor Publikum.*

M. hat singen gelernt, konnte Melodien sicher halten, hatte Freude an Reimen, Rhythmus und Takt.
Er war stolz auf eigene und gemeinsam erbrachte Leistungen. Es gab ihm Sicherheit, stärkte sein Vertrauen zu sich und zu anderen und steigerte sein Selbstwertgefühl.
Er lernte in der entspannten und vertrauten Atmosphäre einer gleich bleibenden Kleingruppe sich anders wahrzunehmen und hatte sehr viel Spaß dabei.
Er kann sich ausdrücken und verständigen und hat Sozialkompetenzen erlernt, die ihm in seinem Leben hilfreich sein werden. Seine gesamte Entwicklung innerhalb der Kindergartenzeit brachte ihn auf einen guten Weg."
(C. Sand, stellvertretende Kindergartenleitung)

Auch die Musikschullehrerin berichtet Erfahrungen, die sie mit einem Kind innerhalb des Musikprojekts gemacht hat:
„Als wir 2007 mit unserem Projekt "S-B-S" begannen, fiel M. in der Projektgruppe in erster Linie durch kleinere Störmanöver auf. Er verstand nur sehr wenig Deutsch und hatte anfänglich große Schwierigkeiten, konzentriert an einer Sache zu bleiben. Häufig versuchte er, mit kleinen Späßen die Aufmerksamkeit der anderen Kinder auf sich zu lenken, was den Stundenablauf immer wieder unterbrach.
Glücklicherweise kam M. sehr regelmäßig zu unseren Stunden. Bald entdeckte er seine Begeisterung für alles, was mit Instrumentalspiel und Rhythmus zu tun hatte. Er fieberte den wöchentlichen Musikstunden regelrecht entgegen, übernahm gerne Aufgaben, erwies sich in ihrer Durchführung auch als sehr zuverlässig und zeigte gerne in der Gruppe, was er noch aus den letzten Stunden wusste.

Sein Selbstvertrauen und sein Selbstwertgefühl stieg dadurch enorm.
Er hatte es nun gar nicht mehr nötig, in der Stunde den „Kasper" zu spielen. M. hat sich im Rahmen des Musikprojektes vom „Pausenclown" zum begeisterungsfähigen, interessierten und lernwilligen Jungen entwickelt"
(Ulrike Buttler-Bohrer, Musikschullehrerin)

3. Der großartige Erfolg im Kindergarten "Regenbogenland" in Schwäbisch Gmünd

Im Folgenden geht es um ein Interview mit Frau Schurr, der Leiterin des Kindergartens Regenbogenland, in dem die nachhaltige Wirkung von „Singen-Bewegen-Sprechen" exemplarisch aufgezeigt wird. Das Interview hat der Autor dieses Handbuchs geführt.

I: *Frau Schurr, es wäre schön, wenn sie über Ihren Kindergarten berichten könnten – Lage, Einzugsgebiet, Anzahl der Kinder und Gruppen etc.*

Frau Schurr: *Der Kindergarten, Städtische Kindertagesstätte Schwäbisch Gmünd, liegt in Schwäbisch Gmünd-Ost. Unser Kindergarten liegt direkt auf der ehemaligen Panzergarage der früheren Garnison. Wir haben ganz bewusst den Namen „Regenbogenland" gewählt. Es gibt drei Gruppen, davon zwei je 28 Kinder (für Kinder von drei bis sechs Jahren), und eine Ganztagsgruppe, 20 Kinder, mit einer Öffnungszeit von 52,5 Stunden die Woche. Nun kommt eine Kinderkrippengruppe dazu für Kinder im Alter von eins bis drei Jahre, auch für den ganzen Tag.*
Unsere Kinder kommen hauptsächlich vom Stadtteil Schwäbisch Gmünd-Ost, nur die Kinder, die in der Ganztagsgruppe sind, kommen aus den unterschiedlichsten Stadtteilen der Stadt Schwäbisch Gmünd. Die Eltern besuchen diese Einrichtung, weil wir nach dem Montessori-Prinzip arbeiten und weil wir allen Kindern, die aus 15 verschiedenen Nationen kommen und zu Hause mit fünf verschiedenen Religionen aufwachsen, eine intensive interkulturelle und interreligiöse Erziehung bieten.

I: *Jetzt wüsste ich gerne etwas über die Einschulungsquote. Wie viel Kinder müssten dem Alter nach dieses Jahr in die Schule kommen, und wie viel werden tatsächlich eingeschult?*

Frau Schurr: *Dem Alter nach müssten dieses Jahr 19 Kinder eingeschult werden. Wir dürfen 18 Kinder einschulen, ein Mädchen hat derzeit eine Höroperation und findet glücklicherweise einen Platz in der Gehörlosenschule. Wir sind sehr dankbar, dass „Singen-Bewegen-Sprechen" die Kinder so gut auf den Übergang vorbereitet hat. Wir sind sehr stolz. Wir arbeiten mit fünf Schulen zusammen. Die Kooperationsarbeit ist sehr intensiv, so dass wir kein einziges Kind zurücklassen müssen.*

I: *Das ist wunderbar, das ist hervorragend, das ist ganz außergewöhnlich. Nun sollten Sie ein paar Sätze dazu sagen, inwiefern die hohe Einschulungsquote mit „Singen-Bewegen-Sprechen" in Verbindung stehen könnte.*

Frau Schurr: *Die hohe Einschulungsquote begründen wir zunächst einmal mit der intensiven, ganzheitlichen Sprachförderung, die im Rahmen des Programms „Singen-Bewegen-Sprechen" einen großen Stellenwert hat.*

I: *Was heißt „ganzheitliche Sprachförderung bzw. Sprachbildung"?*

Frau Schurr: *Kinder kommen bei uns zur Sprache über Bewegung, Wahrnehmung, Sprechen, Singen und Musizieren. Wir arbeiten nach keinem Würzburger Trainingsprogramm. Wir machen sehr viel Psychomotorik und Bewegung. Verben und Adjektive werden bei uns sehr viel durch die Bewegung erlebt, die Kinder finden darüber die Begriffe. Durch „Singen-Bewegen-Sprechen" werden die Kinder zum Sprechen ermutigt. Wir haben jedes Mal einen Begrüßungskreis, wo die Kinder noch einmal von der letzten Stunde erzählen dürfen und dieses auch wünschen. Es ist wirklich ein großer Unterschied zwischen den musikalischen Früherziehung und „Singen-Bewegen-Sprechen": In „Singen-Bewegen-Sprechen" wird viel mehr Wert gelegt auf das Gemeinschaftliche, das heißt, dass die Kinder sich zugehörig fühlen, dass sie bald im Stande sind, das soziale Miteinander zu gestalten und auch in der Stunde und im Kindergarten Verantwortung übernehmen für andere.*

I: *Könnten Sie bitte die Entwicklung der Kinder kurz schildern?*

Frau Schurr: *Da wir Kinder aus sehr vielen Nationen haben, sind das Kinder, die Deutsch als Zweit- oder sogar als Drittsprache haben, die sich integrieren sollen. Am Anfang sind das schweigende Kinder. Und das Schöne bei „Singen-Bewegen-Sprechen" ist, dass die Kinder keinerlei Hemmschwelle haben. Sie können sich gleich zur Musik bewegen. Die Musik ist in anderen Kulturen noch viel* *mehr angesiedelt, als in der deutschen Kultur, wie wir festgestellt haben. Wir können die Kinder bei dem abholen, was sie zu Hause auch schon mit Freude erlebt haben. Nehmen wir eine türkische Hochzeit: Wir haben Mütter schon zum Bauchtanzen eingeladen. Dann konnten türkische Großmütter den Kindern vorlesen. Und so haben wir entdeckt, dass diese Kulturen noch viel näher an der Musik dran sind.*

I: *„Singen-Bewegen-Sprechen" läuft nun seit mehr als zwei Jahren. Welches waren vorher Ihre Einschulungsquoten?*

Frau Schurr: *Über einige Jahre hinweg hatten wir eine durchaus gute Einschulungsquote. Dann kam der totale Abfall, die Kinder kamen zum Teil wirklich mit ganz wenig Bildung zu uns. Das Ergebnis von diesem Jahr zeigt uns, dass wir auf einem viel, viel besseren Weg sind durch dieses wunderbare Bildungsprogramm.*

I: *Es wird heute vielfach auch vom „offenen Kindergarten" gesprochen. Wie haben Sie in Ihrer Einrichtung die Gruppen organisiert.*

Frau Schurr: *Wir lassen die Finger weg vom „offenen Kindergarten", weil unsere Kinder oft aus ganz zerrütteten Lebensverhältnissen kommen, und das Erste, wonach die Kinder sich sehnen bei uns, ist immer Bindung. Bildung ohne Bindung gibt es nicht. Man muss zunächst das Kind sich binden lassen und dann kann man es an der „langen Leine" sich entfernen lassen. Wir haben eine Teilöffnung. Das hat angefangen mit „Singen-Bewegen-Sprechen". Zuerst haben wir eine „Singen-Bewegen-Sprechen"-Gruppe gehabt mit 28 Kindern. Und wir waren diejenigen, die gesagt haben, von unserem Menschenbild aus wollen wir kein Kind „aussortieren". Dann haben wir den Oberbürgermeister eingeladen zu einer Stunde, wo wir wussten, dass es eine bewegte Stunde gibt. Der Raum war überfüllt mit den 28 Kindern. Wir haben die Moldau erarbeitet in dieser Stunde. Dadurch haben wir in null komma nichts durch den Oberbürgermeister Sponsoren gefunden, die uns eine zweite Stunde bezahlt haben. Ansonsten hätten wir „Singen-Bewegen-Sprechen" einstellen müssen.*

Wir haben viele Kinder, die anfänglich im Morgenkreis schweigen, aber dann, nachdem sie zur Musik hingeführt wurden, aus sich heraus gehen. Es hat ein Kind bei uns gegeben, das wirklich vier Monate nichts gesagt hat. Dieses Kind hat sich immer gewünscht, dass es neben Frau Ammann [Musiklehrerin] sitzen darf, und immer hat es Frau Ammann bewundernd angeschaut. Sie hat eine sehr, sehr schöne Singstimme. Das Kind hat immer Körperkontakt zu Frau Amman gesucht. Wenn sie in Bewegung war, hat das Kind zu mir Körperkontakt gesucht. Und auf einmal ist das Kind aus sich raus und ist zur Sprache gekommen, und seitdem hat es durch „Singen-Bewegen-Sprechen" alles mit durchlebt und hat die Lieder unter der Woche gesungen wie Gassenhauer.

I: *Könnten Sie ein paar Eckpunkte als Empfehlungen an andere Kindergärten benennen. Was ist ganz besonders wichtig bei der Durchführung von „Singen-Bewegen-Sprechen"?*

Frau Schurr: *Das Wichtigste ist, dass der Kindergarten heute als lernende Organisation gelebt wird. Ganz wichtig ist gemäß dem Orientierungsplan, auch Bildungspartner von außen zu suchen. Durch „Singen-Bewegen-Sprechen" gibt es einfach eine großartige Erweiterung durch Kooperation mit dem Bildungspartner vor Ort, das heißt mit der Musikschule. Ganz wichtig ist, dass es eine Wertschätzung auf Augenhöhe zwischen der Musikpädagogin und der Erzieherin gibt. Und wenn die zwischenmenschliche Chemie stimmt, dann kommt erst das Fachliche. Der Musikpädagoge hat ja einen Universitäts- bzw. Hochschulabschluss und die Erzieherin hat bis jetzt immer noch die Mittlere Reife. Es darf nicht so sein, dass sich einer irgendwie unterdrückt fühlt. Es muss von Anfang an geguckt werden, dass mit „Singen-Bewegen-Sprechen" wirklich alle sechs Bildungsfelder des Orientierungsplanes abgedeckt werden, dass das Kind im Mittelpunkt von Erziehung und Bildung steht, dass es eine gute vorbereitete Umgebung gibt.*
Wichtig ist, dass die Erzieherin, bevor die Musikpädagogin kommt, alles herrichtet, so dass die Musikpädagogin keine Zeit verschwenden muss, dass sie die Kinder zusammen hat, dass die Instrumente bereit sind. Wir haben den sozialpädagogischen Anteil, so dass der musikpädagogische Anteil ganz groß rauskommen kann. Die pädagogische Begleitung und Förderung ist in „Singen-Bewegen-Sprechen" immer ganzheitlich; immer, wenn es irgendwie geht, entwicklungsangemessen, individuell und sozial. Es muss immer viel Zeit bleiben zum Wiederholen. Die Kinder freuen sich wahnsinnig, wenn sie immer wieder auch Altes entdecken, wenn sie gut singen und rhythmisch sprechen können. So wachsen Motivation und Anstrengungsbereitschaft, wenn die Kinder Spaß und Freude dabei haben.

I: *Hat in Ihrer Einrichtung das ganze Kollegium mitgezogen?*

Frau Schurr: *Ja, am Anfang war sehr unverständlich, warum nicht jedes Mal eine andere Erzieherin dabei sein kann.*

I: *Können Sie bitte noch etwas zur Genderfrage sagen. Wie verteilten sich Jungen und Mädchen auf die mit so gutem Erfolg einzuschulenden Kindern?*

Frau Schurr: *Wir hatten neun Jungen und zehn Mädchen. Wir haben gesehen, dass es wichtig ist, dass Buben auch Kraftvolles erleben können, also auch mal richtig stampfen können.*
Wir hatten uns mit Mathematik befasst und konnten plötzlich feststellen, dass das ja auch alles drin ist in der Musik. In einem Projekt haben die Kinder zum Schluss alle ihre Tücher zusammengelegt und auf einmal festgestellt, was man aus Quadraten alles machen kann.
In einem Fall konnten wir sogar aus der Lehre zur Elektrizität einen Teil in unser Rhythmik-Angebot mit einbeziehen.

I: *Frau Schurr, was ist Ihnen zum Schluss noch wichtig zu sagen?*

Frau Schurr: ***„Singen-Bewegen-Sprechen" ist eine einmalige und große Chance für uns und vor allem für die Kinder in Richtung Chancengleichheit in jedem Bildungsfeld.***

4. Empfehlungen

(1) Es ist gut, wenn wir auf die Erfahrungen und Vorbilder anderer Kindergärten schauen und sie als Orientierung haben.

(2) Die Gruppenstärke darf auf keinen Fall zu groß sein. Gegebenenfalls ist die Gruppe zu teilen.

(3) Inhalte und Ziele des Orientierungsplanes sind mit „Singen-Bewegen-Sprechen" vereinbar und müssen daher nicht gesondert in den Kindergartenalltag eingebracht werden, ganz im Gegenteil, das Bildungsmodell kann gut in die sonstige Bildungsarbeit, besonders nach dem Orientierungsplan, integriert werden. (Keineswegs ist alles, was im Kindergarten „neu" erscheint, auch tatsächlich zusätzliche Arbeit).

(4) Nach Möglichkeit sollten alle Kinder regelmäßig und pünktlich zur Durchführung der didaktischen Einheit anwesend sein.

(5) Die Kinder müssen in der Vertiefung und sonstigen pädagogischen Arbeit möglichst täglich ihre Bildung erleben und Förderung erfahren.

(6) Im Sinne eines neuen Blickes auf unsere Arbeit dürfen wir den Aspekt der Nachhaltigkeit nicht außer Acht lassen: Gute Kindergartenarbeit ist auch zu messen an der Ergebnisqualität (z.B. Einschulungsquote), ebenso an kurzfristigen wie langfristigen anderen Erfolgen.

(7) Den Begriff der „didaktischen Einheit" müssen wir richtig verstehen: er meint (a) die umfassende Materialsammlung zu einem bestimmten Thema und (b) das konkrete Bildungsangebot, das mit Hilfe der Materialsammlung aus der didaktischen Einheit kindbezogen sowie situativ und zeitorientiert auszurichten ist („die Stunde").

(8) Keine Befürchtungen im Hinblick auf große Migrationsanteile: Die exemplarischen Beispiele („Panama" und „Regenbogenland") stehen auch für diese scheinbar schwierige Aufgabe als Erfolgsbeweise und gute Vorbilder.

SPORTS

XII Mit dem Bildungsmodell setzen wir den Orientierungsplan für Erziehung und Bildung in Baden-Württemberg um

„'Singen-Bewegen-Sprechen' ist eine einmalige und große Chance für uns und vor allem für die Kinder in Richtung Chancengleichheit in jedem Bildungsfeld des Orientierungsplans."
(Elfriede Schurr, Sozialpädagogin)

1. Der Orientierungsplan

Zunächst soll der Orientierungsplan in Umrissen kurz skizziert werden. Der „Orientierungsplan für Bildung und Erziehung für die baden-württembergischen Kindergärten" gliedert sich in zwei große Teile A und B: Grundlagen aus Allgemeiner Pädagogik, Allgemeiner Didaktik sowie Elementarpädagogik

Konkrete, praktische Anwendung in der Wirklichkeit des Kindergartens

Im Teil A werden Inhalte behandelt, wie z. B.: Erziehung und Bildung, Lernen, Motivation, Kindheit heute etc. Außerdem: Erzieher/in (Haltung, Professionalität), Eltern, Kooperation mit der Grundschule, Übergang und pädagogische Begleitung. Weiter: Qualitätsentwicklung und –sicherung des heutigen Kindergartens.

Im Teil B wird der praktische Teil beschrieben, indem nach der Erläuterung von frühkindlichem Bildungsverständnis (Bildungsmatrix) auf die Bildungsbereiche des Kindes, die im Orientierungsplan Bildungs- und Entwicklungsfelder heißen, eingegangen wird.

Ohne das mehrperspektivische, partial-holistische Denken des Orientierungsplans in Frage stellen zu wollen, zeige ich im Folgenden die 6 Bildungsfelder mit Bezug auf die Fachdidaktiken, die sich darin befinden und aus denen wir schöpfen sollen:

Bildungsfelder	Frühkindliche Fachdidaktik
Bildungsfeld 1: Körper	Sport / Bewegung, Verkehrserziehung, Ernährungswissenschaft
Bildungsfeld 2: Sinne	Musik / Rhythmik / Kunst
Bildungsfeld 3: Sprache	Sprachen: Deutsch / Muttersprache, Zweit- bzw. Fremdsprachen
Bildungsfeld 4: Denken	Naturphänomene: Mathematik, Chemie, Physik, Biologie
Bildungsfeld 5: Gefühl / Mitgefühl	Sozialerziehung, Naturpädagogik
Bildungsfeld 6: Sinn / Werte / Religion	Religion(en) / Theologie, Philosophie

Im Orientierungsplan wird betont, der Teil B sei „das Herzstück" des Planes. Die schwer zu verstehende und ebenso schwer umzusetzende Dialektik, nämlich einerseits sich an den Bildungsfeldern zu orientieren, andererseits aber nicht rein nach Fächern vorzugehen, betont der Orientierungsplan, wenn es heißt, „dass diese Felder bewusst nicht an schulische Lernfelder angelehnt sind. Auch wird nicht von Bildungsbereichen gesprochen, um deutlich zu machen, dass diese Felder eng miteinander verzahnt sind. Wenn das Kind z. B. mit anderen einen Rhythmus klatscht, geht es sowohl um Musik als auch um Motorik und Gemeinschaftserleben" (ebd. S. 13). Hier wird vollends deutlich, dass – bei richtigem Verständnis und bei richtiger Umsetzung – „Singen-Bewegen-Sprechen" die optimale Anwendung des Orientierungsplans ist.

Besonders erwähnenswert im Orientierungsplan sind die ca. 200 Impulsfragen in Verbindung mit den jeweils verbindlichen Zielen. Diese Fragen dienen der Planung und Reflexion der pädagogischen Arbeit der Erzieherin bzw. des Erziehers.

Prinzipielle Punkte, auf die der Orientierungsplan setzt, sind u. a.:

- Merkmale des kindlichen Lernens und der didaktischen Methodik sind Spiel, Aktivität, Motorik etc.
- Jedes Kind, und zwar in seiner Lage und Individualität, ist „mitzunehmen", (Individualisieren und Differenzieren) und auf die Schule vorzubereiten

- Interesse und Themen der Kinder sind zu beachten und ggf. aufzugreifen (Kinderperspektive)
- Die Erzieherin führt als pädagogische Begleiterin inhaltliche Bildungsangebote und Projekte durch
- Alle sechs Bildungsfelder müssen bedient werden
- Kooperation mit Instanzen und Organisationen im Gemeinwesen (Vernetzung)
- Zusammenarbeit mit Eltern
- Qualitätsentwicklung
- Integratives und inklusives Verständnis der pädagogischen Arbeit
- Orientierungsplan des Kindergartens und Bildungsplan der Grundschule bilden eine Einheit (Anschlussfähigkeit)
- Beobachtung und Dokumentieren gehören zur Rolle der Erzieherin als Frühpädagogin

Allein schon nach dieser kurzen Darstellung dürfte deutlich sein, eine wie großartige und sinnvolle Aufgabe der Kindergarten sowie die Erzieherin haben und welch eine Motivation vorhanden sein muss.
Besonders die Förderung der Schulfähigkeit und die dafür notwendige Ausbildung eines breit gefächerten Kompetenzspektrums werden im Orientierungsplan für Bildung und Erziehung für die baden-württembergischen Kindergärten als bedeutsame Ziele formuliert.

Der Orientierungsplan ist die bildungspolitische Grundlage für die Bildungsarbeit im Kindergarten – als solche legt er verbindliche Anforderungen für die Bildungsarbeit im Kindergarten fest.

2. Die Erzieherin als Frühpädagogin

Natürlich gelten die in Kapitel VII erfolgten Informationen bezüglich der didaktischen Aufgaben prinzipiell auch für die Erzieherin im Kindergarten und ihre Bildungsarbeit. Im Orientierungsplan wird die Erzieherin als professionelle Frühpädagogin bezeichnet und gesehen: „Die Erzieherin ist … als Frühpädagogin zu verstehen, deren pädagogisches Handeln auf die förderliche Entwicklung jedes einzelnen Kindes gerichtet ist“ (Orientierungsplan für Bildung und Erziehung für die baden-württembergischen Kindergärten, S. 45). Im Folgenden will ich für unser Verständnis diese Rolle genauer beschreiben.

2.1 Didaktische Kompetenz

Als professionelle Frühpädagogin ist die Erzieherin die Expertin für Bildung und Erziehung der frühen Kindheit. Nur wenn Kinder gut betreut und versorgt sind, kann auch ihre Bildung erfolgen. Die Erzieherin betreut nicht nur, sondern sie erzieht und bildet verantwortungsvoll die ihr anvertrauten Kinder. Das ist das sie als Frühpädagogin besonders auszeichnende Berufsmerkmal. Bei allem, was sie tut, richtet sie immer einfühlsam den Blick auf das junge Kind in seiner Lebenslage und Befindlichkeit.

Die didaktische Kompetenz der Erzieherin bezieht sich zunächst auf die Bildung: Kinder bilden und vor allem sich bilden lassen. D.h. u.a.: empathisch das Geschehen im Kind respektieren, aber auch dem Kind gezielte Lernimpulse geben. Dazu gehört: Inhalte und Themen auf ihre Bildungspotenziale für die Kinder hin prüfen - und entscheiden, ob sie für „diese, ihre Kinder" und deren Bildung geeignet sind; des Weiteren gehört dazu: entscheiden über Methoden (Projektarbeit, Freispiel, Aktivitätsangebot usw.) sowie über Organisationsformen (Raumgestaltung, Außengelände usw.) und vieles Andere mehr.

Die Frühpädagogin verfügt im Rahmen ihrer Befähigung zur Bildung auch über eine hermeneutische Kompetenz, d.h.: sie kann Texte auslegen und verstehen, z.B. Bildungspläne, Kommentare und Handreichungen für ihre Arbeit. Inhalte des Orientierungsplanes sowie darüber hinaus gehende Inhalte kann sie auf deren Bildungsrelevanz hin deuten – immer im Bewusstsein der Verantwortung für das Wohl und Glück des einzelnen Kindes.

Die Erzieherin ist an Interdisziplinarität interessiert. Ihre didaktische Kompetenz bezieht sich dabei auf eine Verknüpfung der verschiedenen Bildungsbereiche zu einem sinnvollen, das ganze Kind betreffenden Erleben. Sie lehrt nicht „Fächer", verfügt jedoch über Fachwissen, insbesondere fachdidaktische Kenntnisse, z.B. aus Musik, Kunst, Mathematik usw. Somit besitzt sie als Didaktikerin eine Kompetenz zur vielseitigen, auf das ganze Leben der Kinder bezogenen frühkindlichen Bildung.

Die Qualität der Arbeit einer Frühpädagogin erweist sich ebenfalls in ihrer interpersonellen Vernetzungskompetenz. Gemeinsam mit Kolleginnen, Eltern und Schule gilt es Themen, Methoden und Organisationsformen der Bildung zu sehen und ggf. abzustimmen. Konkret und praktisch zeigt sich die didaktische Kompetenz als Vernetzung u.a. in der Elternbildung des Kindergartens.

Als Frühpädagogin nimmt die Erzieherin ihre didaktische Rolle auch in der Wertebildung wahr. U. a. ist ihr dabei explizit an einer Gewissensbildung gelegen.

Eine didaktische Kompetenz der Frühpädagogin erstreckt sich nicht zuletzt auf die Kunst des Individualisierens und Differenzierens, und zwar angesichts der Heterogenität von Kindern als Mädchen oder Jungen, Jüngere und Ältere, Hochbegabte und Entwicklungsverzögerte, mit und ohne Migrationshintergrund.
Die hier gemeinte didaktische Kompetenz bezieht sich auf eine Qualifikation, die weit über nicht-professionelles Erziehen und Betreuen hinausgeht. In ihrer Bedeutung steht sie mindestens so hoch wie die einer Lehrkraft in der Schule.

2.2 Die Haltung der Erzieherin

Erforderlich für eine frühpädagogische Tätigkeit ist vor allem eine besonders ausgeprägte Wertschätzung von Kindern sowie eine starke Einfühlsamkeit (Empathie), bezogen auf jedes einzelne Kind.
Die Erzieherin schätzt die heute nötigen Werte sowie die damit verbundenen pädagogischen Ziele hoch. Sie möchte, dass jedes Kind sein Orientierungswissen erlangt (Gerechtigkeit, Friede, Tradition, Natur usw.). Überhaupt haben Einstellung, Wissen und Können – nicht zuletzt das Gemeinschaftsleben der Kinder sowie die damit verbundene Sozialerziehung – bei ihr ein hohes Ansehen. Weltwissen und Welterklärung, und zwar aus geisteswissenschaftlicher wie auch naturwissenschaftlicher Sicht, sind einer Frühpädagogin für ihre Kinder wichtig.
Die Erzieherin schätzt Teamarbeit und Zusammenarbeit. Andere, z.B. Eltern und Lehrkräfte der Schule, sieht sie als Erziehungs- und Bildungspartner. Leitziel der Zusammenarbeit ist das Wohl des Kindes.
Von ihrer Berufsethik her versucht die Frühpädagogin jedem Kind gerecht zu werden.
Das Kind sieht sie in seiner Würde und Wertigkeit als Person. Eine solche Sicht verbietet jede Verletzung. Sie praktiziert den partnerschaftlichen Erziehungsstil. Oberster Grundsatz ist der Erzieherin dabei die prinzipielle Reversibilität ihres durchgängigen Verhaltens gegenüber dem Kind: die Erzieherin geht so partnerschaftlich mit dem Kind um, wie sie sich selber wünscht, dass auch mit ihr umgegangen wird. Dazu ist sie autorisiert, d.h. in ihrer Verantwortung verfügt sie im Rahmen des pädagogischen Verhältnisses auch über erzieherische Autorität. (Autorität haben bedeutet dem Wortursprung nach „wachsen machen". Welch eine große Aufgabe!) Als gesellschaftlich bestellte Bildnerin bedarf sie einer Sach- und Persönlichkeitsautorität, in der sie dem Kind immer in der erforderlichen Hingabe und Achtung begegnen wird: Auf gleicher Augenhöhe – mit autorisierter Verantwortung; in der

Haltung der Gleichwertigkeit auf Seiten des Kindes, jedoch mit dem Auftrag der Erziehung und Bildung. Sie verfolgt die Zielsetzung einer lebenswerten Gemeinschaft mit Kindern und deren gelingenden Lebens – in Gegenwart und Zukunft.
Frühpädagogin in diesem Sinne zu sein verdient Respekt und hohe Anerkennung.
In Ergänzung zu diesem Rollenaufweis sei noch auf die Betonung der Erzieherin im Kindergarten in ihrem aktiven Bildungsauftrag im Orientierungsplan hingewiesen: „... pädagogisches Handeln. ...erfolgt einerseits in geplanter Form durch die absichtsvolle Gestaltung von Aktivitäten (Programm, Angebote, Projekte ...), andererseits durch die Reaktionen der Erzieherin auf das, was Kinder beschäftigt ...“ (ebd. S. 68).

3. Das Bild vom Kind und Vermittlung der Bildungsinhalte

„Singen-Bewegen-Sprechen“, so hieß es schon und so können wir mit Fug und Recht sagen, darf insgesamt als eine gute Möglichkeit betrachtet werden, den baden-württembergischen Orientierungsplan für die Erziehung und Bildung im Elementarbereich umzusetzen, und zwar aus verschiedenen Gründen.
Zunächst ist auf das im Orientierungsplan und in „Singen-Bewegen-Sprechen“ zu Grunde liegende Bild vom Kind hinzuweisen sowie auf die damit kompatible Lehr- und Lernweise. Das Bild vom Kind wird im Plan und ebenso im Modell als ganzheitlich verstanden, d. h. u.a.: Erleben und Lernen erfolgen, wie bereits gesagt, nicht curricular-systematisch, sondern alltags- und lebensintegriert. Damit verbunden ist die Vermittlungsweise von Seiten der pädagogischen Fachkräfte zu sehen: Auch diese verstehen sich nicht fachgebunden im Sinne einer Disziplin, sondern ebenfalls ganzheitlich und integrativ. Auch das gilt für den Orientierungsplan wie für das Modell „Singen-Bewegen-Sprechen“: Nicht ohne Grund heißt es so, nicht aber „Musik-Sport-Deutsch“ o.ä..
Neben diesen anthropologisch-didaktischen Argumenten dafür, dass „Singen-Bewegen-Sprechen“ eine hervorragende Konzeption darstellt, den Orientierungsplan umzusetzen, ist besonders die inhaltliche Begründung anzuführen; denn mit „Singen-Bewegen-Sprechen“ gelingt es gut, die in den sechs Bildungsfeldern gemeinten Inhalte und Methoden praktisch zu gestalten, wie im Folgenden noch deutlicher wird.

4. „Singen-Bewegen-Sprechen" und die 6 Bildungsfelder

Im Orientierungsplan heißt es:
„Kindergärten haben neben den Aufgaben der Erziehung und Betreuung auch einen Bildungsauftrag, der sich an den spezifischen, altersstrukturell bedingten Bedürfnissen der Kinder orientiert. Damit wird ein wichtiger Aspekt in den Vordergrund gerückt: Die ersten Lebensjahre und das Kindergartenalter sind die lernintensivste Zeit im menschlichen Dasein. Die Bildungsarbeit in Kindergärten ist eine zentrale Aufgabe." (Ministerium für Kultus, Jugend und Sport Baden-Württemberg 2006, S. 16)

Aber was heißt Bildung im Kindergarten?

Exkurs zum Begriff „ Bildung":

Das Wort „Bildung" leitet sich ab von bildunga (althochdeutsch). Das bedeutet soviel wie Schöpfung, Bildnis, Gestalt und bezeichnet die Formung des Menschen im Hinblick auf sein Menschsein. In der deutschen Sprache und Pädagogik haben wir die beiden Begriffe Bildung und Erziehung. Der Sache nach können sie als Ergänzungsbegriffe angesehen werden, die - im Bild gesprochen – wie zwei Seiten einer Medaille sind.
Der Bildungsbegriff kann in der deutschen Erziehungswissenschaft verwendet werden für den thematisch-inhaltlichen Aspekt des Lernprozesses – also das „inhaltliche WAS". Bildung kann als Prozess sowie auch als Ergebnis dieses Prozesses verstanden werden. („Jemand hat(!) Bildung."). Als Prozess kann man bei Bildung unterscheiden zwischen Selbstbildung (z B. eignet ein Kind sich selber etwas an) und Bildung durch Andere, „Fremdbildung", (z.B. wird dem Kind etwas, etwa ein neues Lied oder ein neues Wort, durch die Erzieherin vermittelt). Das kann gezielt (intentional) oder gleichsam nebenher (funktional) geschehen. Beides, Selbstbildung und Bildung durch Andere, ist wichtig, und für beides trägt die pädagogische Begleitperson Verantwortung.

Die Erzieherin wählt verantwortlich Bildungsgegenstände aus und gestaltet eine anregende Lernumgebung. Gerade diesen Anforderungen an die Arbeit im Kindergarten wird mit „Singen–Bewegen–Sprechen" begegnet: Das Modell wird dem Bildungsauftrag und damit verbunden den Bestrebungen gerecht, diese lernintensivste Zeit in der Entwicklung eines Menschen zu nutzen. Die Sprache soll dabei besonders gefördert werden – das ist sowohl

im Bildungsplan als auch in „Singen–Bewegen–Sprechen“ gefordert.
Auch mit dem Ziel der Schulfähigkeit entspricht das Modell in besonderer Weise dem im Orientierungsplan vertretenen Anliegen, den Kindern einen gelingenden Übergang vom Kindergarten in die Grundschule zu ermöglichen. Die genannten Ziele werden im Orientierungsplansplan durch folgenden Passus als besonders bedeutsam eingestuft:
„Der Orientierungsplan betrachtet frühkindliche Bildungsprozesse aus verschiedenen Blickwinkeln. Er berücksichtigt die grundlegenden Motivationen von Kindern und fokussiert auf sechs maßgebliche Bildungs- und Entwicklungsfelder unter besonderer Berücksichtigung der Sprachentwicklung und der Schulfähigkeit.“ (Ministerium für Kultus, Jugend und Sport Baden-Württemberg 2006, S. 8)

Durch das Bildungsmodell werden Bildungsinhalte ausgewählt und in einer der ganzheitlichen Bildung der Kinder besonders zuträglichen Weise über Musik, Bewegung und Sprache und vor allem durch eine alltagsintegrierte Vertiefung vermittelt.
Im Orientierungsplan wird auf Ergebnisse von Schuleingangsuntersuchungen verwiesen, welche bei vielen Kindern motorische Entwicklungsdefizite diagnostizieren. Hierzu heißt es:
„Die Hälfte aller therapiebedürftigen Bewegungsstörungen lässt sich auf eine unzureichende Entfaltung der kindlichen Motorik zurückführen. Bei diesen Kindern, man geht von ca. 10 Prozent eines Jahrgangs aus (Tendenz steigend), gelang es der Umwelt nicht, genügend Anregungen zum Bewegen zu bieten. Für diese Kinder ist zumindest für einen befristeten Zeitraum eine Therapie erforderlich. Hierin zeigt sich, dass es zu nur schwer behebbaren Folgeerscheinungen kommen kann, wenn bestimmte Entwicklungsschritte nicht angeregt werden. Auf der anderen Seite könnten aber auch geeignete Anregungen in den relevanten Bildungs- und Entwicklungsfeldern einen Teil der derzeitigen medizinisch-therapeutischen Programme zur Behebung von Entwicklungsdefiziten überflüssig machen.“ (Ministerium für Kultus, Jugend und Sport Baden-Württemberg 2006, S. 30)

Auch hier leistet „Singen–Bewegen–Sprechen“ einen Beitrag, indem motorische Bildung als einer der Schwerpunkte des Modells gefördert wird.

Noch einmal: Das Bildungsmodell „Singen-Bewegen-Sprechen“ kann als optimale Umsetzungskonzeption des Orientierungsplans betrachtet werden. Inwiefern?

Bildungsfeld 1 – Körper: Mit den Bildungsangeboten aus dem Bereich „Bewegen“ wird dieses Bildungsfeld optimal bedient, wobei „Bewegen“ keineswegs verengt als Sport, sondern eben im Sinne holistischer Aktivität zu verstehen ist.

siehe S. 202

Bildungsfeld 2 – Sinne: Sensomotorisches Verständnis in der Bewegungserziehung sowie aktives Musizieren, aber auch die in die Bildungsangebote zu integrierende Kunsterziehung eignet sich bestens zur Umsetzung dieses Bildungsfeldes.

Bildungsfeld 3 – Sprache: Die alltagsintegrierte Sprachbildung sowie die intentionale Sprachförderung, wie „Singen-Bewegen-Sprechen“ sie sich zu eigen machen, bedienen das Bildungsfeld in hervorragender Form.

Bildungsfeld 4 – Denken: Dass sich nahezu überall im Leben Mathematisches verbirgt, ist geradezu ein Allgemeinplatz geworden und so selbstverständlich auch in Bewegung, besonders jedoch in der Musik, wo es um Takt und Rhythmus, um hoch und tief usw. oder etwa um Zahlenlieder gehen kann.

Bildungsfeld 5 - Gefühl und Mitgefühl: Was kann mehr unser Gefühl ansprechen, als Singen und Musizieren wie auch ebenfalls Bewegen. Aber nicht nur in formaler Hinsicht bedient das Bildungsmodell dieses Entwicklungsfeld, sondern auch materialiter, d.h. etwa durch Lieder über einzelne Gefühlslagen.

Bildungsfeld 6 – Sinn, Werte, Religion: Dieses Feld kann durch Singen und Musizieren, aber auch über Bewegen und Bewegung (z.B. Tänze anderer Kulturen und Religionen) gut bedient werden, etwa inhaltlich durch religiöse Lieder, durch Friedens- und Wertelieder (Gerechtigkeit, Freude usw.)

Das alles wollen nur erste Aufweise der Kompatibilität von „Singen-Bewegen-Sprechen“ mit den Bildungsfeldern des baden-württembergischen Orientierungsplans sein. Die Verbindungslinien sind im Einzelnen, vor allem mit Blick auf die ca. 200 Impulsfragen im Plan, noch viel weiter zu zeigen.

5. Auf welche Weise soll die Bildung erfolgen? – Die Bildungsmatrix

Die Bildung des Kindes im frühkindlichen Alter bis zu sechs Jahren kann und soll also nicht rein nach „Fächern“ oder Ähnlichem – etwa im schulischen Sinne – erfolgen. Das kleine Kind in diesem Alter lebt und lernt vielmehr „ganzheitlich“, wie wir gerne sagen. Wir brauchen insofern auch für den Kindergarten bzw. das frühe Lernen kein bis ins Kleinste ausgefülltes Curriculum. Dennoch brauchen wir für die Planung und Reflexion unserer pädagogischen Arbeit Anhaltspunkte, nach denen wir uns richten und mit denen wir die eigene Arbeit auch überprüfen und transparent machen können.

Auch wenn wir uns nicht nach „Fächern“ richten, so müssen wir trotzdem die Vielfalt der Bildung und Erziehung unserer Kinder einteilen – allerdings nicht, um dann das „Geteilte“ dennoch getrennt zu „lehren“. Die traditionelle Kindergartenpädagogik sprach gerne von „Bildungsbereichen“. Die Anzahl der Bildungsbereiche konnte dabei differieren – je nachdem, wie sie evtl. auch zusammengefasst werden. Der baden-württembergische Orientierungsplan spricht in diesem Zusammenhang von Bildungs- und Entwicklungsfeldern. Der Begriff der „Entwicklung“ betont dabei die inneren Kräfte, über welche das Kind von Natur aus verfügt: der Begriff der „Bildung“ hingegen möchte zum Ausdruck bringen, dass die Anregungen von außen sowie die Umgebung für das gelingende Leben des betreffenden Kindes entscheidend sind.

Wichtig ist für die praktische Erziehungs- und Bildungsarbeit, dass wir immer den Teil und das Ganze im Blick haben (Partial-Holismus). Zum pädagogischen Sprichwort ist gleichsam geworden, dass der Verstand nie allein daher gegangen kommt, sondern immer der ganze Mensch – in seiner gesamten Befindlichkeit und Empfindlichkeit, z.B. auch mit seinen Gefühlen. Die „Felder“ der Bildung und Entwicklung können wir auch als Schwerpunkte betrachten, die gleichsam den Kern in unseren Bildungsangeboten darstellen sollen.

Ganzheitlichkeit in der praktischen Bildungstätigkeit soll somit nicht verstanden werden nach dem Motto „Heute lehre ich in meinem Angebot die deutsche Sprache“, sondern eher so: „Heute mache ich ein Bildungsangebot zum Bildungsfeld Sprache, wobei der Schwerpunkt auf der Sprachbildung liegt – ich aber das Kind mit seinen Gefühlen, seinem Wollen und seinem Bewegungsbedürfnis usw. beachte – und (!) wobei ich die Vernetzung des Schwerpunktes (hier Sprache) mit den anderen Bildungsfeldern und ihren

Erziehungs- und Bildungsmatrix

Kindliche Bedürfnisse (was Kinder unbedingt brauchen) ↓	Pädagogische Anregungen in den Bildungs- und Entwicklungsfeldern:					
	1	2	3	4	5	6
	Bildungs- und Entwicklungsfeld **„Körper“**	Bildungs- und Entwicklungsfeld **„Sinne“**	Bildungs- und Entwicklungsfeld **„Sprache“**	Bildungs- und Entwicklungsfeld **„Denken“**	Bildungs- und Entwicklungsfeld **„Gefühl und Mitgefühl“**	Bildungs- und Entwicklungsfeld **„Sinn, Werte, Religion“**
(a) Anerkennung						
(b) Zuwendung						
(c) soziale Einbindung						
(d) orientierende Führung						
(e) inhaltliche Anregung						
(f) Raum und Zeit						
(g) Essen und Trinken						
(h) Wärme und gute Luft						
(i) Bewegung und Partizipation						

Ziel: gelingendes Leben mit anderen, für sich und für alle(s)

Schwerpunkten (z.B. Denken, Fühlen, Sinn und Werte) beachte – falls dieses praktisch möglich und sinnvoll ist. Dabei können wir von ganzheitlicher und integrativer Arbeit sprechen, und zwar in zweierlei Hinsicht:
a) bezogen auf das Kind (man kann das auch den holistischen Bezug zu den anthropologischen Dimensionen nennen) und
b) bezogen auf die inhaltlichen Felder der Bildung und Entwicklung

Diesen ganzheitlich-vernetzenden (anders ausgedrückt: holistisch-integrativen) Aspekt verdeutlicht die Übersicht (Matrix), nachempfunden dem Orientierungsplan (s. S. vorher):

In allen Bildungsfeldern sollen also möglichst viele der kindlichen Strebungen und Bedürfnisse möglichst oft beachtet und befriedigt werden. So ergibt sich eine gute Grundlage für das Finden und Setzen der Ziele von Erziehung und Bildung. Die zentrale Leitrage ist und bleibt dabei stets: Was brauchen Kinder für gelingendes Leben?

6. Aufgaben der Erzieherin im Orientierungsplan

Was haben die pädagogischen Fachkräfte gemäß dem Orientierungsplan zu tun?
Der Auftrag, die „gesamte Entwicklung des Kindes zu fördern", impliziert nach dem Orientierungsplan, vielfältige „Wege der Unterstützung und Anregung der kindlichen Bildungsprozesse" einzuschlagen (ebd., S. 45). Als Aufgaben der ErzieherInnen werden unter anderem genannt:

- *„Förderung der Bildungsprozesse der Kinder durch Einbeziehung von Experten (Eltern, Großeltern, Künstler, Wissenschaftler, Handwerker, Märchenerzähler, Journalisten, Schriftsteller, Ingenieure, Architekten etc.)*
  […]
- *Förderung der Bildungsprozesse durch Kooperationen mit Eltern, anderen Kindertageseinrichtungen, Schulen, Musikschulen, Kunstschulen, Vereinen" (ebd., S. 47)*

Der Kindergarten soll offen und bereit für die Zusammenarbeit mit den verschiedensten Einrichtungen sein. Dabei steht jedoch die Zusammenarbeit mit den Eltern sowie die Kooperation mit der Grundschule an erster Stelle. Zentrales Ziel ist, den Kindern und mit ihnen, und zwar möglichst allen, den Übergang in die Schule reibungslos zu gestalten.

Weiter wird im Orientierungsplan die Bedeutung der systematischen Beobachtung der Entwicklung eines Kindes zur *„tragfähigen Entwicklungsbegleitung und als Instrument differenzierter Lernunterstützung“* (Ministerium für Kultus, Jugend und Sport Baden-Württemberg 2006, S. 50) betont, um auf deren Grundlage den individuellen Bedarf des entsprechenden Kindes zu erforschen und gezielte Fördermaßnahmen in die Wege leiten zu können. Hierbei bietet das Modellprojekt zusätzliche Möglichkeiten, um Entwicklungsverläufe der Kinder zu dokumentieren und von diesen gesammelten Informationen für die Arbeit im Kindergarten zu profitieren: So kann nicht nur der „Freiburger Schulfähigkeitsbogen (FSchuB)“ genutzt werden, sondern auch Reflexions- und Dokumentationsinstrumente in Form des Dokumentationsbogens für ErzieherInnen und des Didaktikbogens für Musikschullehrkräfte. (vgl. Kap.VI und VII)

In einer eigenen Übersicht habe ich 21 Aufgaben, wie sie heute von einer Erzieherin, u.a. auch gemäß den Bildungsplänen, wahrzunehmen sind, zusammengestellt:

Die 21 Aufgaben der Erzieherin		
• **Erziehen**	• **Bilden**	• **Betreuen**
• **Beraten**	• **Leiten**	• **Planen**
• **Entscheiden**	• **Organisieren**	• **Vorbereiten und Nachbereiten**
• **Koordinieren**	• **Verwalten**	• **Anleiten und Ausbilden**
• **Bewerten und beurteilen**	• **Im Team arbeiten**	• **Kooperieren mit der Schule**
• **Zusammenarbeit mit den Eltern**	• **Öffentlichkeitsarbeit**	• **Beobachten**
• **Dokumentieren**	• **Evaluieren**	• **Qualität sichern**

7. Schulfähigkeit im Orientierungsplan

"Zur Schulfähigkeit gehören kognitive Voraussetzungen, soziale und emotionale Kompetenzen sowie Anstrengungsbereitschaft und Motivation. Entwicklung und Förderung der Schulfähigkeit ist gemeinsame Aufgabe von Kindergarten und Grundschule". (Ministerium für Kultus, Jugend und Sport Baden-Württemberg 2006, S. 55)

So werden im Orientierungsplan die Merkmale der Schulfähigkeit zusammengefasst. Im letzten Kindergartenjahr legt der Orientierungsplan seinen Schwerpunkt auf die Vorbereitung des Kindes auf die Schule. Es soll ein intensiver Austausch und eine enge Kooperation zwischen den beiden Einrichtungen stattfinden. Gemeinsam mit den Eltern und den Kooperationslehrern werden die Kinder dahingehend begleitet, dass sie *„am Ende der Kindergartenzeit Kompetenzen erworben haben, die ihre Fortsetzung in der Grundschule finden. Die Zielsetzung der Bildungs– und Entwicklungsfelder, die während der gesamten Kindergartenzeit des einzelnen Kindes entwicklungsangemessen und individuell verfolgt werden, unterstützen das Kind bis zum Schuleintritt."* (Ministerium für Kultus, Jugend und Sport Baden-Württemberg 2006, S. 56)

„Singen-Bewegen-Sprechen" wird in der Grundschule fortgesetzt. Wer einen fachlichen Blick in den Bildungsplan der Grundschule tut und gründlich genug hinschaut, wird unschwer erkennen, dass eine große Kompatibilität zwischen dem Bildungsmodell „Singen-Bewegen-Sprechen" einerseits und dem Bildungsplan der Grundschule andererseits festzustellen ist. Der Hauptgrund dafür liegt darin, dass das Menschen- und Kind-Bild des baden-württembergischen Orientierungsplans mit dem des baden-württembergischen Bildungsplanes der Grundschule in hohem Maße übereinstimmt. Auch im Bildungsplan ist nicht auf reines Fächerlehren, sondern ebenso auf eine mehrperspektivische Sicht der Bildungsarbeit gesetzt, und zwar mit Blick auf das Kind selber wie auch auf die zu lehrenden und zu lernenden Inhalte. Insofern gilt auch für „Singen-Bewegen-Sprechen" das Motto des Orientierungsplanes, der am Ende jedes Bildungsfeldes sagt: „Weiterführung in der Grundschule."

8. Empfehlungen

(1) Kooperation mit anderen Partnern ist eine wichtige Forderung des Orientierungsplans. Sie kann durch „Singen-Bewegen-Sprechen“ gut erfüllt werden und sollte auch in diesem Rahmen betrachtet und verbucht werden, nicht zuletzt auch für das eigene Profil.

(2) Unter anderem ist es im Bildungsmodell durch eine passende Themenwahl möglich, den Anforderungen der Bildungsfelder zu entsprechen. Das gilt nicht nur für „Körper“, „Sinne“ und „Sprache“, sondern nicht zuletzt auch für die Bildungsfelder „Denken“, “Gefühl“ und „Sinn, Werte, Religion“. Dazu muss allerdings der Orientierungsplan gut gelesen und verstanden sein.

(3) Die Planung der Umsetzung des Orientierungsplanes kann und sollte Hand in Hand mit der Planung von „Singen-Bewegen-Sprechen“ gehen.

(4) Für Kindergarten und Musikschule ist es ratsam, sich Kenntnisse über den Bildungsplan der Grundschule anzueignen, u.a. mit Blick auf die Anschlussfähigkeit für die Kinder.

(5) Der Erzieherin ist zu empfehlen, sich vor dem Hintergrund der hier erfolgten Aussagen mit ihrer Rolle auseinander zu setzten und diese selbstbewusst zu vertreten und auszufüllen.

Literaturverzeichnis

Bastian, H. G.: Kinder optimal fördern – mit Musik. Zürich 2001

Beins, Hans Jürgen/ Cox, Simone: „Die spielen ja nur!?" Psychomotorik in der Kindergartenpraxis, Dortmund 2001

Berk, Laura: Entwicklungspsychologie. 3. überarb. Aufl. München 2005

Bostelmann, Antje (Hrsg.): Jeder Tag ist Sprachlerntag! Das Praxisbuch zur Sprachförderung in der Kita, Freiburg 2009

Broich, Josef: Körper- und Bewegungsspiele. Über einhundertvierzig Gruppenspiele. Köln 2005

Dietrich N. et al.: Erwerb der Schulfähigkeit durch aktives Musizieren. Singen- Bewegen-Sprechen unter fachlicher Anleitung im Kindergarten. Ein Beitrag zur ganzheitlichen Bildung. Unveröffentlichtes Manuskript zum Projekt des Landesverbandes der Musikschulen Baden-Württemberg e.V. im Auftrag der Stiftung Kinderland Baden-Württemberg, 2007

Dittmann, Jürgen: Der Spracherwerb des Kindes. Verlauf und Störungen. 2. durchges. Aufl. München 2006

Fink-Klein / Peter-Führe / Reichmann: Rhythmik im Kindergarten. Erlebnisreiche Spielformen mit Musik – Bewegung – Sprache. Freiburg 1987

Fink-Klein, Waltraud: Märchen mit Musik und Bewegung. Rhythmisch-musikalisches Spielgestaltungen für Kinder von 5 bis 7 Jahren, Freiburg, Basel, Wien 1995

Gebhard, Ursula/ Kugler, Michael: Didaktik der elementaren Musik- und Bewegungserziehung. München 1979

Gembris, H.: Grundlagen musikalischer Begabung und Entwicklung. Augsburg 1998

Große-Jäger, Hermann: Freude an Musik gewinnen, Freiburg, Basel, Wien 1983

Grüger, Constanze/ Horn, Reinhard: Turnzwerge, ganz groß! Lippstadt 2008

Haberzettl, Stefanie : Der Erwerb der Verbstellungsregeln in der Zweitsprache Deutsch durch Kinder mit russischer und türkischer Muttersprache. Tübingen 2005

Hasselhorn, M. / Lohaus, A.: Entwicklungsvoraussetzungen und Herausforderungen des Schuleintritts. In: Hasselhorn, M / Silbereisen, R. K. (Hrsg.): Entwicklungspsychologie des Säuglings- und Kindesalters. Göttingen 2008, S. 409-428.

Heinelt, Gottfried: Kind und Sprache. In: Das Kind im Vor- und Grundschulalter. Freiburg 1973

Herm, Sabine: Psychomotorische Spiele für Kinder in Krippe und Kindergarten. Düsseldorf 2006

Hirler, Sabine: Kinder brauchen Musik, Spiel und Tanz. Münster 1998

Hirler, Sabine: Sprachförderung durch Rhythmik und Musik. Freiburg 2009

Hunger, Ina / Zimmer, Renate (Hrsg.): Bewegung-Bildung-Gesundheit. Entwicklung fördern von Anfang an, Schorndorf 2007

Huppertz, Norbert (Hrsg.): Französisch so früh? Bilinguale Bildung im Kindergarten. Oberried 2002

Huppertz, Norbert (Hrsg.): Fremdsprachen im Kindergarten. Didaktik, Methodik, Praxis. Oberried 2003

Huppertz, Norbert: Der Lebensbezogene Ansatz im Kindergarten, Norderstedt 2007

Huppertz, Norbert: Zum baden-württembergischen Bildungsplan für Kindergärten; in: KiTa aktuell Baden-Württemberg 4/2008, S. 83 - 86

Huppertz, Norbert: Besser sprechen – mehr Schulfähigkeit. Bögen für: Beobachtung, Dokumentation, Förderung im Kindergarten, Oberried 2009

Huppertz, Norbert: Partial-Holismus und Lebensbezogene Pädagogik – Grundlegung. In: Gebhard, Klemens / Meurer, Moritz (Hg.): Lebensbezogene Pädagogik und Partial-Holismus. Bildung und Forschung für ein gelingendes Leben, Oberried 2010, S. 9-30

Huppertz, Norbert / Schinzler, Engelbert: Grundfragen der Pädagogik. Eine Einführung für sozialpädagogische Berufe, Troisdorf 1996

Jampert, Karin/ Best, Petra/ Leuckefeld, Kerstin/ Zehnbauer, Anne: Sprachliche Förderung in der Kita. Weimar; Berlin 2006

Jampert, Karin/ Best, Petra/ Leuckefeld, Kerstin/ Zehnbauer, Anne: Kinder-Sprache stärken! Sprachliche Förderung in der Kita. Das Praxismaterial. Weimar; Berlin 2006

Klann-Delius, Gisela: Spracherwerb. Stuttgart, Weimar 1999

Knöckenberger, Helmut: Rollbrett, Pedalo & Co. Bewegungsspiele mit Materialien aus Psychomotorik, Sport und Freizeit. Dortmund 2006

Kolonko, Beate: Spracherwerb im Kindergarten. Grundlagen für die sprachpädagogische Arbeit von Erzieherinnen. Reihe Pädagogik, Bd. 10. Pfaffenweiler 1996

Kreusch-Jacob, Dorothée: Jedes Kind braucht Musik. Ein Praxis- und Ideenbuch zur ganzheitlichen Förderung in Kindergarten und Familie. München 2006

Kreusch-Jacob, DoroThée: Musikerziehung, München 1995

Krimm-von Fischer, Catherine: Erziehen mit Musik und Bewegung, Freiburg, Basel, Wien 1992

Mappus, Stefan: Neue Chancen, alte Stärken – Der Baden-Württemberg-Weg ins neue Jahrzehnt, 2010 Abgerufen am 02.06.10 unter http://www.sm.baden-wuerttemberg.de/fm7/1899/100310_Mappus_Regierungserklaeung_Protokollfassung.pdf

März, Martina: Die Auswirkungen musikalischer Förderung in der frühen Kindheit auf die Entwicklung schulrelevanter Basiskompetenzen. Ein präventiver Ansatz zur Vermeidung von drohenden Lernschwierigkeiten. Hamburg 2007

Meiers, K.: Zum Problem der Schulfähigkeit. In: Ministerium für Kultus, Jugend und Sport Baden-Württemberg (2001): Schulanfang auf neuen Wegen. Stuttgart.

Meurer, Moritz: Keine Stolperkinder am Schulanfang –Lebensbezogene und partial-holistische Zusammenarbeit zwischen Kindergarten und Grundschule. In: Gebhard, Klemens / Meurer, Moritz (Hg.): Lebensbezogene Pädagogik und Partial-Holismus. Bildung und Forschung für ein gelingendes Leben, Oberried 2010, S. 131-148

Ministerium für Kultur, Jugend und Sport, Baden-Württemberg, Bildungsplan 2004, Grundschule

Ministerium für Kultur, Jugend und Sport, Baden-Württemberg, Orientierungsplan für Bildung und Erziehung für die baden-württembergischen Kindergärten

musik praxis, Zeitschrift für Musik und Bewegung in Kindergarten, Musik- und Grundschule, Boppard Fidula-Verlag Holzmeister

Naumann, Jonas: Das Lebensbezogene Sprachbildungskonzept. In: Gebhard, Klemens / Meurer, Moritz (Hg.): Lebensbezogene Pädagogik und Partial-Holismus. Bildung und Forschung für ein gelingendes Leben, Oberried 2010, S. 87-104

Petrat, Nicolai: Kinder machen gerne Musik. Was Eltern wissen sollten. Freiburg 2003

Piaget, Jean: Sprechen und Denken des Kindes, Düsseldorf 1972

Rau, Marie Luise: Literacy. Vom ersten Bilderbuch zum Erzählen, Lesen und Schreiben. Bern 2007

Reinhardt, Friedrich/ Bilgin-Schnackenburg, Muenevver: Schau dir nur die Ayse an! Türkische Kinderlieder für Kindergarten und Grundschule. München1984

Retter, Hein: Spielzeug – Sozialschicht – Erziehung. Oberursel 1973

Sagi, A. / Levinson, A.: Das geistig behinderte Kind. Freiburg 1970

Schaffner, Karin: Der Bewegungskindergarten. Kinder stark machen – mit Praxisvorschlägen. Schorndorf 2004

Seippel, Elisabeth: Tanzen im Kindergarten. Kindertänze werden in Themen der Kindergartenarbeit eingebunden. Boppard 2000

Stadler Elmer, Stefanie: Spiel und Nachahmung. Über Entwicklung der elementaren musikalischen Aktivitäten. Aarau 2000

Stern, W. / Stern, C. (1907): Die Kindersprache. Darmstadt 1987 (Nachdruck): Wissenschaftliche Buchgesellschaft.

Widmer, Manuela: Alles, was klingt. Elementares Musizieren im Kindergarten. Freiburg 1997

Zimbardo, P.G. ; Gerrig, R.J.: Psychologie. Bearb. u. hrsg. von Ralf Graf. 16., aktualisierte Aufl. München 2004

Zimmer, Renate / Clausmeyer, Ingrid / Voges, Ludwig: Tanz – Bewegung – Musik. Situationen ganzheitlicher Erziehung im Kindergarten, Freiburg, Basel, Wien 1991

Zimmer, Renate: Braucht Bildung Bewegung? Früh übt sich wer nicht sitzen bleiben will! In: Hunger / Zimmer (Hrsg.): Bewegung. Bildung. Gesundheit. Entwicklung fördern von Anfang an. Schorndorf 2007

Zimmer, Renate: Kursbuch Bewegungsförderung. So werden Kinder fit und beweglich. Unsere gesunde Kita. München 2004

Zimmer, Renate: Toben macht schlau! Bewegung statt Verkopfung. Freiburg; Basel; Wien 2004

Zum Verlag

Der PAIS-Verlag gehört der „Sozietät zur Förderung der wissenschaftlichen Sozialpädagogik e.V. (gemeinnützig)", gegründet 1996. Die Sozietät ist eine Vereinigung Freiburger Wissenschaftler und Praktiker. Ihr Ziel ist, die Sozialpädagogik in Wissenschaft und Praxis zu fördern, u.a. durch die Verbreitung praxisrelevanter Veröffentlichungen aus der Theorie der Sozialpädagogik, der Elementarpädagogik, der Sozialen Arbeit und der Beratung, Begleitung und Förderung benachteiligter Menschen im In- und Ausland.

Folgende Veröffentlichungen sind u. a. im PAIS-Verlag erschienen:

Huppertz, N. / Meier-Musahl, R.: HORTPÄDAGOGIK. Eine Einführung in Theorie und Praxis, Oberried 2002 (Jetzt erhältlich als gebundene gute Kopie des seit längerem vergriffenen Originals.)

Kolodziej, V.: Arbeitsrecht für Soziale Fachkräfte, Oberried 2002

Huppertz, N. (Hg.): Zu den Sachen selbst. Phänomenologie in Pädagogik und Sozialpädagogik, Oberried 1997

Huppertz, N. (Hg.): Konzepte des Kindergartens, Oberried 1998, 2007

Huppertz, N. (Hg.): Französisch so früh? – Bilinguale Bildung im Kindergarten, Oberried 1999 (Jetzt erhältlich als gebundene gute Kopie des seit längerem vergriffenen Originals.)

Kolodziej, V.: Meine Rechte als Erzieherin, Oberried 2000

Scheuring, W.-D.: Qualität und Evaluation im Kindergarten – Beispiel Waldkindergarten, Oberried 2000

Huppertz, N. (Hg.): Fremdsprachen im Kindergarten. Didaktik – Methodik – Praxis, Oberried 2003 (Jetzt erhältlich als gebundene gute Kopie des seit längerem vergriffenen Originals.)

Huppertz, N.: Handbuch Waldkindergarten. Konzeption, Methodik, Erfahrungen, Oberried 2008 (Jetzt erhältlich als gebundene gute Kopie des seit längerem vergriffenen Originals.)

Huppertz, N.: (Hg.): Lernort Grenze – Eine Begegnungsdidaktik, Oberried 2008

Huppertz, N.: Besser sprechen – mehr Schulfähigkeit, Oberried 2009

Gebhard, K./Meurer, M: Lebensbezogene Pädagogik und Partial-Holismus. Bildung und Forschung für ein gelingendes Leben, Oberried 2010

Zum Lebensbezogenen Ansatz erhalten Sie über den PAIS-Verlag:

Huppertz, N.: Erleben und Bilden im Kindergarten – Der lebensbezogene Ansatz als Modell für die Planung der Arbeit. Freiburg 2001 (5. Aufl.) Überarbeitete Fassung, Oberried 2005

Huppertz, N.: Der Lebensbezogene Ansatz im Kindergarten, Norderstedt 2007

Huppertz, N.: Wir erstellen ein Konzeption. Anleitungen und Beispiele aus der Kindergartenpraxis, München 2001 (3.Aufl.) (Gebundene gute Kopie des seit längerem vergriffenen Originals)

Filme

Der Lebensbezogene Ansatz im Kindergarten - Ein Lehrfilm über Theorie und Praxis (DVD 55 Min.)

Der Lebensbezogene Ansatz in der Praxis - Erprobung in Kindergarten und Kindertagesstätte (DVD 45 Min.)

Bilinguale Bildung – Französisch im Kindergarten (DVD 45 Min.)

Jedem das Seine – Differenzieren in der Bilingualen Bildung (DVD 50 Min.)

Sinn – Werte – Religion: Bildung in der Elementarpädagogik (DVD 120 Min.)

Zweisprachiges Bilderbuch

Huppertz, N., Blau, M.: FABIAN – und die französischen Kinder
FABIAN – et les enfants francais, Oberried 2006

Veröffentlichungen zu Ethik und Philosophie im PAIS-Verlag:

Huppertz, N. : Zu den Sachen selbst. Phänomenologie in Pädagogik und Sozialpädagogik, Oberried 1997

Reiner, H. : Von den Werten. Herausgegeben und bearbeitet von Norbert Huppertz, Oberried 2001

Reiner, H. : PHILOSOPHIEREN. Eine Einleitung in die Philosophie. Bearbeitet von Jörg-Johannes Lechner, Oberried 2002

Reiner, H. : Woher unsere Werte kommen. Bearbeitet von Norbert Huppertz und Astrid Mittmann, Oberried 2003

Reiner H., Der Sinn unseres Daseins. Herausgegeben und bearbeitet von Norbert Huppertz, Oberried 2004

Reiner, H. : Die naturgegebenen Rechte des Menschen. Bearbeitet von Norbert Huppertz, Oberried 2006

Reiner, H. : ETHIK. Eine Einführung. Bearbeitet und herausgegeben von Norbert Huppertz, Oberried 2010

Huppertz, N. : Der Brief der hl. Edith Stein. Von der Phänomenologie zur Hermeneutik, Oberried 2010

PAIS-Verlag e.V., Hauptstr. 49, D-79254 Oberried
Tel. : 07661/980 962 Fax : 07661/981 420
bestellung@pais-verlag.de
www.pais-verlag.de

Lehrfilm „Singen-Bewegen-Sprechen"

Bei dem Film zu „Singen-Bewegen-Sprechen" handelt es sich um einen Dokumentations- und Lehrfilm. Analog zum Handbuch werden erstens Ergebnisse aus der Projektphase präsentiert, zweitens Anregungen für das Bildungsmodell in Baden-Württemberg erfolgen.

1. Zum Anspruch des Films

Der Film erhebt nicht den Anspruch eines unter allen Gesichtspunkten professionellen Produktes – was er als Lehrmedium für den hier gedachten Zweck auch nicht braucht. Andererseits wären dazu (u. a. ökonomisch) nicht die Voraussetzungen gewesen. Es geht in erster Linie um die pädagogisch-didaktischen Unhalte, Themen und Methoden von „Singen-Bewegen-Sprechen". Das meiste davon kann im Film nur angerissen werden und muss insofern im Handbuch nachgelesen sowie in der dort angegebenen Literatur vertieft werden.

Der Film möchte der Anregung zur persönlichen Weiterarbeit dienen.

An die Qualität des Bildungsmodells „Singen-Bewegen-Sprechen" sollten wir hohe Ansprüche stellen. Die Ziele, vor allem mehr Schulfähigkeit und gelingendes Leben, können sonst nicht erreicht werden. Es wird empfohlen, nicht mit dem Anspruch, der in der eigenen Arbeit zu verfolgen ist, an jede Szene und jedes Detail im Film heranzugehen, vielmehr sollen die einzelnen Teile, Szenen und Statements des Films dazu dienen, „Aufhänger" für eigene Überlegungen und die eigene Arbeit sowie Diskussion darüber zu sein. Am Beispiel: Wo die „Didaktische Einheit" (Einstieg, Motivation, vorbereitete Umgebung) aufgegriffen wird, geht es nicht in erster Linie um die Frage, ob die betreffende Pädagogin manche Dinge hätte „besser" machen können, sondern vielmehr darum: „Wie mache ich es, und wie könnte oder sollte ich es machen?" Anders gewendet: Die Filmaufnahmen sollen nicht in der Hauptsache Bestpractise bieten, sondern sie wollen Anlass und Ausgangspunkt einer fachlichen Erörterung sein.

2. Didaktische Empfehlung

Der Film kann als autodidaktisches Medium dienen, aber auch zum Einsatz bei Fort- bzw. Ausbildung. Die einzelnen Teile oder Statements eignen sich gut als Ausgangspunkte für Diskussionen, indem einzelne Szenen oder Statements festgehalten (Taste Pause drücken) und, je nach Zeit und Ziel, vertieft und erörtert werden.

3. Inhalte

Die folgenden Kapitel und Statements befinden sich im Film:

1. Kapitel (1): **Das Bildungsmodell** „Singen-Bewegen-Sprechen". **Um was geht es?-** In den Impressionen werden die verschiedensten Szenen zu „Singen-Sprechen- Bewegen" gezeigt. Von jeder dieser Szenen aus können Gespräche entstehen über gesehene Gegebenheiten.

2. Kann jedes Kind singen? Statement von Frau Erika Tieg.- Das Singen unserer Kinder soll eine gute Qualität erlangen. In dem Statement wird gezeigt, wie das didaktisch-methodisch geht und dass wir „Brummer" leicht vermeiden können.

3. Warum sind die **Musikschulen besonders geeignet** für „Singen-Bewegen-Sprechen"? Statement von Dr. Norbert Dietrich.- Die Musikschulen sind deshalb besonders geeignet für die Umsetzung von „Singen-Bewegen-Sprechen", weil sie über die langjährige Erfahrung, die erforderliche Logistik sowie das qualifizierte Personal verfügen.

4. Kapitel (2): **Die didaktische Einheit.-** Die didaktische Einheit ist das zentrale Bildungselement von „Singen-Bewegen-Sprechen". Hier sieht man, wie eine Bildungseinheit, eine „Stunde", aufgebaut sein soll, z.B. mit Einstieg, Motivation, der Verbindung von Singen, Bewegen, Sprechen.

5. Entspricht „Singen-Bewegen-Sprechen" dem **Lebensbezogenen Ansatz?** Statement von Prof. Dr. Norbert Huppertz.- Der Lebensbezogene Ansatz in der Frühpädagogik ist eine Bildungskonzeption, bei der die kindbezogene und werteorientierte Bildung eine wichtige Rolle spielt. Offene Planung ist dabei u. a. wichtig. Genau dieses erfüllt das Bildungsmodell „Singen-Bewegen-Sprechen".

6. „Singen-Bewegen-Sprechen“ **in der Grundschule.** Statement von Dr. Norbert Dietrich.- „Singen-Bewegen-Sprechen“ kann gut in der Grundschule weitergeführt werden, weil auch und gerade dort ein vergleichbares Bild des Kindes und ein vergleichbares Verständnis von Bildung als einem mehrperspektivischen Ansatz vorliegt. Nicht nur im Fächerverbund „Mensch, Natur und Kultur“, sondern auch im Fächerverbund „Bewegung, Spiel und Sport“ sowie in den Fächern Religionslehre, Deutsch und Fremdsprachen dient „Singen-Bewegen-Sprechen“ der Erfüllung des Bildungsplanes. Außerdem können Instrumentalklassen, Theatergruppen etc. gebildet werden.

7. Kapitel (3): Zur **Bedeutung des Singens, Bewegens und Sprechens. –** Weiterqualifizierung durch Fortbildung.- Die Kommentare und Erläuterungen zu (a) Singen, (b) Bewegen und (c) Sprechen können mit den jeweils gesehenen Szenen als Ausgangspunkte für Reflexionen und Diskussionen sein.

8. Umsetzung der **Bildungspläne, u.a. des Orientierungsplanes,** durch „Singen-Bewegen-Sprechen“.- Mit „Singen-Bewegen-Sprechen“ lassen sich problemlos alle 6 Bildungsfelder des Orientierungsplans (Körper, Sinne, Sprache, Denken, Gefühl und Mitgefühl, Sinn/Werte/Religion) umsetzen; nicht nur die musisch-ästhetischen Schwerpunkte, sondern bei entsprechender Kreativität und Fantasie der pädagogischen Fachkräfte auch das Bildungsfeld 6 mit Philosophie und Theologie.

9. Erfüllt „Singen-Bewegen-Sprechen“ die **Erwartungen der heutigen Erziehungswissenschaft**? Statement von Prof. Dr. Norbert Huppertz.- Vom Verständnis, u. a. der Fachdidaktik aus, aber auch vom Bild des Kindes und der gesamten Didaktik und Methodik her, erfüllt das neue Bildungsmodell die Erwartungen heutiger Erziehungswissenschaft.

4. Didaktische Impulsfragen

Die folgenden Fragen können dazu dienen, Reflexionen und Diskussionen in einer Gruppe in Gang zu setzen über „Singen-Bewegen-Sprechen“. Es können einzelne Impulsfragen ausgewählt werden, mit deren Hilfe man im Anschluss an die Betrachtung einzelner Szenen oder Statements aus dem Lehrfilm vertiefende Überlegungen anstellt. Die Teilnehmer werden gefragt und überlegen, z. B. jeweils erst zu zweit (Partnerarbeit), dann in der Gruppe (Gruppenarbeit) und anschließend evtl. im Plenum:

1. Gesamteindruck.- Was ist mein Gesamteindruck, u. a. intuitiv oder „gefühlt“, von dem, was ich inhaltlich gesehen bzw. gehört habe.

2. Sachliches und fachliches Argumentieren.- Was hat mir inhaltlich, - fachlich pädagogisch und didaktisch - gefallen? – Was nicht? – Warum?

3. Bewertung.- Wie bewerte ich – inhaltlich – die Qualität des Gesehenen und gehörten?

4. Fragen.- Welche Fragen stellen sich mir in dem Zusammenhang weiter und welche hätte ich gerne beantwortet?

5. Wichtigkeit.- Was fand ich am Gezeigten und Gesagten besonders wichtig? Was nicht?

6. Standpunkt.- Was würde ich ganz anders machen bzw. sehen? Warum?

7. Anregung.- Welche Anregung erhalte ich von dem, was ich sah oder hörte?

8. Ergänzung.- Was kann ich ergänzen?

9. Lern- und Lehrziele.- Was sind wohl die Lern- und Lehrziele bei dem Betrachteten?

10. Erwachsene.- Was können die Erwachsenen, z. B. die pädagogischen Fachkräfte, lernen?

Natürlich können und sollten – solche oder ähnliche Fragen der Lerngruppe auch vor dem Anschauen des Filmes bzw. einzelner ausgewählter Teile daraus an die Hand gegeben werden.

Die „Lehrenden“ haben hier vielerlei Möglichkeiten.

Autorenschaft und Dank

Alle Filmaufnahmen und Statements stammen aus der Erprobungsphase des Bildungsmodells „Singen-Bewegen-Sprechen“. Die Aufnahmen wurden durchgeführt von Prof. Dr. Norbert Huppertz. Auch die Texte wurde von ihm verfasst.

Allen beteiligten Personen sei Dank gesagt, insbesondere:

Den Kindern, Erzieherinnen; Musikschullehrkräften und Dozentinnen

Esther Dörflinger für Bearbeitung und Schnitt

Monika Huppertz für das Sprechen der Texte

Ansgar Huppertz für die Eingangs- und Abschlussmusik

Dem Landesverband der Musikschulen Baden-Württembergs und der Stiftung Kinderland für die Förderung

Booklet für Lehrfilm DVD

Auf dieser Seite haben Sie die Möglichkeit, ein Booklet für eine Standard CD-Hülle zu erstellen. Sie können die Seiten kopieren oder aus dem Buch heraus trennen.

Hier ausschneiden

Hier falten

Impulsfragen ausgewählt werden, mit deren Hilfe man im Anschluss an die Betrachtung einzelner Szenen oder Statements aus dem Lehrfilm vertiefende Überlegungen anstellt. Die Teilnehmer werden gefragt und überlegen, z. B. jeweils erst zu zweit (Partnerarbeit), dann in der Gruppe (Gruppenarbeit) und anschließend evtl. im Plenum:

1. Gesamteindruck.- Was ist mein Gesamteindruck, u. a. intuitiv oder „gefühlt", von dem, was ich inhaltlich gesehen bzw. gehört habe.
2. Sachliches und fachliches Argumentieren.- Was hat mir inhaltlich, - fachlich pädagogisch und didaktisch - gefallen? – Was nicht? – Warum?
3. Bewertung.- Wie bewerte ich – inhaltlich – die Qualität des Gesehenen und gehörten?
4. Fragen.- Welche Fragen stellen sich mir in dem Zusammenhang weiter und welche hätte ich gerne beantwortet?
5. Wichtigkeit.- Was fand ich am Gezeigten und Gesagten besonders wichtig? Was nicht?
6. Standpunkt.- Was würde ich ganz anders machen bzw. sehen? Warum?
7. Anregung.- Welche Anregung erhalte ich von dem, was ich sah oder hörte?
8. Ergänzung.- Was kann ich ergänzen?
9. Lern- und Lehrziele.- Was sind wohl die Lern- und Lehrziele bei dem Betrachteten?
10. Erwachsene.- Was können die Erwachsenen, z. B. die pädagogischen Fachkräfte, lernen?

Natürlich können und sollten – solche oder ähnliche Fragen der Lerngruppe auch vor dem Anschauen des Filmes bzw. einzelner ausgewählter Teile daraus an die Hand gegeben werden.
Die „Lehrenden" haben hier vielerlei Möglichkeiten.

Autorenschaft und Dank

Alle Filmaufnahmen und Statements stammen aus der Erprobungsphase des Bildungsmodells „Singen-Bewegen-Sprechen". Die Aufnahmen wurden durchgeführt von Prof. Dr. Norbert Huppertz. Auch die Texte wurde von ihm verfasst.

Allen beteiligten Personen sei Dank gesagt, insbesondere:
Den Kindern, Erzieherinnen; Musikschullehrkräften und Dozentinnen
Esther Dörflinger für Bearbeitung und Schnitt
Monika Huppertz für das Sprechen der Texte
Ansgar Huppertz für die Eingangs- und Abschlussmusik
Dem Landesverband der Musikschulen Baden-Württembergs und der Stiftung Kinderland für die Förderung

Landesverband der Musikschulen Baden-Württembergs

Norbert Huppertz

Lehrfilm zum Handbuch

Singen • Bewegen • Sprechen

Das Bildungsmodell für Kinder in Baden-Württemberg

Stiftung Kinderland Baden-Württemberg

DVD VIDEO/AUDIO

PAIS-Verlag